Arno Funke
Mein Leben als Dagobert

Arno Funke
Mein Leben als Dagobert

Ch. Links Verlag, Berlin

Die Berichte des Landeskriminalamtes sowie die verschrifteten
Telefongespräche mit der Kripo wurden aus den Ermittlungsakten
gegen Arno Funke im Wortlaut übernommen.

Namen, die auf Wunsch der betreffenden Personen geändert
wurden, sind bei ihrer Erstnennung mit einem * gekennzeichnet.

Die Deutsche Bibliothek – CIP-Einheitsaufnahme
Funke, Arno:
Mein Leben als Dagobert / Arno Funke.
1. Aufl. - Berlin : Links, 1998
ISBN 3-86153-164-X

1. Auflage, September 1998
© Ch. Links Verlag – Linksdruck GmbH
Zehdenicker Straße 1, 10119 Berlin, Tel. (030) 44 02 32-0
Umschlaggestaltung: KahaneDesign, Berlin
unter Verwendung eines Fotos von Josephine Links
Satz: Herbert Debes, Berlin
Druck und Bindung: Druckerei Friedrich Pustet, Regensburg
ISBN 3-86153-164-X

Für meinen Sohn

Prolog

Wer kann schon mit Gewißheit sagen, was Wirklichkeit ist und was Traum, wenn Träume Wirklichkeit werden und das, was man für die Wirklichkeit hielt, sich als Traum erweist.

Vieles, was mir im Laufe meines Lebens widerfahren ist, hatte ich Jahre zuvor geträumt, jedoch glaube ich nur bedingt an eine Vorbestimmtheit des Lebens. Denn die Zukunft verliert sich im unberechenbaren Chaos möglicher Ereignisse oder Zufälle. Einzig die Vergangenheit offenbart die Determiniertheit des Lebens. Die Gegenwart ist nur eine Illusion, denn die Zukunft wird übergangslos zur Vergangenheit.

Seit meiner Kindheit träumte ich von Eisenbahnen, Bahnhöfen und Gleisen, an denen ich entlangspazierte. Diese Träume kamen nicht aus einem Vakuum, sondern ich hatte als Kind tatsächlich auf den Gleisen eines stillgelegten Güterbahnhofes gespielt. Das muß mich so sehr beeindruckt haben, daß ich ein Leben lang davon träumte. Daß die Eisenbahn in meinem späteren Leben eine so spektakuläre Bedeutung bekam, war sicherlich nur ein Zufall.

Andererseits war es nicht der einzige Traum, der zum Faktum wurde. So träumte ich als 13jähriger, daß ich durch einen dunklen U-Bahntunnel laufe und ständig nach oben schaue, um eine Öffnung zu finden, durch die ich wieder auf die Straße gelangen konnte. Ich weiß noch, wie erleichtert ich war, als ich die gesuchte Öffnung endlich fand und durch das enge Loch auf eine nächtliche Straße hangelte. Als ich dann als 43jähriger einen U-Bahntunnel auf seine Tauglichkeit als Fluchtweg untersuchte und in dem finsteren Tunnel auf den Luftstoß wartete, der einer fahrenden Bahn vorauseilt, wußte ich nicht mehr, ob ich wache oder träume.

Als ich 1981 – ich war damals 31 Jahre alt – auf Heiner traf, war es genauso. Schon viele Jahre zuvor hatte ich immer wieder von Autowerkstätten geträumt. Und Heiner war Eigner einer Autowerkstatt, in der er auch Trikes – ähnlich einem Motorrad, aber mit der Hinterachse eines Autos – baute. Ein 60-PS-Boxermotor beschleunigte die Trikes bis auf 160 km/h. Ich bemalte und verzierte für Heiner die Blechteile mit bildhaften Motiven, dekorativen Mustern und schillernden Effektlacken.

Ehe ich für Heiner arbeitete, war ich schon seit zwei Jahren als freiberuflicher Kunstmaler tätig gewesen. Viele meiner Kunden ließen sich ihre Motorräder und Sportwagen von mir bemalen. Aber ich beteiligte mich auch regelmäßig an der Freien Berliner Kunstausstellung. Auch in kleineren Ausstellungen hing hin und wieder ein Bild von mir, und ich konnte einige meiner Kunstwerke sogar verkaufen. Nebenbei verdiente ich als semiprofessioneller Fotograf noch ein paar Mark.

Während man mich mit Recht als introvertiert bezeichnen kann, ist Heiner ausgesprochen extrovertiert. Aber beide haben wir den gleichen Lebensgrundsatz: leben und leben lassen.

Dann gibt es da noch einen anderen guten Freund, mit dem ich diese Maxime teile und der in der nun folgenden Geschichte ebenfalls in Erscheinung treten wird: Lothar. Wir lernten uns 1978 in der Eierschale, einem stadtbekannten Tanzlokal in Berlin, kennen. Mit Lothar philosophierte ich über Sinn und Unsinn des Lebens, wobei nicht selten unser subtiler Hang zum schwarzen Humor bemüht wurde. Heiner bezeichnete uns in seiner unverblümten Art als »Seelchen«.

Während Lothar im Laufe der Jahre auf die höhere Beamtenlaufbahn geriet, stolperte ich auf die schiefe Bahn.

Oft ist es in den vergangenen Jahren schwierig für mich gewesen, nichts von meinen Aktivitäten zu erzählen – weder Lothar noch Heiner, meiner Frau oder sonst irgend jemandem. Ich wollte niemanden in die Sache hineinziehen und ihm womöglich sein Leben ruinieren. Auf mein Leben mußte ich da weniger Rücksicht nehmen, denn das war schon ruiniert.

Irgendwann, den genauen Zeitpunkt weiß ich nicht, begannen sich meine Gefühle zu verändern. Langsam und unaufhaltsam wurde ich immer depressiver. Diese Veränderungen gingen so schleichend vor sich, daß ich ihrer nicht gewahr wurde. Und als ich sie endlich bemerkte, war es zu spät.

Erst im nachhinein stellte sich heraus, daß die psychischen Veränderungen vom täglichen intensiven Umgang mit Farben und Lösungsmitteln herrührten, die mein Gehirn angegriffen hatten.

Wie die ganze Geschichte aus meiner Sicht abgelaufen ist, wie ich sie erlebt habe, ist hier niedergeschrieben.

Holst du mich heute von der Arbeit ab?«
Arno Funke verspürte einen ziehenden Schmerz im Magen, als seine Frau ihm die Frage vom Schlafzimmer aus zurief. Es war eine Frage von banaler Normalität, aber gerade deshalb machte sie ihm schmerzlich bewußt, was für ein absonderliches Leben er führte. Seit Jahren war an seinem Leben nichts mehr normal. Er atmete tief durch, um sich von dem Druck zu befreien, der seine Brust einengte.

»Nein, ich habe heute keine Zeit!« rief er aus dem Bad zurück.

Malu*, seine Frau, ließ sich ihre Enttäuschung nicht anmerken. Eilig zog sie Wolfgang*, dem dreijährigen Sohn, einen Pullover über und putzte ihm die Nase.

»Es kann heute spät werden, denn ich habe in Magdeburg einige geschäftliche Sachen zu erledigen, die Zeit brauchen. Vielleicht muß ich dort sogar übernachten«, versuchte Funke seine Absage zu erklären. Wieder einmal eine glatte Lüge, aber die Wahrheit konnte und wollte er ihr nicht sagen. Niemandem konnte er die Wahrheit sagen, auch nicht, wie sehr ihn das Schweigen und die Lügen belasteten.

»Du mußt dich beeilen, es ist schon acht Uhr, der Bus kommt gleich!« mahnte er Malu zur Eile und stieg dann unter die Dusche. Das heiße Wasser verwandelte den kleinen Raum augenblicklich in ein türkisches Dampfbad.

»Tschüß, mein Schatz, ich gehe jetzt!« rief Malu noch zwischen Tür und Angel, als sie mit Wolfgang die Wohnung verließ.

Vor fünf Jahren hatte Funke seine Frau auf den Philippinen kennengelernt und sie nach Deutschland geholt. In den ersten drei Jahren hatten sie sich hauptsächlich in Englisch verständigt, und deshalb haperte es bei ihr noch immer mit dem Deutschen. Um das endlich zu ändern und um ihre beruflichen Chancen zu verbessern, besuchte sie nun regelmäßig eine Sprachenschule, in der Wolfgang während des Unterrichts im angeschlossenen Kindergarten betreut wurde.

Am späten Mittag würden beide wieder zurück sein. Und dann würde Malus Schwester Wolfgang beaufsichtigen, damit sie putzen gehen und so die Haushaltskasse aufbessern konnte.

Ach, was könnte man doch für ein sorgenfreies Leben führen, wenn das ganze Theater mit dem Geld nicht wäre, ging es Funke durch den Kopf. Aber der monetäre Streß sollte bald ein Ende haben. So oder so! Resignation, Wut und Trotz stiegen in ihm hoch, und mit einer heftigen Bewegung stellte er das Duschwasser ab.

Das heutige Treffen mit seinen »Geschäftspartnern« war wieder einmal mit der heißen Nadel gestrickt. Nur drei Tage hatte er sich für die Vorbereitungen Zeit gelassen. Normal wären drei Wochen gewesen, oder auch drei Monate.

Es war neun Uhr, als er langsam die knarrende, enggewundene Treppe hinunterstieg. Auf der Straße empfing ihn ein milder, sonniger Frühlingsmorgen. Ein winziger japanischer Mietwagen stand vor dem Gartentor für ihn bereit. Er atmete noch einmal tief durch und stieg ein. Den ganzen Morgen hatte das mulmige Gefühl im Magen nicht nachgelassen, denn eines war ihm bewußt: Wenn es heute mit der Übergabe nicht klappte, würde es kaum eine Möglichkeit für einen erneuten Versuch geben.

Der Dreizylindermotor des Auto-Winzlings begann seine Arbeit mit einem kräftigen Brummen. Das Fahrgefühl erinnerte Funke an das eines Go-Karts. Lieber wäre er mit seinem großen Mercedes gefahren, aber der hatte einen Motorschaden, und er hatte kein Geld, um ihn reparieren zu lassen. Die Versicherung hatte er deshalb auch nicht bezahlen können. Was dann einen netten Polizisten dazu veranlaßt hatte, das Kennzeichen zu entstempeln.

Seit zehn Minuten fuhr er schon in Richtung südöstliches Berlin, als er noch einmal die Tagesplanung überdachte: Erst eine Telefonzelle suchen, telefonieren, dann den Brief deponieren, anschließend mit dem Fahrrad nach ... Fahrrad? ... Verdammter Mist! Er hatte das Fahrrad vergessen. Verärgert riß er das Lenkrad herum und machte mit quietschenden Reifen eine U-Wendung. Unweit seiner Wohnung hatte er am Tag zuvor das Rad vor einer Videothek angeschlossen.

Als er wenige Minuten später dort ankam und das Fahrrad im Auto verstauen wollte, bemerkte er den Kindersitz auf der Rückbank. Was sollte aus einem Tag werden, der so anfing? Funke war speiübel.

Die Fahrt zur Wohnung, das Ausladen des Sitzes und die Rückfahrt dauerten nur wenige Minuten, aber die Zeit lief ihm davon. Seine Bewegungen wurden hektisch, und die Anspannung zerrte an seinen Nerven.

Als er das Rad auf die Rückbank des japanischen Bonsai-Autos warf, fiel ihm ein schwarzes Auto auf, das in 50 Meter Entfernung eingeparkt hatte, dessen Insassen aber keine Anstalten machten, auszusteigen.

Hatte er den Wagen nicht vor zehn Minuten schon mal gesehen? ... Hirngespinste! Er durfte jetzt nicht in Panik geraten. Funke wischte sich den Schweiß von der Stirn, startete den Motor und fuhr los.

15 Minuten später rollte er durch Treptow. Er kam an verschlafenen Schrebergärten vorbei, setzte seinen Blinker und

bog hinter einem Wäldchen links ab. Hier war eine kleine Siedlung mit einstöckigen Häusern und schmalen Grünstreifen.

Zehn Uhr, das paßt prima! dachte er sich, als er eine versteckte Telefonzelle erblickte. Er stellte sein Auto hinter der nächsten Straßenecke ab und eilte zurück, um anzurufen. Kein Freizeichen. Das Ding funktionierte nicht!

Wütend schmiß er den Hörere auf die Gabel und stürmte zu seinem Auto zurück. Immer wieder kamen ihm Flüche über die Lippen, als er von neuem durch die Straßen kurvte, um ein funktionierendes Telefon zu finden. Angestrengt hielt er nach dem Postgelb eines öffentlichen Fernsprechers Ausschau. Die Minuten vergingen in bohrender Ungeduld.

Kurz darauf stand er in der nächsten Zelle und startete einen weiteren Versuch. Nervös schob er die Telefonkarte in den Schlitz des Apparates und wählte mit zittrigen Fingern die Geheimnummer. Wie immer dauerte es eine Weile, bis der Hörer abgenommen wurde ... Endlich meldete sich jemand am anderen Ende der Leitung. Sofort teilte Funke seinem Gesprächspartner in hoher Kopfstimme mit, daß am heutigen Tage die Geldübergabe stattfinden sollte. Weitere Anweisungen würden später erfolgen. Der andere versuchte Zeit zu schinden, indem er Funke einige Fragen stellte. Aber der blockte ab und beendete das Gespräch. Nur drei Minuten hatte es gedauert.

Als er aus der Telefonzelle trat, jagten plötzlich zwei schwarze Autos mit quietschenden Reifen um eine 100 Meter entfernte Straßenecke und rasten direkt auf ihn zu. Mit kreischenden Vollbremsungen kamen sie vor ihm zum Stehen.

Heute ist es also soweit, dachte er sich, hob kurz seine Arme und winkte resigniert ab.

Im gleichen Moment stürzten auch schon junge, sportliche Männer in schwarzen Lederjacken auf ihn zu und riefen: »Halt, stehenbleiben, Polizei!«

Noch ehe der Ruf in der Straße verhallt war, sprangen sie ihn an, rissen ihn herum, zogen ihm seine Jacke herunter und drückten ihn gegen eine Hauswand. Hastig wurde er nach Waffen abgeklopft. Eine junge Frau mit einem Fotoapparat, die aus einem der Fahrzeuge gestiegen war, machte hektisch eine Aufnahme nach der anderen. Immerhin handelte es sich um die Festnahme des meistgesuchten Gesetzesbrechers Deutschlands.

Die Fenster der angrenzenden Häuser öffneten sich. Aufgeregte Stimmen waren zu hören.

»Was ist hier los!«

»Was machen Sie da! Lassen Sie den Mann los!«

»Ruf doch mal einer die Polizei!«

»Wir sind die Polizei!« beruhigte nun einer der Beamten die erregten Bewohner.

»Bringt mir doch mal 'ne Acht!« brüllte danach der, der Funke gerade einen Gummiknüppel ins Genick drückte.

Jetzt kam auch noch die uniformierte Polizei mit ihrem grünweißen Kleinbus vorgefahren und machte das Chaos für einen Moment perfekt. Dienstausweise wurden vorgezeigt, und nach einem kurzen Wortwechsel zogen sich die »Grünen« wieder zurück.

Als die Handschellen auf Funkes Rücken klickten, brach unter den Beamten ein allgemeiner Jubel aus. Freudensprünge wurden gemacht. Juchzen und Abklatschen wie bei einer gewonnenen Fußballmeisterschaft.

Dann wurde Funke in eines der schwarzen Autos verfrachtet, und mit Blaulicht und Martinshorn ging es nun in rasanter Fahrt zum Polizeipräsidium. Mit Geheul fegten sie bei Rot über Straßenkreuzungen. Die überraschten Autofahrer traten so heftig auf die Bremsen, daß das Quietschen der Reifen weithin zu hören war. Einer knallte seinem Vordermann ins Heck.

»Oh, das hat gescheppert«, kommentierte eine Beamtin den Unfall. »Sollen wir anhalten?«

»Das machen schon die Kollegen«, erwiderte der Fahrer und bog bereits um die nächste Ecke.

Funke saß eingepfercht zwischen zwei Beamten im Fond. Seine Handgelenke schmerzten, und er bat darum, die Fesseln zu lokkern. Bereitwillig kam man seiner Bitte nach und öffnete kurz die Handschellen, damit er seine Hände nach vorn nehmen konnte. Mit einem kleinen Seufzer lehnte er sich zurück. Die Polizistin auf dem Beifahrersitz drehte sich um und betrachtete ihn neugierig.

Eigentlich sieht sie ja ganz nett aus, dachte er sich und lächelte sie an.

»Der lacht ja!« stellte sie verwundert fest und lächelte zurück.

»Nun habt ihr mich endlich gefaßt«, sagte Funke grinsend. »Heute werdet ihr bestimmt die Korken knallen lassen. Leider werde ich nicht mitfeiern können, aber wenigstens könnt ihr auf mein Wohl anstoßen.«

»Das werden wir tun«, erwiderten sie lachend.

Schon viele Male hatte er daran gedacht, wie es wohl sein würde, wenn er in die Fänge der Polizei geriet. Nun saß er zwischen den Beamten, der Wagen raste dahin, und er mußte an seine Frau denken, die heute die größte Überraschung ihres Lebens erleben würde. Nur der Gedanke an seinen Sohn ließ sein Herz zusammenkrampfen. Das tat wirklich weh.

Nach der Ankunft im Polizeipräsidium wurde Funke in das Zimmer des leitenden Kommissars geführt.

»Funke mein Name, Sie kannten mich bisher als Dagobert.«

»Kriminalhauptkommissar Heins!« stellte sich der Beamte vor. »Sie haben uns viel Arbeit gemacht, Herr Funke.«

Der Kommissar stellte ihm einen Stuhl hin und wies dann auf ein kleines Regal, das sich unter der Last der Aktenordner bog. »Das ist nur ein Bruchteil dessen, was sich in den letzten zwei Jahren über Sie angesammelt hat. Wir haben einen Raum, da ist die ganze Wand voll mit Akten – von der Asservatenkammer ganz zu schweigen. Was wir dort zusammengetragen haben, ist enorm. Ein paar von Ihren Sachen werden bestimmt im Kriminalmuseum landen.«

Beide setzten sich, und nach kurzer Pause erzählte der Kommissar weiter: »Meine Frau wird glücklich sein, daß Sie endlich gefaßt worden sind. In der Vergangenheit mußte ich Ihretwegen so viele Überstunden machen, daß meine Ehe darunter gelitten hat.«

»Das tut mir wirklich leid«, sagte Funke in einer Mischung aus echter Anteilnahme und Ironie.

»Möchten sie eine Zigarette?«

»Ja, danke!« Funke nahm die angebotene Zigarette und beugte sich zum Kommissar, der ihm das brennende Feuerzeug hinhielt.

»Stört es sie, wenn ich das Verhör mit dem Recorder aufnehme?«

Funke winkte ab. »Nein, das ist mir egal.«

Er wurde aufgefordert zu schildern, wie die ganze Sache begonnen hatte. Erwartungsvoll sah der Kommissar ihn an.

Funke lehnte sich zurück und suchte nach Worten.

Als die Sache 1988 begann, war ich psychisch und phy- sisch am Ende. Sicher sagen das viele, die auf die schiefe Bahn geraten sind, aber es gibt ja für alles, was auf der Welt geschieht, einen Grund. Nichts passiert, ohne daß es dafür einen Auslöser gibt. Bei mir begann alles sehr schleichend, nicht mit einem Paukenschlag wie bei manchen anderen.

1979 hatte ich mich selbständig gemacht, als freischaffender Künstler. Damals hatte ich noch das Gefühl, Bäume ausreißen zu können. Ich hatte den Kopf voller Ideen. Ich war immer auf der Suche nach neuen Eindrücken, denn Stillstand erzeugte in mir kribbelnde Unzufriedenheit. Ich weiß nicht, ob meine Umtriebigkeit schon immer aus einem subdepressiven Gefühl gespeist wurde. Ob es das war, was mich weitertrieb. Aber ich konnte damals das Leben genießen ... Frühmorgens ließ ich mich mit klassischer Musik wecken, abends zog ich um die Häuser. Aus meiner heutigen Erinnerung fühlte ich mich frei, und ich wußte noch, was Glück bedeutet. Ganz anders war das Anfang 1988, kurz vor meinem 38. Geburtstag.

Es war früher Morgen, die gelbe Märzsonne schien auf das weiße, heruntergelassene Fensterrollo und tauchte den kleinen Raum in ein strahlend weiches Licht.

Vor der Fototapete mit dem Bild eines umwaldeten schwedischen Sees standen Rattan-Gartenmöbel. Der Rest der Einrichtung war selbstgezimmert. Die Türen der Schränke waren mit Kork bezogen. An den Wänden klebte eine aus dünnen, beigefarbenen Papierstreifen geflochtene Tapete. In der einen Ecke des Raumes, gegenüber dem Fenster, stand eine breite Liege. Alles hatte schon mal bessere Tage gesehen.

Ich lag in dem zerwühlten Bett, und langsam kehrte das Bewußtsein, von wo auch immer, zu mir zurück. Acht Stunden traumloser Schlaf hatte mir keine Erholung gebracht. Ein dumpfes, graues Gefühl hielt mich gefangen. Träge, wie in Zeitlupe, wälzte ich mich aus dem Bett. Meine Füße stießen an leere Bierflaschen, die mit leisem Klirren aneinanderschlugen und durch den Raum kullerten. Ich setzte mich auf die Bettkante und sinnierte, den Kopf in meine Hände gestützt, ob nun Restblut oder Restalkohol durch meine Adern floß.

Benommen wankte ich in die Küche, wo schon vor einer halben Stunde eine Schaltuhr die Kaffeemaschine in Gang gesetzt hatte. Mein Blick ging über die Batterien leerer Schnaps-, Bier- und Weinflaschen hin zum Spülbecken mit dem überquellenden Geschirr der letzten Tage. Dazwischen lagen dekorativ verteilt leere Fast-Food-Verpackungen.

Die Wohnung sah wieder einmal aus, als hätte eine Granate eingeschlagen. Und niemand war da, der mir hätte hinterherräumen können. Oder der mir wenigstens einen Tritt in den Hintern verpaßt hätte, um mich dazu anzutreiben. Meine kurze Ehe, die im Grunde nur ein halbes Jahr gedauert hatte, lag schon einige Zeit zurück, und meine letzte »Lebensabschnittsbegleiterin« hatte sich vor einem Jahr von mir verabschiedet.

Eines war sicher: Vor ungefähr zwei Jahren hatte sich die Welt zu verändern begonnen. Ein Gefühl allgemeiner Freud- und Lustlosigkeit hatte sich in mir breitgemacht. Alles erschien mir seitdem sinnlos und öde. Die ewige Hetzerei nach dem Geld, das mir, kaum erhalten, von allen Seiten aus den Händen gerissen wurde. Ich kam mir vor wie ein Marathonläufer, dem wenige Kilometer vor dem Ziel die Kräfte schwanden, dem jeder Meter zur Qual wurde und den das Gefühl beschlich, daß sich das Ziel mit jedem Schritt weiter entfernte ... Aber hatte ich überhaupt ein Ziel? ... Wenn es das je gegeben hatte, dann war es mir wohl irgendwann abhanden gekommen.

Ich zog mich an und wollte die Wohnung verlassen. »Ich will aufhören zu saufen!« stand über die ganze Breite der Tür geschrieben. Am Abend zuvor mußte sich wieder einmal Widerstand in mir geregt haben. Ich konnte mich an nichts erinnern.

Draußen auf der Straße hatte ich keinen Blick für die erwachende Natur, nur die kühle Luft erfrischte mich etwas.

Mein alter himmelblauer Mercedes blies beim Anlassen eine große Wolke in den Himmel von Mariendorf. Es war eine ruhige Ecke, in der ich wohnte. Ein- und Mehrfamilienhäuser, Gärten und Parks.

Ich beobachtete die Qualmwolke und dachte daran, daß die Reparatur wieder einen Haufen Geld kosten würde. Es tröstete mich nur wenig, daß ich einen Rabatt bekam, weil ich für eine Autowerkstatt arbeitete.

Nach kurzer Fahrt über die Stadtautobahn bog ich in Schöneberg von der Naumannstraße ab und fuhr auf ein großes Industriegelände, wo mein alter Kumpel Heiner seine Firma hatte.

Wir kannten uns seit acht Jahren. Damals hatte ich noch eine eigene Werkstatt. Heiner hatte einen Auftrag für mich, und im Laufe der Jahre wurden es immer mehr, bis ich letztendlich mehr Zeit in seinem Lackierraum verbrachte als in meiner Werkstatt. Mittlerweile gehörte ich als freier Mitarbeiter zum Inventar der Firma Trike Shop.

Ich betrat die Werkhalle, die vom Lärm der arbeitenden Mechaniker erfüllt war. Es wurde geschweißt, gesägt, geschraubt, gehämmert ... und geflucht.

»Scheißeee!« schrie der Lehrling hinter einem Auto laut auf, als ich gerade meinen Spind öffnete. Mit schmerzverzerrtem Gesicht hielt er sich seinen Zeigefinger. »Mist! Ich bin beim Schrauben abgerutscht und habe mir dabei den Finger geklemmt«, jammerte er, und vor lauter Wut über seinen Schmerz trat er nun heftig gegen das Vorderrad des Autos, das er reparieren sollte. Amüsiert sahen die Kollegen zu, wie er auf einem Bein durch die Werkstatt hüpfte, denn offensichtlich war auch der Tritt gegen das Rad schmerzhaft gewesen.

Heiner kam aus seinem Büro, um nach der Ursache der allgemeinen Heiterkeit zu sehen. Er betrachtete sich kurz den Finger des Lehrlings und spottete: »Das ist alles ungeschicktes Fleisch, das muß weg!« Sein Blick richtete sich jetzt auf mich. »Aaah Arno, bist du auch schon da ... Hast du ausgeschlafen? Sieh zu, daß du in die Gänge kommst. Der Kotflügel des Honda muß heute fertig werden. Und außerdem hast du gestern vergessen, deine Spritzpistole zu reinigen. Sieh zu, wie du sie wieder sauber bekommst ... Alte Trantüte!«

»Du hast immer so eine aufmunternde Art«, entgegnete ich ihm ironisch. »Nimm doch bitte Rücksicht auf mein sensibles Gemüt!«

»Unser Künstler!« Heiner verdrehte die Augen, hob beschwörend beide Hände und verschwand wieder in seinem Büro.

Nachdem ich mich umgezogen hatte, schlich ich in meinen Lackierraum und begutachtete den Kotflügel, den ich am Tag zuvor zum Lackieren vorbereitet hatte.

Normalerweise verzierte ich Autos und Motorräder mit Mustern und Bildern, aber manchmal bügelte ich auch die eine oder andere Beule aus den Blechkleidern. Das brachte nebenbei noch ein paar dringend benötigte Märker in die Kasse.

Etwas lustlos wässerte ich erst einmal den Boden, damit der Staub gebunden wurde. Ich rührte die Farbe an und füllte sie in den Farbtopf der Spritzpistole. Die Tür ging einen Spalt auf, und Heiners grinsendes Gesicht erschien.

»Bist du endlich fertig?«

»Sag mal, hältst du mich für'n Lackierautomaten?«

»Reg dich nicht auf, ich wollte nur einen Pinsel.«

Ich reichte ihm den gewünschten Pinsel und bat ihn, die Absauganlage einzuschalten. Noch einmal wischte ich mit dem Staubbindetuch über das Blech und begann, zügig den Lack aufzusprühen. Nach fünf Minuten glänzte der Kotflügel wie neu. Nur eine kleine Stelle hätte etwas mehr Farbe vertragen können. Also setzte ich die Pistole noch mal an, und – Peng! – mit einem dumpfen Schlag fiel der Farbtopf ab, und der Lack spritzte hoch über das frisch lackierte Blech. Offensichtlich hatte ich durch Heiners Störung vergessen, den Verschluß zu betätigen.

Ich stampfte vor Wut mit dem Fuß auf, und das dadurch hochspritzende Wasser gab der Lackierung den Rest.

»Ich bring' mich um!« rief ich voller Verzweiflung.

Heiners zerknittertes Gesicht erschien wieder in der Tür.

»Mach, was du willst, aber erst muß der Kotflügel fertig sein«, spöttelte er und flitzte in sein Büro zurück.

Eine Stunde später hatte ich mein Mißgeschick wieder ausgebügelt, und der Kotflügel strahlte wie an seinem ersten Tag.

»Bäng!« Ein ohrenbetäubender Knall ließ mich zusammenzucken. Ich stürzte in die Werkstatt.

»Was ist los?«

Der Lehrling stand blaß und verstört neben dem Schraubstock.

»Ich hab' mit der Flex gearbeitet«, sagte er, »und die Funken sind zur Batterie-Ladestation rübergeflogen, und dann ist die angeschlossene Batterie einfach explodiert.«

Ich sah die Batterieteile, die in der ganzen Werkstatt verstreut waren, und sagte: »Okay, jetzt weißt du, daß sich Funken und aufzuladende Batterien nicht vertragen!«

»Ha! Aber dafür vertragen sich ein Funke und Batterien von Bierflaschen um so besser.«

»Sei nicht so frech, du Rotzlöffel!« schimpfte ich und drohte ihm mit der Faust.

Ich ging wieder in meinen Lackraum und widmete mich ein paar Motorrad-Blechteilen, die ich vor einer Woche bemalt hatte. Kurz darauf betrat einer meiner Kunden den Raum.

»Was machen meine Motorradteile?« fragte er erwartungsvoll.

»Nächste Woche kannst du sie haben«, antwortete ich mit einem bohrend schlechten Gewissen.

»Was, nächste Woche? Die sollten schon vor zwei Wochen fertig sein. Das Frühjahr kommt, und ich will den Ofen endlich zusammenschrauben.«

Er fing an zu husten.

»Mein Gott, wie hältst du das hier aus?«

»Was halte ich aus?«

»Mensch, der Gestank. Ich bekomme ja keine Luft mehr. Hier würde ich mit der Zeit blöd im Kopf werden. Komm, wir reden draußen weiter.«

Ich zog ein paarmal kräftig die Luft durch die Nase ein, konnte aber nicht viel riechen. Ich hatte mich schon zu sehr an den scharfen Geruch der Lösungsmittel gewöhnt. Auf dem Hof versprach ich meinem Kunden hoch und heilig, mir seine Teile in der nächsten Woche vorzunehmen.

Der Tag verging, und am späten Nachmittag sah ich Heiner mit einem Karton Champagner um die Ecke laufen. Bei diesem Anblick lief mir das Wasser im Mund zusammen. Nur mein Magengeschwür protestierte mit dumpfem Schmerz. Ich ging zu meinem Spind und holte die braune Flasche mit dem Magentherapeutikum. Mit einem kräftigen Schluck wollte ich mein Geschwür beruhigen.

Aber der widerliche Geschmack des weißen Breies ließ mich so stark würgen, daß mir die Tränen über die Wangen liefen. In diesem Moment kam der Lehrling vorbeigelaufen.

»Na, mußt du endlich kotzen?« erkundigte er sich scheinheilig.

»Was soll das heißen?« fragte ich und schaute ihn mit glasigen Augen an.

»Na, man hört dich doch den ganzen Tag fluchen: ›Ich könnte kotzen, ich könnte kotzen.‹« Er streckte seine Zunge heraus und machte röchelnde Geräusche.

Ich zog mich schnell um, schmiß den Overall in den Schrank und beeilte mich, ins Büro zu kommen. Dort stand auch schon die ganze Firmenmannschaft mit Pappbechern in der Hand und ließ die Flaschen kreisen.

Mischa war Ende 20, hatte stark gelichtetes blondes Haar und einen Hang zum Makaberen. Er blinzelte Heiner verschmitzt an.

»Na, Heiner, wo hast du diesmal den Karton Schampus abgestaubt? Kannst du ohne dein Rülpswasser überhaupt noch leben? Ich glaube, deine drei Herzinfarkte hast du nur mit Champagner überlebt. Im Krankenhaus hast du das

Zeug bestimmt intravenös bekommen. Trotzdem, an deiner Stelle würde ich mir keine Langspielplatte mehr kaufen.«

Heiner versuchte, sich ein gequältes Lächeln abzuringen.

Der Lehrling kam durch die offenstehende Tür ins Büro geschlendert: »Na, seid ihr wieder am Kippen?«

»Hier wird nicht gekippt!« erwiderte Heiner mit gespielter Empörung. »Wenn hier einer kippt, dann bist du das. Ich brauche dich wohl nicht an den Porsche zu erinnern, der dir von der Hebebühne gekippt ist.«

»Und danach sind Sie aus den Latschen gekippt!« versuchte der Lehrling nun auch witzig zu sein.

»Sei nicht so frech, du Lümmel, fahr lieber die Autos in die Halle.«

Schuldbewußt zuckte der mit den Schultern. »Ist ja schon gut, wir machen alle mal Fehler.«

»Ja, ja, bei Fehlern fällt mir immer unser Künstler ein.« Mischa hatte nun mich als potentielles Opfer für seine Spötteleien entdeckt.

»Ich muß da zum Beispiel an die Lackierung denken, die er auf die Corvette gezaubert hatte. Als der Kunde mit dem Wagen über die Autobahn gebrettert ist, ist der Lack davongeflogen wie Dachpappe im Herbststurm.«

»Hör doch mit den ollen Kamellen auf. Du weißt genau, daß ich falsche Informationen zur Verarbeitung bekommen hatte«, versuchte ich mich zu verteidigen.

Leicht angesäuselt begab ich mich kurze Zeit später auf den Heimweg. Mein Magen knurrte und schmerzte. Den ganzen Tag hatte ich nichts gegessen. Zu Hause erwartete mich ein leerer Kühlschrank, und die Supermärkte waren bereits geschlossen, also fuhr ich ins nächste China-Restaurant.

Eigentlich grenzte es an seelischen Masochismus, zum

Chinesen zu gehen, denn zuviel erinnerte mich dort an meine frühere koreanische Freundin. Auch wenn sie manchmal sehr anstrengend sein konnte, liebte ich sie sehr. Mein Schienbein hatte damals so manchen blauen Fleck davongetragen, den mir Jeong-Ae mit gezieltem Tritt verpaßt hatte. Fern von Korea und konfuzianischer Strenge begann sie bei mir, ihre Grenzen neu auszutesten. Und das war bei ihrer Intelligenz und ihrem Temperament eine explosive Angelegenheit. Sie war eifersüchtig wie ein Pavian, hielt aber selbst nicht soviel von Treue. Vor einem Jahr hatten wir uns getrennt. Es war eine Trennung ohne Streit, ohne Schuldzuweisungen. Deshalb trafen wir uns weiterhin in unregelmäßigen Abständen zu einer Tasse Kaffee.

Der chinesische Kellner brachte mir das Essen in Alufolie verpackt, denn ich wollte so schnell wie möglich nach Hause. Ich wollte meine Ruhe, wollte niemanden mehr sehen.

Schon zehn Minuten später stellte ich in meiner Wohnung als erstes den Fernsehapparat an, um die Stille zu töten. Es war völlig unwichtig, was für ein Programm lief. Wichtig waren nur der Ton und das Flackern der Bilder.

Ich stand in der Küche, schaute in den Schrank und überlegte, mit welchen kulinarischen Zutaten ich das scharf gewürzte Rindfleisch verfeinern könnte. Kimchi, Peperonipaste und eingelegte Sesamblätter landeten auf meinem Teller. Sieben Jahre Jeong-Ae hatten nicht nur am Schienbein und an der Seele Spuren hinterlassen, sondern auch auf meiner Zunge. Als Nachtisch genehmigte ich mir noch ein paar Gläser Myer's Rum mit Cola.

Eingehüllt in eine Decke und benebelt vom Alkohol lag ich später im Bett und fühlte mich leer. Seit über einem Jahre hatte ich kaum noch gute Gefühle gehabt.

Ich dachte an den Schriftzug auf der Wohnungstür. »Ich will aufhören zu saufen!« hatte ich geschrieben, aber es wollte mir nicht gelingen. Vor einem halben Jahr hatte ich drei Wochen lang verzweifelt versucht, das Leben zu genießen, aber in mir war nichts mehr. Ich fühlte mich innerlich tot. Also trank ich weiter. Der Alkohol brachte mir wenigstens etwas Wärme ... Andererseits konnte es so nicht weitergehen. Was für einen Wert hatte mein Leben, wenn jeder Handgriff zur Qual wurde? ... Nur deshalb leben, weil man Angst vor dem Tod hat? Nicht mit mir! Niemand konnte mich dazu zwingen!

Meine größte Horrorvorstellung war immer, gelähmt in einem Bett zu liegen und hilflos den Ärzten und Mitmenschen ausgeliefert zu sein, die mich mit dem Argument der Nächstenliebe zum Weiterleben zwingen wollten. In solcher Nächstenliebe spiegelt sich nur die Angst des Helfers vor dem eigenen Tod. Oder die Angst vor dem Verlassenwerden. Humanität und Ethik verkommen bei solchem Tun zur Folter.

Aber welchen Weg gab es für mich, aus diesem Sumpf herauszukommen? Wenn ich die Arbeit hinschmeißen würde, müßte ich von Sozialhilfe leben. Dieser Gedanke war der Alptraum schlechthin. Hilflosigkeit! Wie sollte da Lebensfreude aufkommen?

Ich fühlte mich gefangen und gefesselt in meinem Sein. Ich hatte keine Freiheit mehr, denn Freiheit ist nur ein Gefühl. Ein Gefühl, das wir haben, wenn wir unsere Bedürfnisse, oder was wir dafür halten, befriedigen können. Wer sich an den kleinen Dingen des Lebens erfreuen kann, braucht wenig, um sich frei zu fühlen. Aber was ist, wenn man sich weder an den kleinen noch an den großen Dingen erfreuen kann? Wer in einem Eisenbahnzug sitzt, weiß, daß er nicht irgendwohin fährt, sondern sich auf festgelegter Strecke zum Zielbahnhof bewegt. Wer in die Richtung fährt, in die es ihn drängt, fühlt sich womöglich frei. Ganz anders sieht es aber aus, wenn er plötzlich bemerkt, daß er im falschen Zug sitzt.

Ich wußte, daß ich im falschen Zug saß, aber ich wußte nicht, welcher für mich der richtige war.

Wut, Frust, Hoffnungslosigkeit stiegen in mir hoch. Ich hätte aufspringen mögen, um mich schlagen können. Aber warum sollte ich? Wenn ich mich umbringen würde, wäre endlich alles vorbei. Schluß, aus, Sense. Dem ganzen Theater ein schnelles Ende bereiten.

Ich stand auf, ging in mein Arbeitszimmer und holte die Pistole, die ich mal einem Arbeitskollegen abgekauft hatte. Das schwarzblau glänzende Metall der 7,65er fühlte sich kalt an. Sie roch nach Waffenöl und lag schwer in meiner Hand. Ich zog den Schlitten zurück und lud durch. Ich legte mich wieder ins Bett. Im Hintergrund spielte leise Softrock und erinnerte mich an bessere Tage. Ich entsicherte die Pistole und hielt die Mündung an meine Schläfe. Ich spürte den Druck des kalten Metalls auf meiner Haut. Wenn ich jetzt auf den Abzug drücke, ist alles vorbei, dachte ich. Ich tippte mehrfach spielerisch darauf, wissend, daß bei einem gespannten Hahn ein minimaler Druck genügte, um den Schuß auszulösen ... Ob ich etwas merkte, wenn sie losging?

Der Gedanke an ein blutiges Ende ließ mich plötzlich zurückschrecken. Ich dachte an die Leichen im Fernsehen und daß mir jedesmal übel wurde bei dem Anblick. Mich vor einen Zug zu werfen oder vom Hochhaus zu springen, auch das wäre nichts. Das machen nur Menschen in wilder Verzweiflung. Aber ich war ja nicht verzweifelt, nur müde. Einfach lebensmüde. Ich legte die Pistole wieder zur Seite.

Ich wußte, daß ich nicht mehr lange durchhalten würde, daß für mich das Ende der Fahnenstange erreicht war. Das sollte es also gewesen sein? Was war bei mir nur schiefgelaufen? Woher kam diese Freudlosigkeit?

Mein Fühlen hatte sich ganz allmählich verändert. Nur meine Freunde hatten gemerkt, daß ich nicht mehr der alte war, daß etwas mit mir nicht stimmte. Meine Vergeßlichkeit, meine Unkonzentriertheit, meine Teilnahmslosigkeit fielen ihnen auf. Es kamen gutgemeinte Ratschläge: Spann mal aus. Geh mal wieder unter Leute. Mach mal Urlaub. Als müßte man sie nur wollen, die Lebensfreude.

Aber ich hatte auch kein Mitlied mit mir. Selbstmitleid war mir fremd. Eher war da manchmal eine Mischung aus seelischem Masochismus und Fatalismus. Dagegen wiederum regte sich bisweilen Widerstand. Dann wollte ich noch mal richtig auf den Putz hauen. Einen kleinen Rundumschlag landen, gewissermaßen als Dankeschön für alle Ungerechtigkeiten des Lebens. Andererseits gab es niemanden, den ich hätte verantwortlich machen können für meinen Zustand. Wenn ich aber schon bereit war, den Löffel abzugeben, warum sollte ich mich noch an gesellschaftliche Normen gebunden fühlen? Was hätte ich davon?

Oft hatte ich größtes Unbehagen, wenn ich anderen gegenüber meine Interessen durchsetzen wollte. Meist verzichtete ich darauf. Es war mir schon immer schwergefallen, andere zu enttäuschen; aber sollte ich nun rücksichtsvoll sein bis in den Tod?

Ich wollte endlich mal sagen: So geht's nicht, nicht mit mir, jetzt wird gemacht, was ich sage. Ich nehme mir einfach meinen Teil vom Kuchen.

»Aus dir wird nichts!« hatte mein Vater oft zu mir gesagt.

Oder: »Laß das, das wird eh nichts, dafür hast du kein Talent.« Noch bevor ich mit etwas angefangen hatte.

»Ich will mir das Leben nehmen!«

»Wie heißt das?«

»Ich möchte mir bitte das Leben nehmen.«

»Laß es sein! Das kannst du sowieso nicht!«

»Ich möchte bitte einen angemessenen Platz in der Gesellschaft. Nur etwas Glück.«

»Laß es, dafür hast du kein Talent! Du bist unfähig!«

Trotz allem konnte ich ihm nicht böse sein. Er wußte es nicht anders. Er ist schon lange tot. Es ist nicht vergessen, aber vergeben.

Mir wurde mit aller Dringlichkeit klar, daß ich für einen Neuanfang Geld benötigen würde. Ich fühlte, daß ich längere Zeit brauchen würde, um wieder Luft zu bekommen, mich zu regenerieren. Ohne Geld würde ich in der Tretmühle von Geldverdienen und Geldausgeben gefangen bleiben. Und das wäre mein Ende, denn ich hatte keine Kraft mehr zum Treten. Ich überlegte: Wenn ich Geld hätte, würde ich als erstes aufhören zu saufen. Und dann würde ich endlich die Bilder malen, die ich schon immer malen wollte, die Reisen machen, von denen ich immer geträumt hatte. Einfach nur meine Interessen und Talente wieder ausleben.

Ohne finanziellen Rückhalt würde ich mein Leben in den Mülleimer unerfüllter Träume werfen müssen. Aber woher Geld nehmen? Lotto spielen? Wenn ich jede Woche zehn Tips abgeben würde, müßte ich fast 28 000 Jahre spielen, um eine 50prozentige Chance auf einen Hauptgewinn zu haben. Das erschien mir entschieden zu lange.

Beim Grübeln über Lotto, Geld und Zukunft fielen mir die Augen zu. Schon nach zwei Stunden erwachte ich wieder mit einem riesigen Durst. Ich suchte in der Küche nach Bier, aber alle Flaschen waren leer. Ich fand noch eine viertelvolle Flasche Sherry, der eigentlich zum Kochen gedacht war. Ich leerte sie mit einem Zug und mußte mich dabei fast übergeben. Dann legte ich mich wieder ins Bett und schlief weiter.

Ich fühlte mich wie gerädert, als ich am nächsten Morgen erwachte. Hätte ich mich doch gestern bloß erschossen, dann hätte ich jetzt liegenbleiben können, dachte ich, als ich langsam das Bewußtsein wiedererlangte. Mein Gott, so geht das alles nicht weiter, irgend etwas muß geschehen. Mit tiefen Zügen trank ich schnell meinen Kaffee und machte mich etwas frisch. Ich erschrak ein wenig, als ich mein leicht aufgedunsenes Gesicht im Spiegel sah.

Es war Sonnabend, und in der Werkstatt arbeitete niemand. In der Halle herrschte eine bedrückende Stille. Ohne das sonst so rege Treiben der Mechaniker machte sich Trübsinn in mir breit. Gottlob hatte ich nicht viel zu tun. Nur einen Motorradtank wollte ich schnell überlackieren. Trotzdem verlangte jeder Handgriff Überwindung. So war dann der letzte Strahl aus der Spritzpistole wie eine Erlösung.

Heiner kam zur Tür herein. »Na, Trinkefix, biste wieder am Werkeln. Da kannst du ja gleich die Tür vom Opel anspritzen, das machst du doch immer so schön.«

»Nein, nein, nein! Ich kann heute nicht mehr. Ich muß etwas einkaufen. Außerdem bin ich gleich verabredet«, wehrte ich heftig ab. Der Gedanke, nur eine Sekunde länger als nötig zu arbeiten, war erschreckend.

Heiner drohte glücklicherweise nicht weiter mit Arbeit und wechselte das Thema. »Pipo, Gerd und ich wollen im Juni mit den Trikes ans Mittelmeer fahren. Was ist, willst du nicht mitkommen?«

Gerd und Pipo waren Freunde von Heiner, mit denen auch ich gut auskam. Lust hatte ich schon, aber dennoch zuckte ich unschlüssig mit den Schultern.

»Soni würde dir sogar sein Trike für die Zeit überlassen«, legte Heiner noch nach.

»Ich weiß nicht, ob ich Zeit habe, ganz zu schweigen vom Geld.«

»Du wirst das schon machen. Hau ein bißchen mit der Arbeit rein, dann klappt das. Du hast doch eh das meiste Geld in der Firma«, witzelte er und grinste über das ganze Gesicht.

»Ha, ha, guter Joke«, antwortete ich etwas gezwungen. »Aber ich werde darüber nachdenken. Ich sage dir dann am Montag Bescheid ... Ich gehe jetzt. Für heute habe ich die Schnauze voll.«

Ich verließ eilig die Werkstatt. Es war mittlerweile 13 Uhr, und mir blieb nur noch eine Stunde zum Einkaufen. Also fuhr ich in den nächsten Konsumtempel.

Es herrschte wieder einmal ein enormer Andrang, und ich hatte den Eindruck, daß sich alle in einem kollektiven Kaufrausch befanden. Es wurde geschoben und gestoßen. Ein altes Mütterchen rammte mir ihre Einkaufstüten in die Kniekehlen, so daß ich ins Straucheln geriet. Aber bei einer jungen, sportlichen Frau fand ich Halt und konnte so meinen Sturz vermeiden. Die junge Frau, kurze blonde Haare und einen halben Kopf größer als ich, bot mir Prügel an. Ich lehnte dankend ab und eilte weiter durch die Spielzeugabteilung. Dort sah ich, wie große und kleine Kinder beim Anblick der Schätze dem Wahnsinn anheimfielen. In einem Zustand euphorischer Verzückung wuselten sie umher und begrapschten, was nicht niet- und nagelfest war. Eine Mutter versuchte verzweifelt, ihrem Vierjährigen das erbeutete Stofftier zu entreißen. Schreiend krallte sich der Bengel am Objekt seiner Begierde fest. Machtkampf, wer hat die besseren Nerven, wer den längeren Atem. Die Mutter zerrte am Tier, aber der Junge schien daran festgewachsen zu sein.

Die listige Mutter hält für solche Fälle immer ein Fläschchen Chloroform bereit, dachte ich erheitert in einem Anflug von schwarzem Humor. Ich ging weiter zur Lebensmittelabteilung und überlegte dabei, daß kleine Kinder noch etwas Animalisches an sich haben. Sehen, Fühlen, Denken und Handeln bildeten noch eine Einheit. Erst später, im Erwachsenenalter, wird alles so kompliziert und schwer durchschaubar.

Ich schob meinen Einkaufswagen durch das überreiche Angebot an Lebensmitteln, während die kaufwütige Meute mit ihren vollgepackten Karren an mir vorüberhastete. Deutlich war zu sehen, daß bei manchen Panik aufkam, vor Ladenschluß nicht alles kaufen zu können, was man sich vorgenommen hatte. Mir wurde ganz schwindelig von dem Gedränge und Geschiebe. Der ganze Trubel ging mir fürchterlich auf die Nerven. Ich hatte das Gefühl, keine Luft mehr zu bekommen. Nur schnell raus hier, dachte ich, und packte Kaffee, ein Fertiggericht und Bier in den Wagen und stellte mich zum Bezahlen an. Die füllige Kassiererin mit der Billigperücke auf dem Kopf hämmerte mit ihren kleinen Wurstfingern die Preise in die Kasse.

»25 Mark 50!«

Routiniert stopfte sie mein sauer verdientes Geld in die Lade. Der Anblick der von Geldscheinen überquellenden Kasse weckte in mir Begehrlichkeiten. Wieviel Geld wohl an einem Wochenende im Kaufhaus eingenommen wird, grübelte ich. Vielleicht 300 000? 400 000? Ich wußte es nicht, aber ich konnte mir vorstellen, daß es eine erfreuliche Summe war. Wenn ich davon etwas abbekommen könnte, ginge es mir wahrscheinlich besser, überlegte ich amüsiert. Ich packte meine Sachen in eine Einkaufstüte und verließ schnell das Warenhaus, um der bedrückenden Enge des Menschengewühls zu entkommen.

»Nie wieder samstags einkaufen!« schwor ich mir zum tausendsten Mal.

Ein starkes Hungergefühl trieb mich zum nächsten Imbißstand. Ich bestellte zwei Currywürste und eine Portion Pommes mit Majo. Mein Hunger war wirklich groß, und so schlang ich die verbrannten Würste mit der schleimig rötlichen glasigen Sauce und die in verbrauchtem Öl frittierten Kartoffelstäbchen herunter – um es gleich wieder zu bereuen, denn der Fraß lag mir so schwer im Magen, daß mir übel wurde.

Ich stieg in mein Auto und fuhr los. Der Geschmack meines Mahles sollte mir während der Fahrt nicht verlorengehen. Mit jedem Aufstoßen meldete er sich zurück.

An dem Tag fand ich endlich die Kraft, meine Wohnung aufzuräumen. Die leeren Flaschen der letzten zwei Wochen wurden in Einkaufstüten verstaut. Mein Gott, fast einhundert! stellte ich zu meinem Entsetzen fest. Ich hatte in letzter Zeit jeden Abend meine sechs Biere und ein paar Schnäpse getrunken, und da läpperten sich die Flaschen zusammen.

Als ich in die Kochtöpfe guckte, kamen mir fast meine Currywürste wieder hoch. Es war wirklich erstaunlich, was für Biotope sich in Töpfen bilden konnten, wenn man sie nach dem Kochen zu reinigen vergaß.

Nach vier Stunden war alles einigermaßen hergerichtet.

Am besten jetzt die Wohnung versiegeln und nicht mehr betreten, dachte ich mir. Wenigstens war nicht mit Besuch zu rechnen, denn der kam immer, wenn die Zimmer verwüstet waren.

Das Telefon klingelte.

»Hallo Lothar! Wie geht's? ... Was, wir sind heute verabredet? Gut, daß du mich angerufen hast, ich hab's glatt vergessen ... Beim Griechen essen? Das können wir machen, also bis nachher!«

Lothar war ein wirklich guter Freund von mir. Wir kannten uns schon seit zehn Jahren und waren fast wie Brüder. Er überragte mich mit seinen 192 Zentimetern um Kopfesgröße. Früher hatten wir gemeinsam viel unternommen. Wir sahen uns Ausstellungen an und hörten klassische Konzerte, machten Partys unsicher und verreisten zusammen. Unsere gemeinsamen Bekannten wußten immer, daß, wo der eine war, der andere nicht weit sein konnte. Aber als wir dann in festen Beziehungen steckten, trafen wir uns seltener.

Am späten Abend ging ich in das verabredete Lokal. Lothar war schon da und hatte bereits Retsina bestellt. Wir begrüßten uns.

»Na, wie geht's denn so?« fragte er.

»Wie soll es schon gehen. Es geht so«, antwortete ich etwas bedrückt und rang mir ein gequältes Lächeln ab.

»Überzeugend klingt das nicht. Komm, setz dich erst mal.«

Ich ließ mich auf den Stuhl fallen und versuchte, eine entspannte Miene zu machen. Aber so richtig wollte mir das nicht gelingen. Ich erzählte Lothar, daß ich mich in letzter Zeit etwas schlapp und ausgelaugt fühlte.

»Das habe ich schon gemerkt. Du malst keine Bilder mehr,

gehst kaum noch aus dem Haus. Meinst du nicht, daß du auch zuviel trinkst? Vielleicht liegt es daran?«

Ich wehrte energisch ab. »Ich glaube nicht, daß der Hauptgrund der Alkohol ist. Kann sein, er hat ein bißchen damit zu tun. Es geht etwas anderes in mir vor, etwas Grundsätzliches. Ich weiß nicht, was es ist. Alles kotzt mich an ... Weißt du noch, als wir in Griechenland von Insel zu Insel schipperten, da war es noch anders. Das ist jetzt acht Jahre her, und es kommt mir vor wie ein ferner Traum. Wir waren damals so ausgelassen und fröhlich, und jetzt ist in mir alles tot und leer ... Was wohl aus den beiden Sportstudentinnen geworden ist, die wir damals kennengelernt haben?«

»Die sind jetzt wahrscheinlich verheiratet, haben jede drei Kinder und stehen mit Lockenwicklern im Haar und 'ner Zigarettenkippe im Mundwinkel am Herd.«

»Genau, man weiß nie, was die Zeit aus einem machen wird. Wir haben alle unsere Wünsche und Hoffnungen für die Zukunft, und dann kommt es ganz anders. Ich möchte wissen, was das Schicksal mit mir noch vorhat. Ich glaube, viel Zeit bleibt mir nicht mehr. Manchmal habe ich die Schnauze so voll, daß ich mich umbringen möchte.«

»Mach keinen Scheiß!« sagte Lothar erschrocken und griff nach meinem Handgelenk. »Ich wäre dir dann ernstlich böse!«

»Böse? ... Ich sollte vielleicht auch mal böse werden, denn wenn man böse wird, haut man auf den Tisch, begehrt auf, leistet Widerstand. Manchmal sollte man so was tun.«

Zögernd nahm ich einen Schluck Retsina, überlegte und fragte Lothar: »Wenn jemand ein Verbrechen begeht, ist er dann ein böser Mensch? Klingt irgendwie ein bißchen kindisch: böser Mensch.«

Lothar sah mich etwas erstaunt an und sagte: »Es kommt sicher auch auf die Umstände an, die zur Tat führten. Wenn jemand eine ungünstige Kindheit hatte oder besondere Bedingungen ihn zum Verbrecher werden ließen, kann er zumindest vor Gericht auf Milde hoffen. Das Böse steckt in jedem von uns.«

Ironisch fügte ich hinzu: »Bei gesetzwidrigem Verhalten verweisen wir gern auf die besonderen Umstände, die zum Fehlverhalten führten ... Es wäre doch mal etwas anderes, wenn jemand ein Lob oder einen Orden zurückweisen würde mit der Begründung, daß er eigentlich kein guter Mensch sei, er habe einfach nur eine gute Kindheit gehabt.«

»Ja, ja, das Gute nehmen wir gern für uns selbst in Anspruch«, sagte Lothar. »Böse sind immer nur die anderen. Dabei ist das Böse der Schatten des Guten. Das eine ist ohne das andere nicht zu haben. So oft wurde Gutes gewollt, und Böses ist dann dabei herausgekommen. Einfach aus Unwissenheit oder Dummheit.«

»Oder einfach nur deshalb, weil das Leben chaotisch ist und die Auswirkungen unseres Handelns nicht gänzlich vorhersehbar sind ... Ich frage mich, ob jemand, der sich in einer verzweifelten Situation befindet, der sich in seiner Existenz bedroht sieht, das Recht hat, sich gegen die Gemeinschaft zu stellen. Sozusagen als eine andere Form von Notwehr.«

Lothar stutzte. »Na, so weit würde ich nicht gehen, daß er das Recht dazu besitzt. Nur, wer will ihn letztendlich daran hindern, das ist die Frage; denn wer verzweifelt ist, fragt nicht mehr nach Moral. Aber ich denke mal, der Staat bietet doch auch vielen Hilfe an, die sich in Not befinden.«

»Ja, und die werden dann oft genug von anderen als Wohlstandsmüll bezeichnet.«

Der Kellner servierte das Essen: Lammfleisch, Gemüse, Salate, Schafskäse. Fasziniert schaute ich zu, in welch atemberaubendem Tempo Lothar seinen Zaziki hinunterschlang. Dann nahm ich noch ein paar kräftige Schlucke von dem geharzten Wein und, angetörnt vom frischen herben Geschmack, philosophierte ich weiter.

»Ich meine, das Leben als solches ist weder gut noch böse, sondern einfach nur egoistisch und opportunistisch. Das Böse wird nur dem Menschen zugeschrieben, nicht dem Tier, außer vielleicht in Kindermärchen. Für den erwachsenen Menschen hat man dann das Märchen von der Willensfreiheit erfunden und damit den Schwarzen Peter den Außenseitern und Andersartigen in die Hand gedrückt; das sind dann die Bösen, weil sie es so wollten, basta! Die Gesellschaft kann auf diese Weise jede Mitverantwortung von sich weisen und ihre Hände in Unschuld waschen. Der Mensch braucht das Böse auch für die eigene Standortbestimmung, denn wenn der andere böse ist, dann muß man selbst ja gut sein.«

»Du solltest aber auch nicht vergessen, daß der Mensch so erfolgreich ist durch die Gesellschaft oder die Gemeinschaft, in der er lebt. Und zu so einer Gemeinschaft gehören nun mal Regeln, und wer gegen sie verstößt, stellt sich gegen die Gemeinschaft und gefährdet damit den Erfolg der anderen. Allerdings sind diese Regeln keine statischen Naturgesetze; sie wandeln sich. Wofür du vielleicht gestern noch geächtet wurdest, interessiert womöglich heute niemanden mehr. Regeln müssen noch nicht einmal logisch oder sinnvoll sein, aber wer gegen sie verstößt, muß mit Widerstand rechnen; das ist das Recht der Gemeinschaft beziehungsweise der Gesellschaft.«

Ab und zu fuchtelte Lothar beim Sprechen mit seiner Gabel wie ein Dirigent in der Luft herum. Ich aß weiter mit Genuß mein Lammfleisch. Das war doch etwas anderes als verbrannte Currywürste. Dann erwiderte ich auf seine Vorrede: »Das Gefühl für die Gemeinschaft ist doch längst in der Anonymität der Großstädte verlorengegangen. Jeder erfindet sich seine eigenen Regeln. Der andere ist fremd geworden. Daß wir alle voneinander abhängig sind, ist doch kaum jemandem richtig bewußt. Das Wohlergehen des anderen interessiert nicht mehr. Jeder kämpft für sich allein. Darwinismus pur macht sich breit. Nach dem Motto: Der Sinn des Lebens ist das Überleben. Also hat der, der überlebt, recht. Je besser er überlebt, um so mehr recht und Rechte hat er. Und wer zuletzt lacht, lacht am besten.«

Lothar stibitzte mir noch mein letztes Stück Fleisch, während ich mir von seiner Weinkaraffe einschenkte.

»Was hältst du davon, wenn wir noch in die Eierschale fahren und dort weiter nach dem Sinn des Lebens forschen?« fragte Lothar.

»Okay, können wir machen.«

Eine halbe Stunde später drängten wir uns in eine Ecke des Tanzlokals, um nicht von den Menschenmassen erdrückt zu werden. Das Publikum war wie immer sehr gemischt, von 16 bis 60 war alles vertreten. Die Älteren hingen an der großen Theke herum, während die Jüngeren sich um die Tanzfläche scharten.

»Mensch, Lothar, früher war das fast unser zweites Zuhause. Ich muß sagen, jetzt nervt mich der Trubel. Ich glaube, ich werde alt.«

»Das ist normal.«

»Aber schau dir den da hinten an, der aussieht wie ein

Waldschrat. Der lief doch schon vor zehn Jahren hier rum. Und der scheint auch immer noch dieselben Sachen anzuhaben. Der hat sich offensichtlich nicht verändert. Schleicht wie eh und je herum und macht die Bräute an. Ohne Aussicht, jemals Erfolg zu haben. Der ist schon eine tragische Figur ...«

»Apropos Bräute, Arno, die Blonde in dem roten Kleid himmelt dich schon die ganze Zeit an. Geh doch mal hin.«

»Nee, ich habe keine Lust. Ich trinke mein Bier aus, und dann gehe ich nach Hause.«

Zurückgekehrt in meine aufgeräumte Wohnung, schaltete ich als erstes wieder den Fernseher an. Die Stille, nach der ich mich gesehnt hatte, empfand ich plötzlich wieder als unerträglich. Nein, dieses Unerträgliche war in mir. Es gab sich nicht zu erkennen, aber es beherrschte mich immer mehr und machte mir Angst. Ich trank noch zwei Bier, um mich zu betäuben, um mich schmerzunempfindlich zu machen und um mich »einzuschläfern«. Nur drei Stunden hatte ich geschlafen, da erwachte ich wieder aus meinem Koma. Es war, als hätte jemand plötzlich Licht in meinem Kopf eingeschaltet. Ich war hellwach, und ich hatte das Gefühl, als würde gestoßenes Eis durch meine Adern fließen. Innere seelische Kälte wie ein Krampf, körperlich spürbar. Gekrümmt lag ich in meinem Bett und fluchte. »Scheiße! ... Scheiße! ... Scheiße!« Bei jedem Fluch schlug ich mir mit meinen Fäusten gegen die Schläfen. Ich sprang auf und stürzte in die Küche, um hastig noch zwei Flaschen Bier zu trinken. Eine eiskalte Hand schien mir meine Eingeweide zu zerreißen.

Als sich mein Körper langsam beruhigte, legte ich mich wieder ins Bett.

Ich laufe auf einem unbefestigten staubigen Weg zwischen Gärten mit kleinen Häusern. Es ist dunkel, warm und schwül, und ich gehe vorbei an beschnittenen Hecken, die die Grundstücke begrenzen. Schemenhaft ragen die Zweige von Obstbäumen über den Weg. Ich spüre, daß ich verfolgt werde. Ich weiß nicht von wem oder was, aber es ist ganz deutlich spürbar: Irgend etwas oder irgend jemand hat es auf mich abgesehen. Ich erkenne plötzlich die Umgebung. Hier bin ich aufgewachsen, hier habe ich meine Kindheit verbracht. Furcht steigt in mir hoch, ich beschleunige meinen Schritt und komme zum Garten meines Vaters. Ich rüttele voller Angst an der Gartentür, doch sie ist verschlossen. Es gibt keinen Weg ins Haus. Die Schatten kommen immer näher. Die Bedrohung wächst. Ich versuche zu rennen. Aber jeder Schritt kostet Kraft, wird gegen einen unsichtbaren Widerstand getan, als würde ich bis zu den Hüften im Wasser laufen ... Jetzt müßte man fliegen können ... Ich breite die Arme aus, aber ich bin zu schwer, etwas hält mich am Boden fest.

»Warum willst du eigentlich wegrennen? Du bist doch stärker als die anderen!« schreie ich mich selbst an. Aus Angst wird jähe Wut. Ich drehe mich abrupt um, schlage zu, trete. Überrascht sehe ich, daß ich allein auf der Straße bin. Ich fühle mich befreit und leicht.

Ich erwachte und war so naßgeschwitzt, daß die Schlafanzugjacke an meinem Körper klebte. Man hätte bei meinem Anblick glauben können, ich sei ins Wasser gefallen. Ich fühlte mich ausgelaugt und zerschlagen, aber ich fühlte auch immer noch diese Wut in mir. Ich war bereit, mich zu wehren. Wer sich wehrt, wird böse. Ich wollte nicht warten, bis nichts mehr ginge. Lieber ein Ende mit Schrecken als ein

Schrecken ohne Ende, dachte ich mir und überlegte, wie ich am schnellsten zu Geld käme. Es war mir aber auch klar, daß ich nicht über meinen eigenen Schatten springen konnte. Ich wollte keine direkte Konfrontation. Es wäre mir nicht möglich gewesen, in eine Bank zu stürmen und mit vorgehaltener Pistole Geld zu fordern. Vielleicht Betrug? Leute um ihr Erspartes bringen? Ich konnte nicht jemanden in die Pfanne hauen, der mir vertraute. Also hatte ich denkbar schlechte Voraussetzungen für meine kriminelle Karriere. Wenn ich Politiker oder Wirtschaftsboß wäre, überlegte ich mir, gäbe es bestimmt elegantere Möglichkeiten, sich ungesetzlich zu sanieren. Außerdem könnte ich vor Gericht sicherlich mit mehr Milde rechnen, als Täter mit weißem Kragen ... Aber was scherte mich Strafe, wenn die Alternative der Suizid war?

Ich saß in meinem Bett, trank aus einer Riesentasse heißen Milchkaffee und dachte nach. Im Geiste sah ich das Geld in den Kassen. Sah flinke Hände die Scheine zählen. Einem Kaufhauskonzern würde es doch kaum weh tun, mir ein paar Scheine zu überlassen. Zumindest wären sie nicht pleite, und die Herren Direktoren müßten nicht am Hungertuch nagen.

Ein Konzern war für mich etwas Unpersönliches, etwas Anonymes, eben kein Mensch. Ich hätte mich nur an etwas vergreifen können, was nicht wehrlos war. Denn nur so war ich in der Lage, meine Skrupel zu überwinden.

Meine Hoffnungslosigkeit wich langsam einer gespannten Erwartung. Ich wollte mich nicht länger als Opfer meines Schicksals sehen, ich wollte auch mal Täter sein und dem Fatum die Zunge herausstrecken.

Ich ging in die Küche, öffnete das Fenster und sah über die

noch im Winterschlaf liegenden Gärten. Kahle Bäume, kahle Sträucher, aber auch schwellende Knospen, die den Frühling ankündigten. Ich atmete tief die kühle frische Luft, die in mir wieder so etwas wie Lebensmut weckte. Der Frühling war für mich immer die schönste Jahreszeit gewesen. Ich fragte mich, was wohl in drei Monaten sein würde, ob dann alles überstanden wäre. Ich gab mir gleich die Antwort darauf: »Mit Sicherheit! So oder so.«

Die werden mir das Geld bestimmt nicht freiwillig geben wollen, dachte ich so bei mir ... Sehr geehrte Damen und Herren, Sie werden hiermit von mir erpreßt. Bitte überweisen Sie den geforderten Betrag auf mein Konto. Ich verbleibe mit freundlichen Grüßen Ihr Erpresser.

Der Gedanke an ein derart formuliertes Schreiben erheiterte mich. Schön wär's, sagte ich mir und überlegte, wie ich den Konzern unter Druck setzen könnte. Lebensmittel vergiften? Das war undenkbar für mich. Das hätte nur Unbeteiligte getroffen. Aber mir war klar, daß ich nicht nur drohen konnte, ich mußte auch ein Zeichen setzen, ich mußte sie verunsichern ... Eine kleine Explosion könnte sie dazu bewegen, das Geld herauszurücken, war meine Schlußfolgerung. Die ließe sich nicht vertuschen, und der öffentliche Druck wäre dann stärker. Weil ich niemandem körperlich schaden wollte, erschien mir ein Sprengsatz geeignet, denn den konnte ich während der Nachtzeit im Kaufhaus hochgehen lassen, wenn niemand anwesend war.

Ich kramte in meinen Erinnerungen. Sah mich, wie ich als Kind mit Elektronik- und Chemiebaukasten hantierte und wie ich mit selbstgemixtem Schwarzpulver versuchte, Raketen steigen zu lassen. Meistens weigerten sie sich, in den Himmel zu fliegen. Hin und wieder rumste es ganz ordentlich, aber das war's dann auch. Diesmal würde es für mich leichter sein, an die richtigen Chemikalien zu gelangen, und mein Grundwissen in Elektronik könnte mir einige nützliche Dienste erweisen. Aber mir war auch bewußt, daß ich meinen Alkoholkonsum einschränken mußte, um meine Aufgabe bewältigen zu können. Diesen Tag wollte ich anders beginnen als den vorigen. Am besten, ich gehe heute als erstes in die Sauna und überlege dort weiter, spornte ich mich an.

Sechs Wochen waren vergangen. Ich war durch die Kaufhäuser gezogen, um nach Möglichkeiten zu suchen, unbemerkt einen Sprengsatz zu verstecken. Ich war in Büchereien gewesen und hatte Chemiebücher gewälzt. Ich war durch Bastler- und Elektronikgeschäfte gestreift auf der Suche nach geeigneten Materialien. Und ich hatte mögliche Geldübergabeorte besichtigt.

Meine Aktivitäten beflügelten meine Gedanken und mein Fühlen. Aber genau genommen war ich ein Kranker, der seine Schmerzen nicht spürte, weil er für den Moment abgelenkt war.

Es war ein warmer Morgen im Mai. Die Sonne strahlte, und es grünte und blühte in den Gärten, als ich in der Küche stand und mit meinem selbstgemixten Sprengstoff hantierte. Aluminiumpulver flirrte durch die Luft, als ich das Teufelszeug in zwei kleine Behälter füllte. Verärgert sah ich, wie alles von einer hauchdünnen glitzernden Schicht überzogen war. Das bedeutete für mich, daß ich die Küche einer kompletten Grundreinigung unterziehen mußte.

Sorgfältig wurden die Verschlußgewinde gesäubert, denn kein Krümel von dem Sprengstoff durfte auf dem Gewinde zurückbleiben. Sonst hätte der Behälter beim Zuschrauben in die Luft fliegen können.

Mein Herz klopfte heftig, als ich die Elektronik anschloß. Hoffentlich hast du keinen Fehler gemacht; wenn doch, war das der letzte, dachte ich mir, als ich die Batterie anbrachte und damit die Höllenmaschine in Gang setzte. Natürlich hatte ich vorher alles ausgiebig getestet, aber jetzt war der Sprengsatz funktionsfähig, und ich war fast krank vor Aufregung. In der Phantasie war alles so einfach gewesen. Aber nun, da aus Phantasie Wirklichkeit wurde, hatte ich Mühe, meine Nerven unter Kontrolle zu halten.

Ich eilte mit der beängstigenden Fracht, die ich in einer Einkaufstüte trug, zum Auto und legte sie in den Kofferraum. Die Fahrt ging in die Berliner City. Unterwegs hatte ich das Gefühl, auf glühenden Kohlen zu sitzen. Der Gedanke an meine Fracht jagte mir einen Schauer nach dem anderen über den Rücken. Wenn mir jetzt einer mit Karacho in mein Heck fährt, dachte ich, fliegen wir womöglich beide in die Luft.

Wie in Trance stellte ich meinen Wagen in einem Parkhaus ab und griff mir die Tüte mit der Bombe. Alles ging automatisch, ich mußte nichts mehr überlegen, und wie aufgezogen ging ich durch die Straßen hin zu dem Nobelkaufhaus, das ich mir für mein Vorhaben ausgesucht hatte. Ich hatte das KaDeWe gewählt, weil hier auch die Besserverdienenden und Prominenten einkaufen gingen. So hoffte ich, größeren Druck auf den Konzern und die Polizei ausüben zu können, als wenn ich zu einem Discounter gegangen wäre. Eigentlich sollte das ja keine Rolle spielen, aber, so ging's in der Welt nun mal nicht zu.

Zielgerichtet lief ich durch die Abteilungen des Kaufhauses hin zu den Spielwaren. Hier hatte ich Tage zuvor ein Versteck für meinen Sprengsatz ausfindig gemacht. Es war ein

kleines schwarzes Loch in einem Haufen gestapelter Regal-
kisten. Die Abteilung war menschenleer, und in fliegender
Eile verstaute ich meinen explosiven Behälter.

Als ich kurz darauf wieder auf der Straße stand, fiel eine
große Last von mir ab. Auf dem Weg nach Hause steckte ich
noch einen Brief für die Geschäftsleitung des Kaufhauses in einen Briefkasten. Meine Forderung belief sich auf 500 000 DM.
Die Summe erschien mir sehr moderat.

Aber in meiner Wohnung kamen mir wieder Bedenken.
Hatte ich wirklich alles getan, damit niemand zu Schaden
kam? ... Ich hatte alles genau getestet, um es so sicher wie
möglich zu machen. Und nachts ist doch normalerweise niemand in den Verkaufsräumen, versuchte ich mich zu beruhigen. Dann dachte ich an das, was jetzt auf mich zukam. Als
Einzeltäter hatte ich gewisse Schwierigkeiten, denn ich
konnte ja zum Beispiel nicht gleichzeitig an zwei Orten sein.
Um dies doch bewerkstelligen zu können, hatte ich mir ein
automatisches Funkgerät gebaut, das durch eine Schaltuhr
in Gang gesetzt wurde. Ein mitgeschalteter Kassettenrekor-
der sollte dann eine Nachricht an den Geldboten übermitteln. So könnte ich dann die Polizei irgendwo ans andere
Ende der Stadt bestellen, war meine Überlegung, wo sie über
Funk meine Anweisungen empfangen würde, während ich
am Übergabeort meine Vorbereitungen treffen konnte. Sie
hätten so keine Chance, mich mit Peilung zu orten.

Für die Übergabe des Geldes hatte ich mir eine batteriebe-
triebene Seilwinde gebaut. Die wollte ich auf dem Grund eines Gewässers befestigen. Ein wasserdicht abgekapselter
Elektromotor sollte eine Kabeltrommel antreiben, die eine
schwarze Litze aufwickelt, an deren Ende ein zigarrenkisten-
großer Behälter befestigt ist. Diesen wollte ich an einem

Bootssteg bereitlegen. Für den Geldboten sollte es so aussehen, als würde der Behälter mit dem Geld unter Wasser zum
gegenüberliegenden Ufer gezogen. In Wirklichkeit sollte er
über eine Umlenkrolle zur Seite geführt werden, um dann auf
dem Grund des Gewässers liegenzubleiben, bis ich ihn abho-
len würde.

Ruhelos lief ich in meiner Wohnung umher, die Spannung
wurde unerträglich. Es erschien mir dann nach einer Weile
angebracht, meine Nerven mit ein paar Myer's Rum-Cola zu
beruhigen.

Am nächsten Morgen verfolgte ich gebannt die Nachrichten, aber über eine Bombenexplosion wurde nicht berichtet.
Was war geschehen? ... Verdammt noch mal, hatte ich womöglich einen Fehler gemacht? Hatte man die Bombe gefunden, oder wurde die Explosion vertuscht? Was sollte ich jetzt
tun? Meine Gedanken drehten sich im Kreis, zusätzlich an-
getrieben von dem Rum, den ich mir am Vorabend genehm-
migt hatte. Ich beschloß nach langem Überlegen, das Kaufhaus am nächsten Tag aufzusuchen.

Mit einem bohrenden Gefühl im Magen fuhr ich zunächst
am Haupteingang des Gebäudes vorbei. Am rechten Schaufenster neben dem Eingang prangte ein grüner Punkt in der
Größe eines Bierdeckels, wie ich ihn als Zeichen der Zahlungsbereitschaft gefordert hatte. Mein Herz begann heftig
zu schlagen. Mein Schreiben war also angekommen, aber
was war mit der Bombe? Ich traute mich nicht ins Kaufhaus.
Wenn man den Sprengsatz gefunden hatte, wurde der Fund-
ort bestimmt observiert. Da sie jedoch ihre Zahlungsbereitschaft angezeigt hatten, beschloß ich, einen zweiten Brief zu
schreiben, in dem ich den Geldübergabetermin bekanntge-
ben wollte.

Bericht des LKA Berlin, den 11. Mai 1988
Nach Bekanntwerden des Sachverhaltes wurde gemeinsam mit Oberkommissarin F. gegen 10.45 Uhr das KaDeWe aufgesucht. Im Büro der Haustechnik wurde mit Herrn E. Rücksprache genommen. Hier übergab Herr E. das Original-Erpresserschreiben.
Der unbekannte Erpresser schreibt, daß bereits in der letzten Nacht eine Bombe im KaDeWe explodiert sei, um damit die Ernsthaftigkeit seiner Forderung zum Ausdruck zu bringen.
Einen solchen Vorfall hat es in der Nacht vom 10. zum 11. Mai nicht gegeben.
Es wurde vereinbart, daß weitere Durchsuchungen des Kaufhauses an den folgenden Tagen zum Geschäftsschluß durchgeführt werden.
Es ist beabsichtigt, zum Schein den Forderungen des unbekannten Erpressers nachzukommen, und zwar zu versuchen, diesen bei der Geldübergabe festnehmen zu lassen.
B. KOK

Eine Woche war vergangen. Das Kaufhaus hatte ich bereits von dem bevorstehenden Geldübergabetermin in Kenntnis gesetzt. Zwei Tage vor der geplanten Übergabe wollte ich nun mein automatisches Funkgerät am Rande eines Parks an einem Baum befestigen. Das Gerät hatte ich mit Styropor umhüllt und ihm das Aussehen eines Aststumpfes gegeben.

Im Schutze der Dunkelheit schlich ich durch den Park. Nur hatte ich leider nicht berücksichtigt, wie dunkel es in einer unbeleuchteten Grünanlage sein kann. Ich lief zwischen den Bäumen umher und knallte, im wahrsten Sinne des Wortes, laufend dagegen. Ich kam mir vor wie eine Kugel im Flipper-automaten. Eine Taschenlampe wollte ich nicht benutzen, weil ich befürchtete, bei zufällig vorbeilaufenden Passanten zuviel Aufmerksamkeit zu erregen. Genervt und mit einer kleinen Beule am Kopf trat ich den Rückzug an, sagte brief-lich den Termin ab und nannte gleichzeitig einen neuen.

Noch einmal sollte mir das nicht passieren. Ich machte mir Vorwürfe, daß ich so eine Kleinigkeit vorher nicht ausgete-stet hatte. Dann machte ich mich wieder an die Arbeit und baute diesmal einen schmalen, länglichen Holzkasten, in dem ich das Funkgerät unterbrachte. Von außen sah der Ka-sten aus wie ein massiver Holzpfahl.

Eine Woche nach dem ersten Versuch und drei Tage vor der geplanten Geldübergabe deponierte ich den Pfahl am frühen Morgen in einem Park, der nur zwei Kilometer von meiner Wohnung entfernt war.

Dieses Mal sollte alles problemlos über die Bühne gehen. Der Park war so früh am Morgen noch menschenleer, es war hell, und ich konnte sehen, was ich tat. Dichtes Gebüsch schützte mich vor möglichen Blicken, und so fühlte ich mich sicher, als ich den Pfahl halb in den Boden eingrub. Ich war mit mir zufrieden, denn mein getarntes Funkgerät sah völlig unverdächtig aus.

Drei Tage später, es war der 19. Mai, hatte ich den schwie-rigsten Teil des Unternehmens zu bestehen: das Befestigen der automatischen Seilwinde unter Wasser.

Am Abend traf ich mit meinen Gerätschaften am Ufer der Havel ein. Der Fluß war an der von mir gewählten Stelle breit und unübersichtlich. Es gab viele kleine Strände, um-wuchert von Sträuchern und Bäumen.

Immer darauf bedacht, so wenig Aufmerksamkeit wie

möglich zu erregen, schleppte ich von einem nahegelegenen Parkplatz, auf dem mein Auto stand, die Utensilien zum Strand. Danach breitete ich eine Decke aus und legte mich unter einen Baum. Ich betrachtete die liebliche Landschaft und die in einem leuchtend roten Feuer untergehende Sonne. Rechts von mir, in etwa 50 Meter Entfernung, dümpelte träge ein altes, zu einem Restaurant umgebautes Ausflugsschiff. Stimmungsmusik wehte von dem mit bunten Lichtern geschmückten Boot zu mir herüber. Mit Unbehagen beobachtete ich, wie zu meiner Linken in 100 Meter Entfernung ein paar Jugendliche Zelte aufstellten. Ich hatte meine Ruhe haben wollen, und nun kam ich mir vor wie auf einem Sommerfest. Aber egal, ich wollte die Sache auf Teufel-komm-raus durchziehen. Ich hatte keine Zeit für weitere Verzögerungen.

Ich lag in der inzwischen hereingebrochenen Dunkelheit und träumte von dem Geld – und von einem kühlen Bier, denn ich hatte nichts zu trinken mitgenommen. Die Stunden zogen sich endlos hin. Kurz vor Mitternacht kehrte dann endlich Ruhe ein. Die Halbstarken verzogen sich in ihre Zelte, und auf dem Dampfer gingen Musik und Lichter aus.

Von der Dunkelheit verborgen zog ich meinen Taucheranzug an. Das Wasser der Havel plätscherte leise ans Ufer, und der Wind war wie ein kaum hörbares Flüstern in den Blättern, als ich, schwer bepackt mit Bleigürtel, Preßluftflasche und Seilwinde, ins Wasser stolperte. Das kalte Naß kroch in meinen Neopren-Anzug und wurde langsam von meiner Haut erwärmt. Bevor ich abtauchte, erschreckte mich noch eine aufgescheuchte Bisamratte, die dicht an meiner Nase vorbeischwamm.

Unter Wasser war absolut nichts zu sehen. Auch im Licht

der Taschenlampe betrug die Sichtweite nur 20 Zentimeter. So tastete ich mich langsam am Grund entlang. In nur drei Metern Tiefe verankerte ich dann die Seilwinde im sandigen Boden.

Anschließend tauchte ich mit dem Geldbehälter wieder auf und schwamm in Richtung Schiff. Dabei wickelte sich unter Wasser langsam die Litze von der Kabeltrommel ab. Kurz vor dem Schiff tauchte ich dann noch mal ab, um die Umlenkrolle zu befestigen.

Zuletzt schwamm ich mit dem Behälter zum Bootssteg in der Nähe des Schiffes und befestigte die Litze so, daß die Kiste – vor Blicken verborgen – im Wasser lag.

Erleichtert schwamm ich zum Strand zurück. Nun sollten die Dinge ihren Lauf nehmen.

Am Abend lag ich mit ein paar Flaschen Bier und einem Funkgerät im Bett und lauschte auf die automatische Durchsage meines versteckten Senders. Gegen drei Uhr morgens hörte ich meine verstellte Stimme aus dem Lautsprecher krächzen.

»Können Sie das bitte wiederholen?« fragte gleich im Anschluß ein Kripo-Beamter. Ich feixte bei dem Gedanken, daß die Polizei jetzt durch die Stadt zum Übergabeort jagen würde, während ich gemütlich auf meinem Nachtlager ruhte.

Ich stellte mir vor, wie der Geldbote auf dem Bootssteg kniete, den Behälter aus dem Wasser zog, das Geldpaket hineinlegte und durch das Schließen der Klappe die Seilwinde in Gang setzte. Ich malte mir aus, wie die Beamten danach auf dem Steg standen und zusahen, wie das Geld unter Wasser gezogen wurde. Und wie sie später das gegenüberliegende Ufer absuchten. Irgendwann würden sie auch die Kabeltrommel mit 500 Meter schwarzer Litze finden, die ich dort hingelegt hatte, um sie in die Irre zu führen ... Dann träumte ich von Urlaub unter warmer Sonne, von weißen Stränden, von wogendem Seegras, und ich roch im Traum deutlich das Meer und schmeckte die salzige Luft.

Bericht LKA Berlin, den 20. Mai 1988
Wie vom Erpresser gefordert, wurde am 20. Mai um 3 Uhr ein »Angestellter des KaDeWe« mit einem Geldpaket zum Eingang des Buga-Geländes Mohriner Allee geschickt. Die Person war mit einem CB-Funkgerät ausgerüstet, welches auf Kanal 25 FM eingestellt war. Um genau 3 Uhr erfolgte eine Funkdurchsage. Die Durchsage war schwer verständlich und in einem schnellen Tempo gesprochen. Die Stimme schien elektronisch verändert. Es kann vermutet werden, daß die Funkdurchsage von einem Tonband abgespielt worden ist. Anschließend begab sich der »Geldbote« zur Britzer Straße 40. Unmittelbar rechts daneben befindet sich eine kleine Parkanlage, der Rothepfuhl. Die gesamte Parkanlage wurde ohne Erfolg nach einer Nachricht durchsucht.

Mein kleiner Wecker fiepte nervtötend schrill und riß mich unsanft aus meinen Träumen. Ich kroch langsam aus dem Bett und trat wieder einmal auf leere Bierflaschen. Mein erster Gedanke galt dem Geld. Hat's geklappt? fragte ich mich voller Ungeduld, während ich mir eilig meine Sachen überstreifte. Ich machte mich erwartungsvoll auf den Weg zu einem vom Übergabeort 1,5 Kilometer entfernten Hügel. Von hier aus beobachtete ich mit einem Fernglas den Strand, den

Steg und das Restaurationsschiff. Alles sah sehr friedlich aus, es gab keine erkennbaren Aktivitäten.

Bericht LKA Berlin, den 20. Mai 1988
Gemeinsam mit Hauptkommissar F. und Oberkommissar K. wurde ab 9 Uhr, nunmehr bei vollem Tageslicht, nochmals die Parkanlage am Rothenpfuhl begangen. Nach intensiver Absuche konnte nunmehr die vom Täter annoncierte Nachricht aufgefunden werden. In diesem Schreiben fordert der unbekannte Erpresser, daß sich der Geldbote umgehend zur Havelchaussee begeben soll. Dort soll er das Restaurationsschiff »Alte Liebe« anfahren. Er soll den links vom Schiff gelegenen Steg betreten und bis zur vorletzten Stütze links gehen. Mit Hilfe einer dort vorhandenen schwarzen Litze soll er einen Behälter aus dem Wasser ziehen, das Geldpaket einlegen, die Litze entfernen und den Behälter wieder versenken.
Nach dem Auffinden dieses Schreibens wurde der beschriebene Ort aufgesucht. An der beschriebenen Stelle war eine schwarze Litze erkennbar. Aus kriminaltaktischen Gründen wurde dieser Zustand nicht verändert.

Einen Tag später las ich in der Zeitung, die Geldübergabe sei gescheitert. Was nun? Was war passiert? Enttäuscht überdachte ich mein weiteres Vorgehen. Ich beschloß, drei Tage zu warten und dann die Seilwinde zu überprüfen.

Am 24. Mai fuhr ich in aller Herrgottsfrühe an die Havelchaussee. Leichtfüßig joggte ich durch den morgendlichen Wald bis zum Strand, wo im Wasser der Behälter liegen mußte. Durchgeschwitzt entledigte ich mich meines Jogging-anzuges und stürzte mich in die Fluten.

Auf der Wasseroberfläche waberte träge der Frühnebel wie bei einer Bühnenshow und hüllte mich beim Schwimmen wie eine weiße Decke ein. Langsam glitt ich mit ruhigen Schwimmstößen zum Bootssteg, um zu sehen, ob der Behäl-ter noch an seinem Platz war. Als ich ankam, sah ich die schwarze Litze scheinbar unberührt an einer Stütze des Ste-ges hängen, und ich verlor augenblicklich die Lust auf wei-tere Nachforschungen. Ich fühlte mich nicht mehr sicher und wollte nur noch weg. Wahrscheinlich war alles etwas zu kompliziert gewesen, und es hatte zu viele Unwägbarkeiten gegeben.

Ich stieg aus dem Wasser, trocknete mich ab und zermar-terte mir das Gehirn, wie es nun weitergehen sollte. Ich mußte eine einfache Methode finden. Das Geld ohne großen Aufwand schnappen und weg ... Ich werde es mir ganz sim-pel aus einem fahrenden Zug werfen lassen! Bis der dann zum Stoppen kommt, bin ich über alle Berge, überlegte ich und machte mich auf den Heimweg.

Im Auto grübelte ich weiter. Die Vermutung lag nahe, daß man mich nicht ernst genommen hatte, weil die Bombe nicht explodiert war. Ich beschloß sofort, eine neue zu bauen. Wut kam wieder in mir hoch, ich ballte eine Faust und schlug auf das Lenkrad. »Ich will es schaffen!«

Bericht LKA Berlin, den 24. Mai 1988
Kommissar K., Oberkommissar B. und der Unter-zeichnende haben am heutigen Tag, gegen 11.20 Uhr, an der Havelchaussee die Anlegestelle des Restaurant-schiffes »Alte Liebe« aufgesucht. Wie bereits am Frei-

tag, wurde der Steg besichtigt und dabei am vorletzten Dalben der linken Seite eine schwarze Schnur bzw. Litze gesehen.

Das Kabelende wurde mit zur Dienststelle genommen. Ein Abharken des Flußgrundes, die Wassertiefe beträgt an dem Steg ca. einen Meter, blieb ohne Ergebnis. Es wurden keine Behältnisse oder ähnliches gefunden.

Schnell hatte ich aus noch vorhandenen Materialien einen neuen Sprengsatz zusammengebaut. Beim Testen der Elektronik entdeckte ich dann den Fehler, der die Explosion beim ersten Versuch verhindert hatte.

Schon einen Tag später machte ich mich, gekleidet wie ein Handelsvertreter, auf den Weg ins Kaufhaus. In meiner Hand trug ich einen Aktenkoffer, in dem die Bombe versteckt war. Auf der Fahrt zu meinem Bestimmungsort hatte ich wieder das gleiche flaue Gefühl im Magen wie beim ersten Mal. Die Spannung stieg noch weiter beim Betreten des Warenhauses. Mein Herz klopfte bis zum Hals. Nach der gescheiterten Übergabe befürchtete ich, daß die Kaufhaus-Detektive besonders wachsam wären. Ich ging zügig durch die Abteilungen, ohne mich umzusehen, so unauffällig wie möglich. Der süßlich schwere Duft in der Parfumabteilung raubte mir fast die Sinne, die ich eigentlich alle beisammen haben sollte. Mein Weg führte mich ohne Umwege in die Sportabteilung. Zwischen ein paar Sportbekleidungsständern stellte ich meinen Aktenkoffer ab und schaute mir einige Preisschilder an, als würde ich mich für die Sachen interessieren. Als ich meinen Koffer wieder aufnahm, öffnete sich im Boden eine Klappe und gab die Bombe frei. Sie rollte unter ein

Regal und verschwand unter einer Abdeckung. Meine Arbeit war getan, ich wollte so schnell wie möglich raus.

Auf der Straße lief mir der Schweiß die Schläfen runter. Die Sonne schien warm, Menschen eilten geschäftig an mir vorüber, Autos lärmten, und ich fühlte mich wie ein Fremdkörper, wie ein kleiner Stein in einer komplizierten Maschine.

Um Mitternacht schreckte ich aus dem Schlaf. Es war die Zeit, zu der die Bombe explodiert sein mußte. Ich glaubte, Polizei und Feuerwehr zu hören. Aber vielleicht war das auch alles nur Einbildung. Meine Nerven waren überreizt. Mir war kalt, und ich hatte Angst. Das Sirengeheul ging nicht mehr aus meinem Kopf. Ununterbrochen, ohne Pause, ganz leise wie aus weiter Ferne, quälend.

Zwei Tage später las ich in der Zeitung, daß die Bombe diesmal funktioniert hatte, und zu meiner großen Erleichterung, daß niemand zu Schaden gekommen war.

Unter Zeitdruck hatte ich Bahnstrecken und mögliche Übergabeorte in Augenschein genommen, aber nichts konnte meinen Ansprüchen genügen. Alles erschien mir zu unsicher. So entschied ich mich in einem Akt wilder Verzweiflung, die Übergabe nur 300 Meter von meiner Autowerkstatt entfernt durchzuziehen.

Hier führte eine breite Bahntrasse vorbei, auf der die meisten Gleise schon seit Jahrzehnten stillgelegt waren. Alles war von Gestrüpp und Bäumen überwuchert. Dadurch gab es viele Verstecke. Das angrenzende unübersichtliche Industriegelände erschwerte einen schnellen Zugang von der Straße. Aber trotz allem barg die Wahl dieses Ortes ein großes Risiko, denn die Leute in der Gegend kannten mich. Aber mir fiel in der Kürze der Zeit nichts Besseres ein.

Andererseits hatte ich durch die Werkstatt ein schnelles

Versteck. Schließlich mußte ich damit rechnen, daß nach der Geldübergabe die Straßen sofort abgesperrt und Autos und Leute überprüft wurden. Hubschrauber mußte ich nicht befürchten, denn die Berliner Polizei hatte 1988 noch keine eigenen.

Es war der 27. Mai, als ich mir am frühen Morgen mein automatisches Funkgerät aus dem Versteck im Park holte. Unverzüglich machte ich mich an die Arbeit, das Band neu zu besprechen und die geplanten Zeiten in die Schaltuhr zu tippen. Noch am gleichen Abend machte ich mich auf den Weg, das Gerät abermals zu verstecken.

Es dämmerte schon, als ich in Marienfelde durch einen kleinen Park marschierte, der unweit einer S-Bahnstation gelegen war. Angestrengt hielt ich Ausschau nach einem Baum, den ich bequem besteigen konnte.

Ich mußte nicht lange suchen, und alsbald saß ich in luftiger Höhe, getarnt durch das Laub, und versteckte den Kasten in einer Astgabel.

Argwöhnisch beobachtete ich die ahnungslosen Radfahrer und Fußgänger, die hin und wieder unter meinem Baum entlangkamen. Nachdem meine Arbeit getan war, steckte ich noch einen Brief für die Geschäftsleitung des Kaufhauses in den Briefkasten, in dem ich die nächste Übergabe für den 2. Juni ankündigte.

Ein guter Tag zum Sterben, dachte ich, als ich am Morgen des 2. Juni aus dem Fenster blickte und sah, daß es ein warmer und sonniger Tag wurde.

In der letzten Nacht hatte ich kaum geschlafen. Die Gedanken krochen wie Kleister durch die Gehirnwindungen, und ich beschloß, meine Pistole mitzunehmen. Im Falle, daß sie mich bei der Übergabe stellten, wollte ich mich erschießen. Ich blickte auf das satte Grün in den Gärten, blinzelte kurz in die Sonne und fragte mich, ob ich sie morgen auch noch sehen würde. Wenn nicht? ... Egal! Alles war besser, als so weiterzuleben.

Als erstes besorgte ich mir eine Flasche Wodka und eine Flasche Bitter-Lemon für meine flattrigen Nerven. Die Arbeit in der Werkstatt lenkte meine Gedanken für eine Weile in andere Bahnen. Ich lachte und scherzte wie immer und war bemüht, mir nichts anmerken zu lassen. Am späten Nachmittag ging ich zum Schein nach Hause und kehrte kurz darauf, als alle anderen die Werkstatt verlassen hatten, wieder zurück.

Ich stand allein in der Werkhalle und empfand die Atmosphäre als bedrückend. Es roch nach beim Schweißen verbrannter Dichtungsmasse, nach Öl, Benzin und Auspuffgasen ... Angst kroch in mir hoch und steigerte sich von Minute zu Minute. So muß sich ein zum Tode Verurteilter fühlen, dachte ich bei mir, als ich meine Furcht in einigen Gläsern Wodka-Lemon ertränkte.

20.30 Uhr. Die Abendsonne ließ die Wolkenfetzen am Himmel wie leuchtend gelborangene Feuer brennen, als ich mir ein Funkgerät in meinen Lederblouson steckte und mit vom Wodka verunsicherten Schritten zum Bahndamm marschierte. Ich versteckte mich im Wildwuchs des Geländes, dicht an den S-Bahngleisen, und schaute auf die Uhr. Es war jetzt genau die Zeit, zu der ein automatischer Sender den Geldboten über den weiteren Verlauf der Übergabe informieren sollte. Ich konnte nur noch hoffen und abwarten, daß alles wie geplant funktionierte.

20.55 Uhr. Von weitem hörte ich das anschwellende Rattern der sich nähernden Bahn und schaltete das Funkgerät ein. Ich traute mich kaum, meinen Kopf zu heben, um nach dem Zug zu sehen. Eilig zog ich die Teleskopantenne aus, führte das Gerät zum Mund, drückte die Sprechtaste und rief meine Kommandos: »Hier spricht der Erpresser! Werfen Sie das Geld jetzt raus! Werfen Sie das Geld jetzt raus!«

Der Zug brauste vorbei, und ich schmiß das Funkgerät ins hochstehende Gras, um mich von Ballast zu befreien. Ich zog meine Pistole, quasi als Ticket für eine ultimative Flucht ins Jenseits, und sprang aus meiner Deckung. Der Zug verschwand in der Dämmerung. Nur die roten Schlußlichter waren noch eine Weile als kleine Punkte zu sehen.

Hatten sie das Geld abgeworfen? Verunsichert lief ich hin und her, denn ich hatte vor Angst und Aufregung bei meinen Kommandos nicht zum Zug geschaut, als er vorbeifuhr. Und nun stand ich verwirrt auf den Gleisen und wurde plötzlich von wilder Panik erfaßt. Ich rannte los. Nur weg von hier, so schnell wie möglich weg. Ich überwand in wilder Hast den Zaun eines Wochenendgrundstücks, blieb mit einem Fuß hängen und schlug lang hin. Ein Knall! Aus meiner Pistole hatte sich ein Schuß gelöst. Ich rappelte mich auf, stürzte durch den Garten und sprang über den nächsten Zaun – mit dem gleichen fatalen Ergebnis. Offensichtlich hatte ich doch zuviel Wodka getrunken. Nun kreuzte ich einen kleinen Weg und sah, noch bevor ich in den Büschen verschwand, eine verschreckte Familie. Im Gebüsch blieb ich stehen und rang nach Luft. Was für eine Idiotie! Ich würde mich noch aus Versehen umbringen. Ich steckte die Pistole weg und überlegte. Sollte ich mich ohne das Geld zurückziehen? Dann wäre alles beim alten, und ich hätte mich genausogut erschießen können. Also gab's nur eins: retour und auf den nächsten Zug warten!

Ich trottete wieder zurück, suchte und fand mein Funkgerät und nahm meine Position ein. Zehn Minuten nach dem ersten Versuch kam die nächste S-Bahn angerauscht. Ich schrie in meinen Sender: »Raus mit dem Geld, sonst ist es zu spät!« Der Zug rauschte vorbei. Das Getöse verebbte, und ich stürzte wieder auf die Gleise. Schemenhaft sah ich auf dem Bahndamm in etwa 15 Metern Entfernung einen hellen Punkt. Ich konnte nicht erkennen, was es war, denn die Dunkelheit ließ alles nur erahnen. Ohne Überlegung rannte ich auf die Stelle zu. Dort lag ein kleines helles Paket. Jetzt war kein Halten mehr. Ich lief los, überwand wieder Zäune, drängte mich durch Gestrüpp und mannshohe Brennesseln und erreichte das Industriegelände. Auf der Laderampe einer Spedition sah ich ein paar spielende Kinder. Ich versuchte, normal zu laufen, gegen meinen Fluchttrieb. Jetzt nur nicht auffallen, dachte ich mir, nur die Ruhe bewahren. Jeder Meter wurde zur Qual. Zu meinem Entsetzen standen vor einer offenen Garage ein paar junge Leute, die ich vom Sehen kannte. Ich hob lächelnd meine Hand zum Gruß und verschwand schnell in der Werkstatt.

Nachdem sich das Tor hinter mir geschlossen hatte, legte sich die Anspannung etwas. Ich atmete tief durch und betrachtete das Paket. Eine Ecke war aufgeplatzt, und Tausendmarkscheine waren zu sehen.

Über mir begann ein Hubschrauber zu kreisen. Das Heulen der Turbine erfüllte die Werkhalle. Der Lärm sägte an meinen Nerven, und hastig trank ich den restlichen Wodka aus. Immer und immer wieder kreiste der Hubschrauber über dem Gelände, und seine Scheinwerfer tasteten die Umgebung ab. Es war ein Militärhubschrauber von den Amerikanern, der offenbar von der Polizei zur Hilfe geholt worden war. Der restliche Wodka tat seine Wirkung, und ich legte mich in ein Auto. Mir war jetzt alles egal. Mit einer Flasche Wodka in den Adern ist einem so manches egal. Ich dachte noch kurz darüber nach, wie merkwürdig die Übergabe verlaufen war und daß ich mehr Glück als Verstand gehabt hatte.

Bericht des LKA Berlin, den 3. Juni 1988

Am 1. Juni ging bei der Geschäftsleitung des KaDeWe ein neues Schreiben des Erpressers ein. Er nannte in diesem Schreiben den 2. Juni, 20.30 Uhr, Marienfelde, Kreuzung Nahmitzer Damm/ Motzener Straße als neuen Treffpunkt für eine Übergabe des Lösegeldes. Daraufhin wurden Observationsmaßnahmen ab 2. Juni, 18 Uhr am o.a. Treffort durchgeführt. Der Geldüberbringer fand sich um 20.24 Uhr an der Straßenkreuzung ein. Er führte ein CB-Handfunkgerät mit. Um 20.34 Uhr erfolgte die Mitteilung des Erpressers über CB-Funk Kanal 25 FM, wonach der Geldüberbringer zum nahegelegenen S-Bahnhof Buckower Chaussee kommen, dort in den Zug 20.43 Uhr Richtung Frohnau steigen soll und sich, in Fahrtrichtung gesehen, rechts an ein offenes Fenster des letzten Waggons stellen soll. Er würde dann über CB-Funk angesprochen, das Geld aus dem Fenster zu werfen. Diese Mitteilung des Erpressers konnte auf Tonband aufgezeichnet werden.

Der Geldüberbringer beeilte sich daraufhin, den vorgegebenen Zug zu erreichen und stellte sich an ein geöffnetes Fenster des letzten Waggons. Der Zug verließ den S-Bahnhof um 20.44 Uhr.

Zwischenzeitlich wurden die Observationskräfte verlagert, das heißt, jeder Bahnhof an der Strecke wurde von einem Fahrzeug angefahren. Dieses Fahrzeug verblieb am jeweiligen Bahnhof, bis der Zug diesen verließ. Das Obs.-Fahrzeug wurde anschließend weiter vorgezogen.

Der Zug passierte die Bahnhöfe Marienfelde, Mariendorf und Priesterweg ohne Vorkommnisse. Mittlerweile befanden sich auch sechs Beamte mit dem Geldüberbringer im Zug, um aus dem Zug Wahrnehmungen zu machen. Kurz nach Ausfahrt aus dem Bhf. Papestraße meldete sich der Erpresser über Funk mit den Worten »Hier spricht der Erpresser« und forderte den Geldboten zweimal zum Abwerfen des Geldes auf. Der Geldbote tat dies auch mit leichter zeitlicher Verzögerung. Das Geldpäckchen fiel auf ein ansonsten unbewachsenes Stück Wiese am Gleiskörper, etwa in Höhe des Kilometersteins 3. Uhrzeit: 20.55 Uhr.

Der Abwurf wurde sofort von den mitfahrenden Beamten gemeldet und für alle eingesetzten Kräfte umgesetzt. Sofort wurde versucht, dieses Gelände einzukreisen und von außen her zu begehen. Dabei wurden sofort zwei mitgeführte Stöberhunde eingesetzt. Die im Zug mitgefahrenen Beamten stiegen zusammen mit dem Geldüberbringer am folgenden Bahnhof aus und kehrten auf dem Bahnkörper zur Abwurfstelle zurück, um diese nochmals genau einzugrenzen und abzusuchen. In der Folgezeit wurden erste Kontrollstellen eingerichtet. Auch auf dem Bahngelände wurden einige Personen überprüft.

Inzwischen wurden durch die Einsatzleitung unfor-

mierte Kräfte herangeführt, die die Kontrollstellen übernahmen und rund um das Gelände Personen- und Fahrzeugüberprüfungen vornahmen. Um 23.03 Uhr wurden die Maßnahmen am Abwurfort beendet.
Gr., KHK
Betr.: Überprüfung einer männlichen Person gegen 21.50 Uhr.
Überprüfung der Person und der von ihr mitgeführten Gegenstände verlief negativ.
Die Person kam offensichtlich vom Zahnarzt. Der Mann konnte kaum richtig sprechen und gab an, unter großen Schmerzen zu leiden. Aufgrund dieser Umstände wurde auf eine weitergehende Überprüfung der Personalien verzichtet.

Am folgenden Morgen machte ich mich rechtzeitig aus dem Staub, bevor die Mechaniker die Werkstatt wieder in Beschlag nahmen. Das Päckchen mit dem Geld hatte ich in einem großen Ölofen deponiert, der nicht mehr benutzt wurde. Wegen der Personenkontrollen, die ich befürchtete, schien es mir zu riskant, das Geld bei mir zu tragen.

Daheim verfolgte ich im Fernsehen fieberhaft die Berichterstattung über die für mich so glücklich verlaufene Übergabe. Ein deprimierter Kriminalbeamter versprach dem Fernsehreporter, daß die Fahndungsmaßnahmen zum Erfolg führen würden.

In der Zwischenzeit beseitigte ich in meiner Wohnung alle Spuren und suchte danach wieder die Werkstatt auf, um nicht durch veränderte Verhaltensweisen aufzufallen. Aber der Aufenthalt dort war fortan mit Höllenqualen verbunden. Die Aktivitäten der Polizei waren nicht zu übersehen.

Einmal stand ein Lautsprecherwagen der Polizei auf der Straße und forderte die Bevölkerung zur Mithilfe auf. Ich stand zehn Meter entfernt, und mir wurden die Knie weich. Danach war ich mit den anderen in der Werkstatt und lauschte der Ausstrahlung meiner Stimme im Rundfunk.

Die Kripo fragte sich währenddessen durch das Industriegelände: »Haben Sie etwas gesehen oder gehört? ... Können Sie irgendwelche Angaben zum Tathergang machen?« und so weiter.

Der Pressesprecher der Polizei stellte sich den Medien und berichtete über den Erpressungsfall. Sein Gesicht und seine Stimme waren mir wohlbekannt, denn wir hatten jahrelang als Kollegen zusammengearbeitet. Als er damals zur Polizei ging, hatte auch ich diesen Gedanken erwogen. Wie merkwürdig das Leben doch spielt, dachte ich mir, als ich auch noch ein Foto fand, auf dem wir beide zu sehen waren. Wenige Tage später. Ich kam gerade aus dem Lackraum, als zwei Herren im Büro verschwanden. Ein ungutes Gefühl ergriff mich bei ihrem Anblick, und ich ging hinterher, um zu sehen, was los war. Im Büro hielt ich mich im Hintergrund und lauschte der Unterhaltung zwischen ihnen und Heiner. Unvermutet zogen sie aus einer mitgeführten Mappe ein Phantombild von mir und fragten Heiner, ob er jemanden kennen würde, der so aussieht. Ich schaute den beiden Beamten über die Schulter. Der Anblick des Bildes war für mich ein Schock. Ich machte augenblicklich kehrt, lief zu meinem Spind und suchte nach Schnapsresten. Aber ich konnte keine finden. Alles war leer. Von Panik ergriffen, eilte ich mit weichen Knien in den Lackraum, steckte in meiner Verzweiflung meinen Kopf in einen Eimer mit Lösungsmitteln und atmete die Dämpfe heftig ein. Ohne Erfolg. Die Angst, nicht die

Dämpfe, raubte mir dann fast die Sinne. Meine Hände zitterten, und ich befürchtete, in Ohnmacht zu fallen, wenn die Männer den Lackraum betreten sollten. Ich tigerte unruhig hin und her und wartete auf ein Wunder. Die Zeit verging, aber niemand wollte etwas von mir. Wer ihnen wohl zu dem Phantombild verholfen hatte, rätselte ich und dachte daran, mein Aussehen zu verändern.

Bericht LKA Berlin, den 4. Juni 1988
Mündlich vorgeladen erschien auf hiesiger Dienststelle der Schüler Ralf und erklärte:
Mir wurde eingangs erklärt, daß ich mich strafbar machen kann, wenn ich wissentlich falsche Angaben mache oder jemanden wissentlich falsch verdächtige.
Ich gehe ca. zwei- bis dreimal die Woche mit meinem Freund zum Fabrikgelände zwischen der Naumannstr. und dem S-Bahn-Gelände, meistens abends. Dort trainieren wir mit dem Skateboard, ziemlich dicht an den Gleisen, auf einer Rampe.
So gegen 21 Uhr – es kann kurz vor oder auch kurz danach gewesen sein – kam plötzlich ein Mann. Ich hatte den Eindruck, er kam aus dem dortigen Gebüsch, mit normalen zügigen Schritten. Als er uns sah, ging er etwas schneller, teilweise lief er kurze Stücke im Dauerlauf. Als er uns gesehen hat, hat er etwas unter seine linke Jackeninnentasche geschoben. Wie und was er daruntergeschoben hat, habe ich nicht genau gesehen. Ich habe das, was er unter der Jacke verbarg, zwar nicht gesehen, aber der Ausbeulung der Jacke nach war dieses Etwas ca. 22 x 15 x 10 cm groß.
Ca. nach 15 Minuten, nachdem der Mann weg war,

bemerkten wir einen Hubschrauber, der über uns rumflog. Ich dachte mir, daß er etwas sucht, weil er recht niedrig flog und Suchscheinwerfer dran hatte. Mit dem Mann hatte ich ihn noch nicht in Verbindung gebracht. Das war mein Freund, der meinte, daß der Mann »nicht ganz in Ordnung sei«, mit dem stimme was nicht. Das meinte mein Freund schon, kurz nachdem der Mann weg war.

Ungefähr weitere fünf bis 15 Minuten später, also kurz vor 21.30 Uhr, kamen einige Männer in Zivil auf das Gelände und liefen dort herum. Einer sprach uns an und fragte uns, ob wir etwas beobachtet hätten. Ich erzählte ihnen von dem Mann, beschrieb diesen und gab dem Polizeibeamten meine Adresse.

Bericht LKA Berlin, den 27. Mai 1988
Im Jahre 1980 war der jetzt bei der Firma M. als Warenhausdetektiv beschäftigte X im KaDeWe bei der Hausfeuerwehr tätig. Nach seinen Angaben sprach er seinerzeit in nicht geringem Maße dem Alkohol zu. In der Nacht zum 24. Juli 1980 befand sich X mit seiner Ehefrau und seiner Mutter in seiner Wohnung, es wurde einiges an Alkohol konsumiert.

Unter dieser Alkoholeinwirkung rief X bei einem nachtdienstversehenden Kollegen der Hausfeuerwache des KaDeWe an, drohte mit Bombenlegung und forderte einen Geldbetrag in Höhe von 1 Million DM. Der den Anruf entgegennehmende Kollege erkannte X sofort an der Stimme und fragte belustigt, ob er den geforderten Geldbetrag in Pfennigen oder Markstücken ausgezahlt haben möchte.

Der Anruf erfuhr seine Weiterung, nachdem der Geschäftsleitung des KaDeWe hierüber Meldung gemacht worden war.

X wurde gekündigt, ein Ermittlungsverfahren wegen versuchter Erpressung eingeleitet.

In der geschilderten Angelegenheit wurde X zu einer Geldstrafe von 3.000 DM verurteilt.

Am 27. Mai 1988 wurde die derzeit aktuelle versuchte räuberische Erpressung zum Nachteil des KaDeWe im Zusammenhang mit der Explosion eines Sprengkörpers durch die Presse veröffentlicht.

Herr X wurde von mir mit den gegen ihn vorliegenden Verdachtsmomenten vertraut gemacht, äußerte wörtlich »diese Sache werde ich wohl mein Leben lang nicht mehr los« und erklärte sich zu allen polizeilichen Maßnahmen freiwillig bereit. Beweismittel konnten nicht gefunden werden. Gegen Herrn X lassen sich weitere Verdachtsmomente nicht aufrechterhalten.

F. KOK

T ja, so war das, so hat das alles angefangen. Das ist nun schon sechs Jahre her«, beendete Funke seine Erzählung und streckte sich.

Der Kommissar hatte aufmerksam zugehört und lehnte sich nun zurück. Er strich sich durchs Haar und bot Funke noch eine Zigarette an.

Die Tür ging auf. Eine Frau unterbrach die Vernehmung: »Würden Sie mal bitte kurz kommen?«

Der Kommissar verließ gemächlich den Raum. Zeit für Funke, das Büro eingehender zu betrachten. Es mochte vielleicht zehn Quadratmeter groß sein. Die Einrichtung war karg und unpersönlich. Offensichtlich war das Ganze ein Provisorium. An einer Wand hing ein Stadtplan von Berlin, übersät mit bunten Stecknadeln. Aber noch bevor sich Funke der Karte widmen konnte, erschien der Kommissar wieder.

»Also, im Aufenthaltsraum wartet ein Fernsehteam. Die würden gern ein kurzes Interview mit Ihnen führen, nur ein paar Fragen. Es ist Ihre Entscheidung, Sie müssen nicht.«

»Nur kurz?« fragte Funke, nahm einen Zug von der Zigarette und ließ den Rauch durch die Nase entweichen. Eigentlich fühlte er sich müde und benommen vom vielen Reden. Aber seine angeborene Neugier siegte.

»Also gut, warum nicht!« Er stand auf und blickte auf seine Zigarette. »Wohin damit?« fragte er den Kommissar.

»Behalten Sie die doch in der Hand, das sieht doch richtig kernig aus!« erwiderte dieser.

Funke stutzte. Mit so einer Antwort hatte er nicht gerechnet.

Die Menschen, die im Aufenthaltsraum auf ihn warteten, konnte er kaum sehen, weil viele kleine Scheinwerfer ihn blendeten. Ein Mikrofon wurde ihm unter die Nase gehalten, und eine Reporterin, von der er später nur die bunte Brille in Erinnerung hatte, stellte ihm ein paar Fragen zur Verhaftung. Er antwortete wie in Trance, daß er wohl einen schlechten Tag gehabt hätte und unvorsichtig gewesen sei. Er verspürte plötzlich keine Lust mehr zu diesem Interview und ging schnell zurück ins Büro.

Dort ließ er sich wieder auf seinen harten Stuhl fallen. Ein bequemer Sessel wäre einer Unterhaltung dienlicher, fand er und beobachtete, wie sich der Kommissar auf die weitere Vernehmung vorbereitete.

»Wie war das nun mit Karstadt?« begann der Kommissar und rieb sich die Hände.

Funke erzählte weiter. Das langjährige Schweigen über sein Doppelleben, über die dunkle Seite seiner Existenz, war in manchen Augenblicken schwer gewesen, aber da er kein Schwätzer war und auch sonst kein Profilierungsbedürfnis hatte, war es für ihn kein allzu großes Problem gewesen. Doch nun spürte er, daß diese Verhörsituation etwas Befreiendes für ihn hatte.

Nach einer Stunde machten sie wieder eine kurze Pause.

»Ein paar Kekse und Kaffee?« fragte der Kommissar.

»Ja, wäre nett.«

Die Tür öffnete sich, ein Beamter trat ein und wendete sich an Funke: »Da draußen ist ein Rechtsanwalt P., wollen wir ihn reinlassen, Herr Funke?«

»Rechtsanwalt P. kenne ich nicht. Den habe ich nicht bestellt.«

Ein wenig später.

»Das ist jetzt Rechtsanwalt Ziegler, der im Auftrag eines Herrn Schulz gekommen ist. Was ist mit dem, soll der vorgelassen werden?«

»Schulz? Das geht in Ordnung, er darf kommen.« Funke griff sich noch schnell einen Keks und ging zusammen mit dem Kommissar in den Aufenthaltsraum, um dort auf seinen Rechtsbeistand zu warten.

Vor Wochen hatte er sich schon mal vorsichtig bei Heiner erkundigt, ob der einen guten Verteidiger kannte. Heiner hatte sich über sein Interesse gewundert, aber nicht weiter nachgehakt. Seit heute wußte er nun, woher das Interesse gerührt hatte. Jetzt war Funke gespannt, wen seine Freunde für die Verteidigung ausgewählt hatten.

Ein seriös gekleideter Herr in den Fünfzigern, mit weißem schütterem Haar, betrat den Raum und stellte seinen Aktenkoffer auf den Tisch. Funke war angenehm überrascht. Genauso hatte er sich seinen Verteidiger vorgestellt.

»Guten Tag, Ziegler!« Der Anwalt reichte Funke die Hand. »Herr Schulz hat micht beauftragt, Sie aufzusuchen. Ich hoffe, das ist in Ihrem Interesse. Wir können uns jetzt kurz unterhalten, und dann haben Sie immer noch die Möglichkeit, sich für einen anderen Anwalt zu entscheiden.«

»Nein, nein, ist schon gut.« Funke winkte ab.

Der Kommissar zog sich in sein Büro zurück.

»Hat man Sie vor der Vernehmung über Ihre Rechte aufgeklärt?« fragte der Anwalt, nahm sich einen Stuhl und setzte sich.

»Ja, das hat man getan«, erwiderte Funke und schilderte den Ablauf der Verhaftung und der Vernehmung. Müde fügte er hinzu: »Ich habe absolut keine Lust auf Ausreden, Lügen, Taktieren. Ich versuche, alles so zu erzählen, wie es gewesen ist, ohne etwas zu beschönigen. Abgesehen davon muß man beim Lügen seinen Verstand wirklich gut beisammen haben, und daran hapert's bei mir.«

Der Kommissar kam aus seinem Büro und drängte: »Das Verhör mit Herrn Funke ist noch nicht beendet. Ich möchte jetzt weitermachen!«

»Wir sind noch nicht fertig, Sie werden sich noch etwas gedulden müssen!« erklärte der Anwalt mit fester Stimme, als würde er ein unerhörtes Anliegen abschmettern.

Mißmutig verschwand der Kommissar wieder.

»Er hat Angst, daß ich Sie von weiteren Aussagen abhalte«, wendete sich Ziegler mit einem spöttischen Lächeln auf den Lippen wieder Funke zu. »Wenn Sie hier und heute fertig sind, verweigern Sie jede weitere Aussage; was die jetzt von ihnen haben, sollte genügen. Alles andere wird vor Gericht geklärt.« Der Anwalt machte eine kurze Pause und sagte dann: »Sie werden nach dem Verhör in die Gothaer Straße kommen.« Seine Stimme hatte jetzt einen mitfühlenden Unterton. »Ein schlimmes Gefängnis. Dreckig, dunkel, enge Zellen. Versuchen Sie darüber hinwegzusehen, es ist nur für eine Nacht. Sie kommen morgen nach Moabit, dort ist es dann besser. Ich werde Sie morgen aufsuchen, und dann können wir über alles weitere reden. Machen Sie's gut, und lassen Sie den Kopf nicht hängen ... und machen Sie keine Dummheiten.«

»Ja, ich werde mich zusammenreißen!« sagte Funke, versuchte, sich ein Lächeln abzuringen, verabschiedete sich und ging wieder ins Büro, um das Verhör zu beenden.

Der Kommissar war erleichtert, daß es seinem Gegenüber nicht die Sprache verschlagen hatte, und fuhr fort: »Wir werden jetzt nur die Sache mit dem letzten Bombenanschlag durchgehen, für den Haftbefehl, und dann sind wir für heute fertig.« Er nippte an seinem Kaffee, und Funke bewunderte die Ekelgrieben an seinen Lippen und fragte: »Haben Sie die Grieben meinetwegen bekommen?«

»Nein, nein«, antwortete er etwas verlegen.

»Na, dann bin ich ja beruhigt.«

Mit viel Mühe hatte man eine Sekretärin herbeigeschafft, die zu so später Stunde noch bereit war, das Geständnis in die Schreibmaschine zu hämmern. Nach einer Stunde riß sie, sichtlich erfreut, endlich Feierabend machen zu können, den letzten Bogen aus der Maschine und verabschiedete sich.

»Ihre Frau ist gekommen, Herr Funke«, meldete der Kommissar und führte ihn wieder in den Aufenthaltsraum.

Malu, begleitet von einem Beamten, trat ein. Sie wirkte völlig verschüchtert, wie ein Kind. Sie standen sich beide gegenüber, und in ihren Augen war Furcht und Ratlosigkeit.

»Das ist doch nicht wahr ... Das ist doch ein Irrtum, oder?« fragte sie mit leiser Stimme.

Funke zögerte. Er hatte einen Kloß im Hals und tat sich schwer mit dem Sprechen. Seine Worte kamen stockend: »Doch ..., es ist wahr!«

Malu hatte Tränen in den Augen und fragte: »Warum?«

Das war nur eine kurze Frage, aber es gab darauf keine kurze Antwort. Also, was sollte er jetzt sagen? Sein Kopf war leer. Um die Stille zu brechen, sagte er nur: »Ging nicht anders!«

»Wie soll es weitergehen, was soll werden?«

»Mach dir keine Sorgen, meine Freunde werden dir helfen. Du mußt jetzt stark sein, schon wegen Wolfgang.«

Malu krallte sich an ihm fest und küßte ihn auf den Mund. Für einen kurzen Augenblick spürte er die Nähe, die er in den letzten Monaten vermißt hatte, die durch den ganzen Streß verlorengegangen war. Sie mußten sich verabschieden. Und es tat weh.

»Mein Gott! Da draußen auf der Straße ist was los. Die Reporter und Fernsehteams sind überall. Die rennen sich noch gegenseitig über den Haufen. Wie kommen wir hier nur unbemerkt heraus?« fragte ein junger Beamter und schaute etwas hilflos zum Kommissar. Der kratzte sich am Kopf und überlegte kurz. »Am besten, wir täuschen am Hintereingang Aktivitäten vor, um die Presse zu beschäftigen, und verschwinden durch den Haupteingang.«

Zwei junge Kriminalbeamtinnen betraten den Raum und stellten sich vor: »Wir sollen Herrn Funke begleiten!«

Funke betrachtete die beiden jungen Damen und mußte feststellen, daß beide ausgesprochen hübsch anzusehen waren. Der Gedanke, mit einer per Handschelle verbunden zu sein, war nicht unangenehm.

Die Ablenkungstaktik hatte Erfolg. Der Haupteingang war frei von Journalisten, und Funke rannte mit den beiden Beamtinnen zu einer im gleichen Moment vorfahrenden Limousine. Die Türen wurden aufgerissen, und alle rutschten eilig auf die Sitze. Schon sah man in 50 Meter Entfernung wild tanzende Scheinwerfer auf der dunklen Straße. Die getäuschten Reporter liefen zum Haupteingang zurück. Die Autotüren knallten zu, und mit quietschenden Reifen raste das Fahrzeug davon.

Gothaer Straße.

Etwas widerwillig verabschiedete sich Funke von den beiden Beamtinnen. Ein Küßchen auf die Wange wäre sicher unpassend, dachte er sich und beließ es bei einem Händedruck. Ein etwas aufgekratzter Beamter nahm ihn gleich für die erkennungsdienstlichen Maßnahmen in Empfang.

»Mensch, ich hatte immer gehofft, daß ich Dienst habe, wenn Sie eingeliefert werden. Ich war ja so gespannt darauf, Sie kennenzulernen!« Gewissenhaft färbte er Funkes Finger ein und rollte sie mit Sorgfalt auf den Karteikarten ab.

Funke bekam eine Zelle zugewiesen, winzig, dunkel. Die Wände beschmiert und bekritzelt von Legionen von Gefangenen, die hier schon übernachtet hatten. Der Beamte warf ihm noch eine volle Schachtel Zigaretten auf das Bett. »Weil Sie mir sympathisch sind!«

»Danke, vielen Dank«, sagte Funke etwas verlegen.

Die schwere Zellentür fiel krachend ins Schloß. Allein.

In der plötzlichen Ruhe fühlte er sich wie betäubt. Den

ganzen Tag war er abgelenkt gewesen und nicht zum Nachdenken gekommen. Nun schrien und kreischten die Gedanken in seinem Kopf. Und die enge Zelle schien den Lärm noch zu verstärken. Was würde die Zukunft seiner Familie bringen, was würde sie ihm bringen? Seine Kehle war wie zugeschnürt. Er hätte gern geweint, geweint wie ein Kind. Aber die Augen blieben trocken … Am besten an nichts denken, er konnte jetzt sowieso nichts ändern. An nichts denken, um sich so von der Qual zu befreien. Was man nicht denkt, existiert nicht … Er schloß die Augen und schlief ein.

JVA Moabit, der nächste Tag.

»Hallo, Dagobert!« Rufe, Autogrammwünsche, Schulterklopfen, Fragen, mitfühlende Worte.

Die Atmosphäre im Knast war für ihn bedrückend und sehr fremd. Gitter, Galerien, Fangnetze, Schlüsselrasseln, Kommandorufe, Uniformen und der Geruch von Reinigungs- und Desinfektionsmitteln. Gefangene mit Tätowierungen. Gesichter und Gestalten wie von Zille gezeichnet. Münder mit Zahnruinen.

»Wir müssen erst zur Leibesvisitation«, sagte der ihn begleitende Beamte und führte ihn in einen kleinen Raum.

»Legen Sie bitte ihre Kleidung ab. Alles!« gab jetzt ein Wachtmeister in weißer Latzhose das Kommando. »Legen Sie Ihre Sachen auf den Tisch! Okay! Mund auf! Zunge raus! Hände vorzeigen! Glocken hoch!« Dabei wies er auf die Genitalien.

»Umdrehen, bücken und Backen auseinander! … Und jetzt noch die Füße hoch! Wunderbar, gut, und anziehen!«

Eine Doppelzelle für Funke zum Heimischwerden.

»Guten Tag, ich bin Arno.«

»Peter«, stellte sich sein zukünftiger Zellengenosse vor.

»Ich glaube, ich brauche mich nicht großartig vorzustellen, du hast bestimmt schon einiges aus den Medien erfahren. Man hat mir gesagt, daß du früher bei der Kripo warst. Stimmt das?«

»Wer hat das gesagt?« fragte Peter verwundert. »Naja, egal, es stimmt. Ich war mal Kriminaloberst in Ost-Berlin. Vor der Vereinigung.«

»Und warum bist du hier?«

»Steuerhinterziehung!«

Funke schaute sich sein Gegenüber genauer an. Der Mann war Mitte Vierzig, etwas größer als er selbst. Graue, kurze Haare, Zehntagebart und ein ernstes, intelligentes Gesicht.

»Wie lange bist du schon hier?« erkundigte sich Funke.

»Ein halbes Jahr, mein Prozeß beginnt in drei Wochen.« Er kraulte sich am Bart und sagte dann: »Du redest zuviel!«

»Wie bitte?«

»Ich meine, du hast zuviel mit der Polizei geredet. Besser ist, gar nichts zu sagen. Immer alles bestreiten, die müssen dir deine Taten beweisen! Meine Erfahrung ist: Ehrlich sitzt am längsten.«

Abends, 23.00 Uhr. Die Zellenbeleuchtung wurde vom Wachtmeister ausgeschaltet. Peter lag auf dem oberen Bett.

»Ich schlafe immer bei offenem Fenster, ich hoffe, du hast keine Probleme damit?«

»Nöö«, war Funkes knappe Antwort.

Die Hofbeleuchtung warf ein mildes Licht in die Zelle. Die Stimmen anderer Gefangener waren zu hören. Unterhaltungen von Fenster zu Fenster in allen europäischen Sprachen. Vereinzelte Rufe und orientalische Musik hallten über den Hof ... später Stille ... nur die Schritte der Wachleute. Funke schloß die Augen.

Ein Fernsehteam bereitet sich auf eine Talkshow vor. Scheinwerfer, Mikrofone, Kabelwülste auf dem Boden, Menschen, die wie Bienen herumschwirren.

Das ganze geschäftige Treiben findet im Freien auf einem großen Baumarkt statt. Funke steht zwischen den Baumaterialien und schaut den Leuten interessiert bei der Arbeit zu. Ein kühler Luftzug, der seinen Körper streift, läßt ihn zusammenzucken. »Himmel, ich bin ja nackt!« stellt er erstaunt fest. Aber er empfindet keine große Scham. Gewohnt, in der Sauna nackt unter fremden Leuten zu wandeln, fühlt er sich im Augenblick nur etwas underdressed. Ein Fernsehmitarbeiter trägt Wolfgang auf dem Arm und kommt auf ihn zu. Sein Sohn streckt die Ärmchen nach ihm aus und quietscht vor Vergnügen: »Papaa! Papaa!«

Langsam erwachte Funke aus seinem Traum. Er hatte das Gefühl, zu Hause in seinem Bett zu liegen. Für einen kurzen Augenblick wähnte er sich in Freiheit. Doch schrilles Schlüsselrasseln riß ihn wieder in die Wirklichkeit zurück. Der Anblick der kargen Zweimannzelle war wie ein Stich ins Herz.

Peter lauerte schon an der Zellentür, als sie geöffnet wurde. Nun herrschte eilige routinierte Betriebsamkeit. Brot und Kaffeesurrogat wurden entgegengenommen, Müll entsorgt, Vormelder und Briefe wurden abgegeben. Die Tür knallte wieder zu, und Peter wandte sich an Funke: »Wenn du morgens nicht schnell genug bist, kann es dir passieren, daß die Tür gleich wieder geschlossen wird. Aber daran gewöhnst du dich noch. Sechs Uhr Frühstück, danach eine Stunde Hofgang, halb zwölf Mittagessen, 15.00 Uhr Abendbrot, ein- bis zweimal die Woche duschen. Das ist jetzt dein Leben für die nächsten Jahre, Tag für Tag.«

»Und kann man sich Bücher ausleihen?« fragte Funke, der in sich zusammengesunken auf dem Bett saß.

»Vormelder schreiben.«

»Wie komme ich zum Arzt?«

»Vormelder schreiben. Für alles, was du von der Anstalt willst, mußt du einen Vormelder schreiben, ein Antragsformular in DIN A5-Größe. Das zeige ich dir alles später.«

Peter saß an einem kleinen Tisch, der schon zur Hälfte vom Fernsehapparat beansprucht wurde, und schmierte sich mit langsamen, ruhigen Bewegungen eine Stulle, fast wie in Zeitlupe. »Willst du auch was?«

»Nein, danke, ich habe keinen Hunger. Mir ist das alles auf den Magen geschlagen.«

»Die Presse hat sich ja überschlagen bei deiner Verhaftung. Die haben sogar eine Sondersendung im Fernsehen gebracht. Ich schätze, daß die Medien noch eine ganze Weile über dich berichten werden«, sagte Peter, während er sich ein paar Tomatenscheiben aufs Brot legte.

»Es wird viel Unsinn geschrieben werden«, antwortete Funke resigniert. »Meine Frau tut mir leid, sie wird viel Streß haben ... Wie ist das eigentlich mit den Besuchszeiten?«

»Nur zweimal im Monat für 30 Minuten. Mit einer Aufsicht und ohne Berührungen.«

Nach dem Frühstück drehte sich Peter eine Zigarette, stand auf und ging zum Toilettenbecken. »Ich muß jetzt aufs Klo. Daran wirst du dich auch gewöhnen müssen, daß es hier keine Privatsphäre gibt.« Er verschwand hinter einem kleinen Sichtschutz und ließ den blauen Zigarettenqualm aufsteigen wie Rauchsignale. Und geruchsempfindlich darf man auch nicht sein, sagte sich Funke.

»Nachher, in der Freistunde, werde ich dir einen ehemaligen Richter vorstellen und jemanden, der für das MfS gearbeitet hat. Die Wiedervereinigung hat vielen Lebensläufen eine neue Richtung gegeben.«

In den darauffolgenden Tagen wurde Funke mit Briefen überschüttet. »Hör mal, Peter, was mir die Polizisten geschrieben haben, die mich verhafteten: ›Lieber Dago! Schöne Grüße von uns. Wir sitzen hier in der Kneipe und trinken auf dein Wohl. Prost! Du warst gut ... Wir waren besser! Tschüß bis zum Jahr 2 006. Gerechtigkeit siegt.‹

Der Brief hier ist behämmert, paß mal auf: ›Verehrter Herr Arno Funke. Ich, geboren 25.12.1961, Malergeselle. Ich habe Krimi-Comic-Geschichten erfunden, und ich habe im Fernsehen gesehen, Sie können sehr gut zeichnen. Ich schlage Ihnen vor, wir tun uns zusammen. Ich als Ideenträger und Sie als Zeichner. Wann werden Sie entlassen? Werden Sie auf mich hören, daß wir uns zusammentun? Ich verspreche Ihnen, viel Geld zu verdienen. Wenn Sie ja zu unserem Unternehmen sagen, wird die Tätigkeit als Dagobert nur den Sinn gehabt haben, uns kennengelernt zu haben. Und in Zukunft ehrlich und viel Geld verdienen mit meinen Ideen.‹

Hier habe ich Briefe von Damen, die mich kennenlernen möchten ... Da noch ein paar Autogrammwünsche ...

Das ist ja süß, Kinderbriefe. Hör mal: ›Lieber Dagobert, ich, Rudi, Lukas und Wolfgang, wir finden, daß Du klug und toll bist, und wie Du so geil die Polizei aufs Kreuz gelegt hast. Wir finden, daß Du nicht schuldig bist. Wir helfen Dir aus dem Gefängnis raus. Wir schicken Dir einen Kuchen, da drin sind Werkzeuge: Draht, Zange, Eisensägen und Hammer. Du mußt noch ein bißchen warten. Du hast doch niemanden verletzt. Von Rudi.‹

Das hier ist auch nicht schlecht: ›Hallo, Dagobert! Ich möchte Sie fragen: Haben Sie überhaupt richtig Geld verdient? Ich glaube nicht, daß die Erpresserei so gut ist. Seien Sie froh, daß Sie noch Sympathie bei den Menschen haben und daß Sie niemanden getötet haben. Aber es war schon lustig, wie Sie die Polizei an der Nase herumgeführt haben. Eine kleine Strafe haben Sie verdient, ich würde sagen zwei Jahre. Und dann sollten Sie sich einen richtigen Beruf suchen. Denn Leute einfach erpressen, lohnt sich, wie Sie erlebt haben, nicht. Und Bomben legen und Zerstören auch nicht. Tschüß Ramona, 11 Jahre.‹

Oh! Hier ist noch einer ohne Absender, der möchte mich hängen sehen.«

Funke legte die Briefe beiseite und dachte darüber nach, wie merkwürdig das alles war: der Medienrummel vor der Verhaftung, der ganze Pressewirbel danach ... Das ließ ihn seltsam unberührt, als wenn es nichts mit ihm zu tun hätte.

Drei Wochen waren schnell vergangen. Er hatte mit Peter über Polizeiarbeit im Osten und Westen Deutschlands gesprochen, über das Leben in der früheren DDR. Funke hörte immer aufmerksam zu, denn er ließ sich gern Geschichten erzählen. Das war für ihn jedenfalls spannender, als von eigenen Taten zu berichten.

Eines Nachmittags kam Peter von einem Gerichtstermin zurück und wirkte sichtlich gelöst.

»Du darfst nach Hause, oder?« fragte Funke.

»Ja, meine Strafe wurde zur Bewährung ausgesetzt.«

»Ich habe deinen Koffer schon entstaubt und feucht abgewischt, du kannst also mit dem Packen sofort anfangen; ich habe fest damit gerechnet, daß du rauskommst«, sagte Funke mit einem Gefühl von Neid und anteilnehmender Freude.

»Du kannst den Fernsehapparat behalten, ich habe keine Lust, ihn mitzunehmen«, sagte Peter, als er flugs seine Sachen in den Koffer packte. Der Wachtmeister schloß die Tür auf. Peter drehte sich im Hinausgehen noch mal um, zögerte, blinzelte Funke aufmunternd zu und sagte: »Paß auf dich auf, und schreib mal.«

Die schwere Tür fiel wieder mit einem Krachen ins Schloß, und er war allein. Eigentlich das erste Mal seit seiner Verhaftung richtig allein. Er setzte sich auf sein Bett, fröstelte etwas und stierte in den Fernsehapparat. Er versuchte wieder einmal, an nichts zu denken, und drehte sich aus dem zurückgelassenen Tabak eine Zigarette. Er blies dann kleine Wölkchen in den Raum und ließ die Zeit verstreichen. Als es dunkel wurde, legte er sich ins Bett. Durch das offene Zellenfenster drang der Ruf eines Muslims »Allah hu agbär!«, orientalische Musik hallte über den Hof. Er schloß seine Augen, lauschte auf die Stimmen der anderen Gefangenen, auf die Wortfetzen in fremden Sprachen und erinnerte sich an seine Reisen, die er nach Erhalt des Geldes gemacht hatte. Er erinnerte sich an die Hoffnungen, die enttäuscht wurden, und an Träume, die zerplatzt waren.

Er sah die beiden Kriminalbeamten in Heiners Büro vor sich, wie sie diesem das Phantombild zeigten. Zum Glück hatte Heiner damit nichts anfangen können. Nur wenige Tage danach hatten sie die letzten Vorbereitungen für die Mittelmeerreise getroffen: Heiner, dessen Freunde Gerd und Pipo und er.

Für mich war die Reise wie ein Strohhalm, die Hoffnung, daß doch noch alles gut werden könnte. Den ganzen Tag lief ich als Nervenbündel durch die Werkstatt. Ich hatte Angst vor meinem eigenen Schatten. Ständig befürchtete ich, daß man mir schon an meiner Nasenspitze ansehen könnte, was ich angestellt hatte.

Die Mechaniker schraubten bereits seit zehn Stunden an den Dreirädern, um sie für die Mittelmeertour zu rüsten. Heiner ging aufgeregt durch die Werkstatt.

»Wir müssen uns beeilen, ihr Schlafmützen! Der Autoreisezug nach Spanien wird in Hannover nicht auf uns warten«, trieb er uns an und klatschte voller Ungeduld in die Hände.

Kurz nach Mitternacht war es dann endlich soweit. Die Trikes waren auf einen Lastwagen verladen worden, und wir machten uns auf den Weg zur deutsch-deutschen Grenze.

West-Berlin war zu dem Zeitpunkt noch eine geopolitische Insel. Nichts deutete darauf hin, daß in einem Jahr die Grenzen fallen würden. Die Grenzer taten routiniert ihre Arbeit und kontrollierten Lastwagen, Verplombung und Papiere. Nur bei mir erzeugte der Anblick der Uniformen ein leichtes Würgen im Hals.

Wir fuhren durch die Nacht. Die Scheinwerfer erhellten die Betonpiste, und die unterbrochene Linie der Fahrbahnmarkierung wirkte auf mich hypnotisierend. Mit jedem Kilometer, den ich mich von Berlin entfernte, legte sich dann meine Furcht etwas.

Als wir in Hannover ankamen, war es bereits hell. Die Trikes wurden auf den Zug verladen, und es blieb noch Zeit, vor der Abfahrt in einem Bistro Kaffee zu trinken. Ich kauerte auf meinem Stuhl, schlürfte meinen heißen Milchkaffee und beobachtete aus von Müdigkeit geröteten Augen die Umgebung. Am Nachbartisch las jemand eine Boulevardzeitung, auf deren Titelseite riesengroß mein Phantombild prangte. Ich hätte aufspringen und davonrennen mögen. Nur mit Mühe blieb ich sitzen und unterhielt mich weiter mit meinen Freunden. Ständig hatte ich die Zwangsvorstellung, das Gefühl, jemand fasse mit fester Hand meine Schulter. Und ich hörte eine imaginäre Stimme: »Sie sind verhaftet!«

Die Minuten wurden zu Stunden. Ich wollte endlich weg, so weit weg wie möglich. Das Einsteigen in den Schlafwagen kam einer Erlösung gleich. Bald floß das Bier in Strömen, und die Stimmung wurde gelöster.

Langsam senkte sich die Nacht auf die vorüberfliegende Landschaft. Ich lag in meiner Koje und lauschte auf das monotone Fahrgeräusch der Räder. Das Schaukeln und Wiegen des Waggons hatte etwas Beruhigendes für mich. Vielleicht war es eine Erinnerung an die Kindheit, an das geborgene Gefühl, das man gehabt haben mußte, wenn man mit dem Kinderwagen durch die Gegend geschoben wurde. Nun war ich dabei, mit einem Dreirad in den Urlaub zu fahren, das hatte etwas von Kontinuität. Ich mußte schmunzeln und schlief ein.

Am Morgen ging es dann endlich an der französisch-spanischen Grenze mit den Trikes auf die Piste. Die Fahrzeuge waren als Autos zugelassen, und so durften wir ohne Helm fahren. Wir spürten den warmen Fahrtwind auf der Haut und in den Haaren (sofern vorhanden); und bei 140 km/h vermittelte das Aufklatschen der Insekten im Gesicht einen intensiven Kontakt zur Natur. Ich hielt meinen Mund fest geschlossen, um später keine Fliegen aus den Zähnen polken zu müssen.

Nicht jeder Gesetzeshüter in Spanien wußte um die Helmfreiheit. So mancher Polizist stand am Wegesrand und zeigte wild gestikulierend auf seinen Kopf, um uns auf den fehlenden Helm aufmerksam zu machen. Heiner erwiderte die Gesten der Ordnungshüter stets, indem er im Vorbeifahren seinerseits mit dem Zeigefinger an die Stirn tippte.

Wir machten die gesamte spanische Mittelmeerküste unsicher und landeten auch auf Ibiza.

Mit Karacho kam ich dort auf einer Landstraße um die Ecke gefahren und erwischte beinahe Roman Polanski, als er die Straße überquerte, um in eine Bodega zu marschieren. Kurz darauf konnte ich nur mit einer heftigen Bremsung und einem Schlenker verhindern, daß ich Sandra, eine zu der Zeit bekannte Popsängerin, überfuhr, als sie verträumt aus dem Auto stieg. Wenn das so weiterginge und ich womöglich doch noch jemanden erwischte, sollte ich mir vielleicht in letzter Minute von meinem Opfer ein Autogramm geben lassen, überlegte ich amüsiert. Es könnte ja ein Prominenter sein.

Die Wochen vergingen, und ich sammelte blaue Flecken. Die ersten holte ich mir beim Kart-Racing, als ich gegen einen Stapel Reifen bretterte. Dann fiel ich beim Tischtennis eine Böschung hinunter, weil der Tisch zu dicht am Abgrund stand. Bei dem Versuch, Wasserski zu fahren, rammte ich mir zweimal den Haltegriff zwischen die Schenkel, und mit dem Wasserscooter überschlug ich mich. Nach einem Discobesuch mit Gerd fiel ich auf der Rücktour bei kurviger Fahrt vom Sozius seines Trikes.

Es gab auf dieser Reise sicherlich mehr als nur durchzechte Nächte. Aber meine Erinnerung ist verblaßt. Für mich war diese Fahrt wie ein Abgesang, mit dem sich für lange Zeit der letzte Rest von Lebensfreude verabschiedete.

Als wir nach fünf Wochen mit unserem Lastwagen in die Einfahrt zu unserer Werkstatt einbogen, sah ich im Fenster einer Tankstelle ein Fahndungsplakat hängen: 25 000 Mark Belohnung für Hinweise, die zur Ergreifung des Täters führen ... Es gab niemanden, dem ich das Geld gegönnt hätte.

Nach einigen Wochen hatte ich mich an den Anblick des Plakates gewöhnt. Ich ging weiter unauffällig meiner Arbeit nach, vermied es jedoch, mich auf dem Industriegelände sehen zu lassen, aus Angst, demjenigen in die Arme zu laufen, der die Täterbeschreibung bei der Polizei abgeliefert hatte.

Gewiß, ich hatte keine schlaflosen Nächte mehr, wenn ich an meine Zukunft dachte. Aber Freude wollte sich auch nicht einstellen, wenn ich mir die Geldbündel mit den Tausendern betrachtete, die ich inzwischen zu Hause aufbewahrte. Noch immer war ich in der Gewohnheit gefangen, abends meinen Gefühlen mit geistigen Getränken auf die Sprünge zu helfen. Allerdings machte die ganze Trinkerei keinen Spaß mehr. Meine Stimmung wurde vom Alkohol nicht besser, und wenn ich zuviel trank, wurden meine Depressionen noch stärker. Ich sah nun den Zeitpunkt gekommen, das Versprechen einzulösen, das ich mir vor dem Coup selbst gegeben hatte. Ich hörte von einem Tag zum anderen mit dem Alkohol auf und trank nur noch Mineralwasser. Das ging leichter als erwartet. Allerdings hatte ich auch keine Alternative. Weiter trinken war sinnlos geworden, ich wurde vom Alkohol nur rammdösig, sonst war nichts.

Die Zeit verging, und obwohl ich nun schon seit Wochen abstinent lebte, hatte ich besonders abends immer stärker das Gefühl, als kreiste der Fusel noch weiter in meinen Adern. Plötzlich war ich nicht mehr fähig, eine Zeitung zu lesen, weil ich nach dem zweiten Satz den ersten schon vergessen hatte. Man hätte mir auch immer wieder den gleichen Witz erzählen können (vorausgesetzt, er bestünde nur aus einem Satz), ich hätte jedesmal wieder gelacht.

Ich ging in eine Videothek und lieh mir einen Film aus. Zu Hause schaute ich ihn mir an und mußte ihn ständig zurückspulen, um mir in Erinnerung zu rufen, wer die eine oder andere Person in dem Film war. Am nächsten Tag holte ich mir ein neues Video. Nachdem ich die Hälfte gesehen hatte, dämmerte es mir, daß das der Film war, den ich bereits am Tag zuvor ausgeliehen hatte.

Stinknormale Verrichtungen, wie zum Beispiel Besorgungen, wurden zum Problem. Erst schrieb ich mir alles auf einen Zettel, dann suchte ich meine Wohnungsschlüssel. Dabei vergaß ich, was ich suchte; suchte aber weiter, bis ich mich irgendwann fragte, warum ich immer die Türen der Schränke öffnete. Dann setzte ich mich hin und überlegte. Und weil mein Magen knurrte, fiel mir wieder ein, daß ich Lebensmittel kaufen wollte. Also schrieb ich wieder einen Einkaufszettel und suchte dann wieder die Schlüssel und so weiter.

Meine Erinnerungen wurden immer schemenhafter. Manchmal hatte ich dadurch das Gefühl, nie gelebt zu haben, weil wir uns nur durch unsere Erinnerungen unserer Existenz bewußt werden.

Musik wurde für mich zum Geräusch, sie erzeugte keine Stimmungen mehr. Genauso war es mit Bildern und Objekten aller Art, alles verlor seine Bedeutung, alles war nur noch geometrische Form und physikalische Farbe. Meine Gefühle stumpften ab. Nur Elementares wie Hunger, Durst, Schmerz und Angst existierten noch. Aber selbst die Angst hatte an Kraft verloren. Ich wurde zu einem Zombie, zu einer lebenden Leiche.

Den meisten Menschen ist die ständige Gegenwart ihrer Stimmungen und Gefühle nicht bewußt, und erst recht nicht, wie diese sich auf das Denken und Handeln auswirken. Wir merken nicht, wie der Eindruck, den wir von unserer Umwelt haben, durch die Brille unserer Stimmungen eingefärbt und bestimmt wird. So handeln wir in der gleichen Situation oft unterschiedlich, je nachdem, ob wir müde, munter, hungrig oder satt sind, ob wir lieben oder hassen, gelangweilt, erregt oder wie auch immer gestimmt sind.

Sicher spielen auch Erfahrungen und Konventionen eine große Rolle bei unseren Handlungen, aber ohne Emotionen gäbe es kein Handeln, weil ohne Emotionen jeder Antrieb zum Handeln fehlen würde. Ich war in jener Zeit wohl den Pflanzen näher als den Menschen; denn Pflanzen haben und brauchen keine Gefühle, weil sie nicht dem Futter hinterherjagen müssen und weil sie ihre Fortpflanzung den Insekten oder dem Wind überlassen.

Ich hätte meine Fortpflanzung auch dem Wind überlassen können; der Anblick einer schönen Frau war für mich damals genauso aufregend wie der Anblick meiner alten Socken.

Eigentlich hatte ich mir das Leben mit 500 000 Mark anders vorgestellt.

Es begann nun eine Odyssee zu den verschiedensten Ärzten, die gewöhnlich nach den Untersuchungsergebnissen nur mit den Schultern zuckten. Um nicht ganz ratlos zu erscheinen, verschrieben sie mir irgendwelche Medikamente, die mir weder halfen noch schadeten.

Jeong Ae, meine kleine koreanische Braut aus früheren Tagen, hatte mich wieder einmal angerufen. Wir verabredeten einen Spaziergang am Schlachtensee. Der beginnende Herbst pflückte die Blätter von den Bäumen, und der Wind tanzte mit dem verdorrenden Laub Ringelreihen, als wir am Ufer des Sees über Gott und die Welt plauderten.

Sie erzählte mir, daß sie ihre Familie in Korea besuchen wolle, und fragte mich, ob ich Lust hätte mitzukommen. Da ich auch ihre Schwester und den Schwager gut kannte, würde ich bei ihnen wohnen können. Ich überlegte mir, daß so eine Reise mich vielleicht von meinen gesundheitlichen Problemen ablenken könnte, und sagte zu.

Überraschend zog sie eine alte Zeitung mit meinem Phantombild aus ihrer Manteltasche, und fragte, ob ich damit etwas zu tun hätte. Ihre dunkelbraunen Schlitzaugen wurden zu zwei Strichen, die mich listig anblinzelten. Diese Frage traf mich fast wie einer ihrer beliebten Tritte vors Schienbein. Natürlich beteuerte ich heftig meine Unschuld, und sie glaubte mir schließlich auch. Wieder einmal mußte ich feststellen, daß Jeong Ae wirklich einen wachen Kopf hatte.

Für die Reise benötigte ich noch einige Dinge, von A wie Anzug bis Z wie Zahnpasta. Ich entschied, daß das eine gute Gelegenheit war, etwas Geld zu waschen.

Drei Tage später stand ich in aller Frühe unter der Dusche und versuchte, mit heißen und kalten Güssen meine Lebensgeister zu wecken. Obwohl kein Alkohol über meine Lippen gekommen war, hatte ich das Gefühl eines nicht enden wollenden mordsmäßigen Katers. Ich schüttete literweise Kaffee in mich hinein und versuchte Zeitung zu lesen, aber die Buchstaben verschwammen vor meinen Augen, und nur mit Mühe schaffte ich es, die Überschriften zu lesen. Wütend und frustriert schmiß ich das Blatt in die Ecke. Ich hätte aus voller Brust schreien mögen. Lieber wäre ich zu Hause geblieben, aber die Wut über meinen Zustand trieb mich weiter. Ich ballte die Fäuste: »Ich will, ich will, ich will!« feuerte ich mich an.

Mein Ziel war Frankfurt am Main. Für mich wurde die Fahrt zu einer Reise durch einen endlos langen Tunnel. Ich fühlte mich wie in Watte gepackt, als würde nur ein Teil der von meinen Augen aufgenommenen Bilder in mein Bewußtsein gelangen.

Im Zentrum von Frankfurt suchte ich einen Parkplatz an einer markanten Stelle. Das Rangieren fiel mir schwer; denn seit Wochen war auch mein Nacken ziemlich unbeweglich, und ich mußte meinen ganzen Oberkörper drehen, um nach hinten zu schauen. Vorsichtshalber schrieb ich mir den Standort des Fahrzeuges auf, hoffnungsfroh, den Zettel – wenn nötig – auch wiederzufinden.

Ich ging los, drehte mich aber immer wieder um, um mir die Örtlichkeit einzuprägen. Doch sobald ich das Auto aus den Augen verlor, verschwand augenblicklich die Erinnerung. Für einen Moment ergriff mich die Angst, daß ich womöglich vergessen könnte, wer und wo ich bin.

Ich ging in ein Kaufhaus. Die Beleuchtung in den Verkaufsräumen blendete mich. Ich hatte das Gefühl, als würde sich mein Gehirn in dem Gewirr von Lichtreflexen auflösen.

An der Zentralkasse wechselte ich einen Tausender. In einem Bekleidungsgeschäft kaufte ich einen Anzug und bezahlte mit einem Tausender. Ich erstand einen Koffer, und wieder schob ich einen Tausender über den Tresen. Nach und nach füllten sich meine Taschen mit dem Wechselgeld.

Bepackt wie ein Muli, suchte ich drei Stunden später mein Auto. Da ich mich nur auf der Einkaufsstraße bewegt hatte und in der Nähe meines Wagens geblieben war, fand ich ihn schon nach kurzem Suchen wieder. Gerade noch rechtzeitig, bevor mir die Finger, eingeschnürt von den vielen Tüten, abfielen. Nachdem die Einkäufe im Kofferraum verstaut waren, fuhr ich noch zum Flughafen, um dort an den zahlreichen Bankschaltern ein paar Tausender in Dollar zu tauschen. Anschließend ging es weiter nach Bonn, wo ich übernachten wollte.

Es war bereits dunkel, als ich in Bonn eintraf. Wie in Trance steuerte ich das nächstbeste größere Hotel an. Ich schrieb mich schnell ein und nahm völlig erschöpft mein Zimmer in Beschlag. Die Einkaufstüten wurden geleert und die neuerstandenen Schätze auf dem Bett ausgebreitet, um gleich darauf im neuen Koffer verstaut zu werden.

Mein Magen fühlte sich vernachlässigt und knurrte mich an. Auf der Stelle folgte ich dieser nachdrücklichen Aufforderung zur Nahrungsaufnahme.

Das Hotelrestaurant im obersten Stockwerk war gähnend leer. Ich setzte mich ans Fenster. Das Restaurant war groß, die Tische weiß gedeckt, aber ohne Menschen wirkte alles kalt und trist. Der Ober nahm die Bestellung auf. Während ich auf das Essen wartete, schweifte mein Blick über das nächtliche Bonn. Viel gab es eigentlich nicht zu sehen, und ich fragte mich, was die Politiker und Geschäftsleute so trieben, wenn sie die bundesdeutsche Hauptstadt heimsuchten.

Ein reiferer Herr in Begleitung eines jungen Mädchens betrat das Restaurant, ließ sich drei Tische entfernt nieder und bestellte eine Flasche Wein

Während das Pärchen ein Glas nach dem anderen leerte und ich meine Entenbrüstchen in Orangensoße verspeiste, wurde ich von der jungen Dame unverhohlen fixiert.

Als ich später wieder in meinem Zimmer war, klingelte das

Telefon. Eine reizende Frauenstimme am anderen Ende der Leitung flötete mir auf Englisch ins Ohr, daß sie sich wohl verwählt habe. Aber noch im gleichen Atemzug fragte sie, ob ich schon etwas vorhätte für den Abend.

Nun war mir klar, welche Möglichkeiten es für Politiker und Geschäftsleute nach Feierabend gab, fern der heimatlichen Kontrolle. Ich erzählte ihr, daß ich wahnsinnig müde sei und am nächsten Morgen früh aufstehen müsse. Frustriert legte ich den Hörer auf. Es war erst 22.00 Uhr, und wenn ich nicht so eine Matschbirne gehabt hätte, wäre ich schon aus Neugier mitgegangen. Aber ich hatte Angst, einfach nur Angst, nachts als hilflose Person, die nicht mehr weiß, wo sie herkommt und wo sie hinwill, im Rinnstein zu enden.

Drei Wochen später saß ich im Jumbo der Korean Air auf dem Flug nach Seoul und döste auf meinem viel zu engen Sitz vor mich hin. Reisen war für mich immer etwas Großartiges gewesen, etwas, das mich in einen glückseligen Rausch versetzen konnte. Aber nun saß ich da und fühlte nichts.

Am Flughafen wurde ich vom Schwager und der Schwester meiner Freundin in Empfang genommen. Mit dem Auto fuhren wir nach Kwang Jou, in eines dieser gesichtslosen Neubauviertel, die mittlerweile auf der ganzen Welt anzutreffen sind. Ich wurde von Jeong Ae und dem Rest der Familie herzlich begrüßt und gewöhnte mich schnell ein.

Durch die vielen Jahre mit Jeong Ae war ich mit der Kultur und den Umgangsformen des konfuzianisch geprägten Landes schon etwas vertraut. Ich traf auf gastfreundliche Menschen mit einem ausgeprägten Sinn für ausgelassene Picknicks in einer an Mitteleuropa erinnernden Natur.

Leute mit Schweißfüßen sollten sich darauf einstellen, daß Wohnungen generell ohne Schuhe betreten werden. Selbst in Hotels muß man damit rechnen, seine Schuhe schon an der Rezeption ausziehen zu müssen. Dafür erhält man dann Pantoffeln, derer man sich wiederum vor dem Betreten des Zimmers entledigt. Wer nun glaubt, sich in ein weiches Bett werfen zu können, wird vergeblich danach suchen. Denn traditionell wird auf dem Fußboden geschlafen, auf dem eine dünne Matratze ausgerollt wird. Nach drei Wochen war es mir gelungen, am Morgen nicht mehr wie gerädert aufzuwachen.

Auch in Korea hatte der Herbst Einzug gehalten, das Laub der Bäume leuchtete in allen Gelb- und Rottönen. Im Gegensatz zu Deutschland war das Wetter sonnig und angenehm mild. Nur nachts konnte es, besonders in höheren Lagen, empfindlich kalt werden. Dann wurde die in Korea allgemein übliche Fußbodenheizung angeworfen; und wenn es der Heizer besonders gut meinte, kam ich mir schon mal vor wie eines der leckeren Schweinerippchen, die hier gern beim Picknick gegrillt werden.

Ich versuchte, durch meinen inneren Nebel hindurch die Bilder und Gerüche, die das Land mir bot, aufzunehmen. In der Provinz sah ich noch die alten Häuser mit den geschwungenen Dächern aus glasierten Ziegeln, alte Menschen in traditioneller Bekleidung, Reisfelder und weiße Traumstrände. In den Städten boomte das Baugeschäft, zahlreiche Märkte setzten bunte Farbtupfer, und doch schien der immense Verkehr alles zu ersticken.

Oft war ich von kichernden Kindern umringt, die unbedingt meine blonden Haare anfassen und einen Blick in meine Augen erhaschen wollten, um zu sehen, ob sie blau sind.

Als meine Freunde noch in Berlin gelebt hatten, waren sie auch Familienersatz für mich gewesen, und ich hatte es sehr bedauert, daß sie nach Korea zurückzogen. Bei ihnen hatte ich den Umgang mit Kindern gelernt. Auch diesmal spielte ich viel mit den Kindern, es lenkte mich von meinen Problemen ab. Ich fühlte mich aufgenommen, und so fiel mir der Abschied nach vier Wochen recht schwer.

Die Kälte des deutschen Winters und zum Teil auch der Menschen nahmen mich nach einem achtzehnstündigen Flug wieder in Empfang. Als ich dem Grenzbeamten meinen Paß zeigte, kam für einen Moment noch mal Spannung auf, denn ich wußte ja nicht, wie weit die Ermittlungen gediehen waren. Aber der Paß wurde mir wieder ausgehändigt, und ich fuhr erleichtert nach Hause. Dort angekommen, suchte ich zuerst das Geld. Ich wußte noch, daß ich es in der Wohnung versteckt hatte, aber ich wußte nicht mehr wo. Verzweifelt stellte ich alles auf den Kopf. Erst als ich nach achtstündiger Suche das Geld fand, erinnerte ich mich vage daran, wie ich es damals versteckt hatte. Auch wenn ich mir heute Fotos von der Reise anschaue, frage ich mich, ob ich wirklich dort gewesen bin, denn die Erinnerungen sind spärlich.

Einige Tage später erwähnte Heiner, daß er in drei Monaten auf die Philippinen fliegen wolle, zusammen mit seiner philippinischen Frau, seinen beiden Kindern und Gerd. Er würde sich freuen, wenn ich mitkäme. Die Aussicht, dem grauen kalten Mistwetter, der Dunkelheit und dem Trübsinn so bald wie möglich wieder entkommen zu können, gefiel mir, und ich sagte zu.

In der Zwischenzeit vertrieb ich mir die Tage mit Arztbesuchen.

Eines Morgens rief mich Jeong Ae an, die mittlerweile auch wieder nach Deutschland zurückgekehrt war, und teilte mir mit, daß gerade eben zwei Kripobeamte sich bei ihr nach mir erkundigt hatten. Ich mimte ihr gegenüber den Ahnungslosen, während ich mit dem Telefon in der Hand aufgeregt durch die Wohnung tigerte und schon mal einen Blick aus dem Fenster riskierte, ob die Jungs von der Kripo im Anmarsch waren.

Ich beschloß, mit meinem Auto spazierenzufahren und nachzudenken. Die Paranoia fuhr mit. Ständig schaute ich in den Rückspiegel und fragte mich: Hatte ich das Auto hinter mir nicht schon mal gesehen? Hat der Fahrer gerade in ein Mikrofon gesprochen, oder hat er einfach nur gepopelt? Hat der Fußgänger an der Ampel dich nicht etwas zu lange beobachtet? Alles erschien mir plötzlich verdächtig. Selbst die junge Mutter mit dem Kinderwagen war mir nicht geheuer.

Ich schlenderte an der Havel entlang und versuchte, meine Gedanken zu ordnen. Sollte ich meine Sachen packen und aus Deutschland verschwinden? Auf der Flucht leben? Eine neue Identität annehmen?

Ich kam zu der Erkenntnis, daß das für mich keinen Sinn machte. Ich war nicht in der Lage zu flüchten. Meine Gesundheit hätte das nie zugelassen. Ich war völlig in meiner merkwürdigen Situation gefangen. Und ich begann, mich von dem letzten Rest relativer Freiheit, die ich noch hatte, zu verabschieden ... Ich betrachtete mit Wehmut die Havel, an der ich so oft mit Jeong Ae spazierengegangen war. Ich verabschiedete mich von allem, selbst von meinem Auto. Ade, schnöde Welt.

Zwei Tage später stand ein VW-Golf mit zwei Herren vor meiner Wohnung. Als ich zu meinem Wagen ging, war ich darauf gefaßt, daß sie gleich auf mich zukommen würden, um mich zu verhaften. Mir rutschte fast das Herz in die Hose, aber nichts geschah.

In den folgenden Wochen achtete ich auf jede Veränderung in meiner Umgebung, aber alles blieb beim alten. Es ist denkbar, daß sie nur auf den Busch geklopft und auf eine Reaktion von mir gewartet hatten. Aber ich war gar nicht in der Lage zu reagieren.

Der Februar hatte Berlin mit eisigem Schmutzwetter fest im Griff, als wir ins Flugzeug stiegen und Richtung Philippinische Inseln flogen. Es war meine erste Reise in die Tropen, und als ich in Manila das Flugzeug verließ, traf mich die feuchtschwüle Hitze wie ein Faustschlag.

Toto, ein philippinischer Geschäftsfreund Heiners, holte uns mit zwei Autos ab und chauffierte uns ins nächste Hotel. Während wir mit den Folgen der Zeitverschiebung kämpften, trieb uns Heiner kreuz und quer durch Manila zu bekannten Sehenswürdigkeiten und Verwandten.

Einige Tage später stiegen wir in ein kleines zweimotoriges Flugzeug. Etwas mißtrauisch begutachtete ich den Flieger, der mich sehr an die altersschwachen Taxis der hiesigen Metropole erinnerte, die von ihren Fahrern mit wahrer Todesverachtung durch die Straßen gesteuert werden. Ich hoffte im stillen, daß der Pilot an seinem Leben hing und daß die fehlenden Instrumente am Armaturenbrett nicht von besonderer Wichtigkeit waren.

Zwischen den Wolkengebirgen herumzufliegen hatte für mich einen besonderen Reiz – aber auch die Ölspur am rechten Motor und der davonfliegende Tropfenstrom.

Nach zwei Stunden Flug setzte der Pilot zur Landung an.

Beim Anblick der kleinen, von Palmenhainen umrahmten Wiese kamen mir Bedenken, die sich jedoch erstaunlicherweise als unbegründet erwiesen.

Auf zwei Mopeds mit Seitenwagen ging unsere Fahrt weiter zu einem kleinen Fischerdorf, wo wir auf Auslegerboote umstiegen, um mit ihnen den letzten Rest der Wegstrecke nach Boracay zurückzulegen. Mir bot sich ein Anblick wie aus einem Bilderbuch: Bambushütten, Kokospalmen, ein weißer Strand wie Puderzucker, türkisblaues Meer, azurblauer Himmel und strahlende Sonne.

Als Heiner hier vor zehn Jahren das letzte Mal Urlaub gemacht hatte, kostete die Hütte noch fünf Dollar pro Tag, jetzt waren es 50. Dafür gab es prächtige Sonnenuntergänge gratis. Abends wurde der Strand von Fackeln beleuchtet. Die flackernden Lichter ließen die Schatten der Longdrinkgläser tanzen. Während meine Freunde Tanduai-Rum mit Cola tranken, saß ich auf dem Trockenen. Ich fühlte den warmen weichen Wind, schaute auf die stimmungsvolle Beleuchtung, lauschte auf das Rauschen des Meeres und auf die quäkende Musik einer kleinen Musikbox, sah meine Freunde, wie sie die Atmosphäre genossen, und ich überlegte mir, wie es sein müßte, wenn ich das so empfinden könnte. Ich tröstete mich mit dem Gedanken, daß meine jetzige Situation immer noch besser war, als tot zu sein. Daraufhin nahm ich noch ein paar Tabletten gegen Hirnleistungsstörungen in der vagen Hoffnung, daß sie mir helfen würden.

Sieben Tage vergingen mit Schwimmen, Erkundungen oder einfach Faulenzen. Dann flogen wir zurück nach Manila.

Ich fühlte mich wie Dörrfleisch, als ich am nächsten Morgen ins Badezimmer stolperte. Gerd lag noch im Bett. Am

Abend zuvor hatten wir überlegt, was uns eher den Schlaf rauben würde: der Lärm der Klimaanlage oder die Hitze der Nacht. Wir hatten uns gegen die Klimaanlage entschieden. Nun stand die Luft in dem kleinen Raum wie im Raubtierhaus des Berliner Zoos. Ich hatte mich kaum frisch gemacht, da trat auch schon Heiner gegen die Tür. Seine Frau wollte zusammen mit den Kindern die Verwandtschaft besuchen. Er war also für einen Tag Strohwitwer und hatte vor, jede Sekunde seiner unverhofften Freiheit auszukosten. Wie zu befürchten war, hatte er für uns ein volles Programm geplant.

Als Heiner, Gerd und ich aus der kühlen, vollklimatisierten Vorhalle des Hotels auf die Straße traten, raubte uns die heiße Luft fast den Atem. Wir stiegen in ein Taxi ohne Klimaanlage, was mir endgültig das Gefühl gab, in einem Backofen zu sitzen. Heiner meinte, daß es doch schöner wäre, auf den Philippinen einen Hitzschlag zu erleiden als in Deutschland zu erfrieren.

Wie wenn der Asphalt unter den Rädern brennen würde, raste der Chauffeur mit uns über Bordsteine und rote Ampeln von Stau zu Stau. Vielleicht lechzte er einfach nur nach etwas Fahrtwind und nutzte dafür jede Gelegenheit. An manchen Stellen schien die Stadt im Grau der Auspuffgase zu verschwinden. Ich saß im Fond des Taxis, und der Qualm brannte mir in den Augen, bis mir Tränen über die Wangen liefen. Krampfhaft versuchte ich, nicht zu atmen, um den Hustenreiz zu unterdrücken. Als wir in Makati unser Ziel erreichten, wurde die Luft wieder erträglich.

Nach eingehender Kontrolle öffnete sich für uns der rotweiße Schlagbaum. Wir fuhren in ein abgeschirmtes Villenviertel, das sich mit einer hohen Mauer vor ungebetenen Besuchern schützte. Im ersten Moment hatte ich den Eindruck, mich in Berlin-Dahlem zu befinden. Wir fuhren vorbei an stattlichen Häusern mit gepflegten Gärten, und ich überlegte mir, wie lange es noch dauern würde, bis auch bei uns die Reichen sich auf diese Weise vor den Habenichtsen schützten. Wenn die soziale Schere noch weiter auseinanderginge, würde es unweigerlich dazu kommen. Und die Wohlhabenden würden wie hier ihr Land dann hauptsächlich aus ihrer Limousine heraus erleben, wenn sie vom Büro zum Club oder in ihr vornehmes Getto fuhren. Die Armut wurde so zu einem gesichtslosen Gebilde hinter den schwarzgetönten Scheiben ihrer Autos. Aber eigentlich war es ja bereits so, nur nicht so auffällig wie hier.

Heiner besuchte einen alten Bekannten aus Deutschland, der in Manila für einen großen deutschen Konzern tätig war. Der Arbeitgeber bezahlte ihm eine Villa mit Swimmingpool und, weil er auch repräsentieren mußte, eine Limousine und die Mitgliedschaft im Polo-Club. Die 400 Mark für Haushälterin und Chauffeur konnte er da locker aus eigener Tasche drauflegen. Der Mann fühlte sich sichtlich wohl, und seine größte Sorge war, daß er in der Firmenhierarchie aufsteigen könnte und dann nach Deutschland zurück müßte. Das war für ihn die Horrorvorstellung schlechthin.

Weil wir alle noch nichts gegessen hatten, beschlossen wir, zum Seafood-Markt zu fahren, einer bei den in- und ausländischen Geschäftsleuten sehr beliebten Gaststätte, in die ein kleiner Supermarkt integriert war. Wir kauften aus der Fülle der angebotenen frischen Meeresfrüchte, was jeder mochte, und dann wurden die Köstlichkeiten nach unseren Wünschen in der Küche zubereitet.

Mit Genuß verspeisten wir unser Essen. Nur ich verspürte dabei ein ziehendes Gefühl in der Magengegend. Aber das lag nicht an den Speisen, sondern am Anblick einer außergewöhnlich schönen Filipina, die mich zu allem Überfluß auch noch wiederholt anlächelte. Ich war hin- und hergerissen. Ansprechen? Nicht ansprechen? Ich kam trotz meiner Matschbirne ins Grübeln. So lange, bis sie das Lokal ohne meine Adresse verließ. Ich ärgerte mich etwas über meine Unentschlossenheit und saß mit Tränen in den Augen am Tisch (die Tränen konnte ich der beißend scharfen grünen Meerrettichpaste anlasten, die ich gerade zum Suschi aß).

Mein kleiner Flirt war meinen Freunden nicht verborgen geblieben, und so wurde wohl die Idee geboren, das Nachtleben Manilas kennenzulernen.

Die flimmernden bunten Neonreklamen der Amüsierbetriebe erzeugten die Impression eines flirrenden Jahrmarktes. Kinder versuchten, kleine duftende Blütenkränze an Einheimische und Touristen zu verkaufen. Vor jedem größeren Geschäft saß ein Wachmann mit einer Flinte im Arm, was mein Sicherheitsgefühl dennoch nicht erhöhte. Wir schwirrten von Bar zu Bar, bis wir im Firehouse hängenblieben.

Normalerweise war das alles nicht meine Welt. Es war schon 20 Jahre her, daß ich mich in vergleichbaren Bars herumgetrieben hatte. Aber der Anblick der hübschen, leicht bekleideten Mädchen war auch für mich nicht ohne Reiz. Ich hätte mich bestimmt noch wohler gefühlt, wenn da nicht das Wissen gewesen wäre, daß diese Schönheiten nur der Not gehorchend hier ihrem Job nachgingen und daß ganze Familien von dem hier verdienten Geld abhängig waren. Manche der fetten, schwitzenden älteren Herren, die dort auf Brautschau waren, erinnerten mich an rosige Schweine, und ich fühlte mich unwohl bei dem Gedanken, daß ich in den Augen der Filipinos dazugehörte.

Meine Freunde nippten an ihren Longdrinks und an den Damen, die sie in ihren Armen hielten. Nur ich hielt mich an meiner zehnten Cola fest.

Es war späte Nacht oder früher Morgen, wie man will, als Heiner seinen Heimweg antrat, bevor seine Frau, die im Hotel auf ihn wartete, ihre asiatische Zurückhaltung verlieren und ihm die Hölle heiß machen würde.

Das Lokal leerte sich langsam, und zum wiederholten Male trat die Mama-san an mich heran und pries mir ihre Mädchen an. Ich war nur geblieben, weil Gerd nicht auf meine Englischkenntnisse verzichten wollte. Er saß mit seiner Eroberung an der Bar und versuchte, sich verständlich zu machen. Da mir langweilig war und Mama-san, die sonst die Mädchen beaufsichtigte, nichts zu tun hatte, unterhielt ich mich ein wenig mit ihr.

Als ich am nächsten Vormittag in meinem Hotelbett erwachte, entdeckte ich Mama-san in meiner Bettwäsche. Ich fragte mich, wie das passieren konnte. War ich das willenlose Opfer weiblicher Begierden geworden? Ich konnte mich nur erinnern, daß wir noch zu viert essen waren und ich mich vor Müdigkeit kaum noch auf den Beinen halten konnte. Mama-san, die eigentlich Josephine hieß, versicherte mir, daß sie nur mein Bestes wolle. Und das bekam sie dann auch und war hoch erfreut über das leicht verdiente Geld.

Gerd hatte vor, seine Eroberung auf die nächste Insel mitzunehmen, doch sie war nur dazu bereit, wenn auch Mamasan mitkäme. Ich wollte kein Spielverderber sein und lud meine Dame zu einer Woche Cebu ein. (Was war ich nur für ein dufter Kumpel, und so selbstlos.)

Wir begleiteten die Ladies zur Vorhalle des Hotels, wo wir

unvermutet auf Heiner und seine Frau Ophelia trafen. Während Heiner über das ganze Gesicht grinste, blickte mich Ophelia mit ihren schwarzen Mandelaugen bohrend und vorwurfsvoll an. Am liebsten wäre ich im Boden versunken. Aber nun hatte ich versprochen, Josephine nach Cebu mitzunehmen. Zwei Tage später flogen wir los.

Pittoreske Holzhäuschen verteilten sich über die Bungalowanlage in üppiger tropischer Vegetation. Natur und Gärtner hatten ganze Arbeit geleistet, und überall grünte und blühte es in verschwenderischer Pracht.

Nach einer unruhigen Nacht, in der ein Gecko mit uns sein Unwesen getrieben hatte, erwachte ich am folgenden Morgen nur schwer. Der Deckenventilator drehte träge seine Runden. Das Kriechtier saß über mir an der Wand, beobachtete mich mit seinen Glubschaugen, und mir war, als würde es grinsen.

Es war schwül und drückend. Ein tropischer Regen ging mit Urgewalt auf Flora und Fauna nieder, so daß man nicht mal einen Gecko vor die Tür jagen würde. Alles war feucht, es gab nichts Trockenes mehr, außer meiner Kehle. Durch eisgekühlte Getränke und Klimaanlagen hatte ich mir eine heftige Erkältung zugezogen. Mir schwollen die Mandeln, und Mama-san, die sich noch im Bett räkelte, schwoll das Gesicht: Pickel auf Wangen und Stirn krönten den Anblick. Schöne Bescherung, dachte ich mir, und wir fuhren zusammen nach Cebu-City zum Arzt. Der Medizinmann erklärte mir dann, Madame habe die Windpocken. Ich bezahlte den Arzt, kaufte Medikamente, und in den nächsten Tagen waren wir damit beschäftigt, uns gegenseitig gesundzupflegen.

Nach einer Woche Bemuttern und Bevatern konnte sie von mir, meiner Fürsorge und meinem Geld nicht genug bekommen. Sie wollte nun alles, ganz und für immer. Ich fühlte mich jedoch als Freier völlig ungeeignet und schwor mir, daß das nie wieder vorkommen sollte.

Auf dem Rückflug nach Manila brannten mir Ophelias Blicke im Nacken, als ich versuchte, Josephine klarzumachen, daß sich unsere Wegen nun trennen würden.

Gerd mußte seinen Urlaub vorzeitig abbrechen, weil ihn die Firma zurückrief. Armer Junge, er tat mir richtig leid.

Auch wenn die Umstände meiner kurzen Liaison mit der Mama-san so oder so nicht berauschend gewesen waren, hatten sie mir doch gezeigt, daß sich das Leben leichter ertragen ließ, wenn man es mit einem Menschen teilte – und nicht mit dem Fernsehapparat, wie ich es in den letzten zwei Jahren getan hatte. Schließlich konnten meine Freunde nicht jeden Tag zur Stelle sein, um mich mit einem Tritt in den Hintern aus meiner Lethargie zu reißen.

Vielleicht hatte Ophelia intuitiv mein Problem erkannt, vielleicht wollte sie, daß ich noch einen anderen Eindruck von den philippinischen Frauen bekäme; jedenfalls hörte sie sich im Familien- und Bekanntenkreis um, ob eine einheimische Evastochter Interesse hatte, mich kennenzulernen.

Wieder einmal saßen wir im Seafood-Market. Diesmal war Toto dabei, ein wohlhabender Filipino. Ophelia kam etwas später und brachte Malu mit, eine schüchterne kleine Filipina mit schwarzgelocktem Haar und ausdrucksvollen Lippen.

Nach einem opulenten Mahl wollten wir in einer Discothek entspannen und verdauen. Am Eingang des Tanzpalastes wurden die Gäste auf Waffen durchsucht. Bei Toto jaulte der Detektor gleich zweimal: bei seiner 45er Automatik unterm Arm und bei der Damenpistole in seiner Socke.

Aber man kannte sich, grinste sich an, und Toto ging hinein. Nur Heiner bekam Probleme, denn er hatte Tennisschuhe an, und das war nun wirklich strengstens verboten. Der Kontrolleur wies auf ein Schild über der Tür: »No Rubbershoes!« Da halfen keine Bestechungsversuche, kein Betteln und kein Flehen, da mußten andere Schuhe her, und danach konnten wir die für betuchte Filipinos gedachte Discothek betreten. Der Eintrittspreis entsprach dem Wochenlohn eines Arbeiters.

Ich stand an der Tanzfläche vor den kleiderschrankgroßen Lautsprecherboxen, beobachtete die Gäste, während meine Hosen zum Rhythmus der Musik im vibrierenden Luftstrom der Lautsprecher flatterten und meine Eingeweide im Takt der Bässe schwangen. Schnell verkrümelten wir uns in die entfernteste Ecke des Lokals, wo die Gläser nicht von allein über den Tisch hüpften. Malu nippte jetzt Champagner, verlor dabei langsam ihre Schüchternheit und schleifte mich ständig auf die Tanzfläche. Dabei hatte ich die Befürchtung, daß mir die dröhnende Musik den letzten Rest meines Gehirns wegfetzen könnte.

Nach durchtanzter Nacht begleitete ich Malu zum Taxistand. »Na«, fragte ich sie, »bist du betrunken? Soll ich dich tragen?« Empört und schnippisch reckte sie ihr kleines flaches Näschen in den nächtlichen Himmel. »Trag dich doch selber!« Sprach's und lief, einem taumelnden Nachtfalter gleich, zum wartenden Taxi. Ist sie nicht süß? dachte ich bei mir, als ich sie ins Taxi plumpsen sah.

Seit diesem Abend trafen wir uns täglich, und so kam der Tag der Abreise überraschend und viel zu schnell. Auf meine spontane Einladung, mit nach Deutschland zu kommen, reagierte Malu zunächst unentschlossen, doch Ophelia konnte ihre Bedenken nach intensiven Gesprächen zerstreuen. Am liebsten hätte ich sie sofort mitgenommen, aber sie mußte noch warten, bis ein Platz im Jumbo für sie frei war.

Wieder daheim in meinen eigenen vier Wänden, war mir das Alleinsein gar nicht so unangenehm, und ich fragte mich, ob das mit der Einladung richtig gewesen war.

Als Malu dann drei Wochen später bei mir in der Wohnung stand, hatte sie wohl den gleichen Gedanken. Ich wußte zwar nicht, wie philippinische Junggesellenbuden aussahen, aber sie hatte meine sofort als solche erkannt. Ich versprach ihr, alles schnellstmöglich zu renovieren und neu einzurichten.

Trotz der vielen Eindrücke, die sie verarbeiten mußte, lebte sie sich schnell ein. Sie wunderte sich über die Menschen, die hier mit verkniffenen Gesichtern durch die Straßen und Geschäfte hetzten, als wären sie auf der Flucht. Das Leben auf den Philippinen ist keinesfalls problemlos. Die überwiegende Mehrheit der Menschen dort kann sich nicht den Luxus leisten, der für uns selbstverständlich ist. Aber dafür ist es ein warmherziges Volk, das keiner Geselligkeit aus dem Weg geht. Und Zeit scheint auf dieser Inselwelt eine andere Dimension zu haben.

Zum ersten Mal hielt Malu Schnee in ihren Händen. Ein Schrei des Entsetzens kam über ihre Lippen: »Der ist ja naß und soo kalt!« Bisher hatte sie die weiße Pracht nur im Kino in ausländischen Filmen bewundern können, und sie glaubte, Schnee fühle sich an wie Watte. Das Wort Kälte bekam für sie eine neue Bedeutung, wenn man bedenkt, daß auf ihrer Heimatinsel die Temperaturen schon mal auf satte 18 Grad plus fallen können. Dann saß so mancher Filipino schlotternd vor seiner Hütte.

Die Monate vergingen, und immer öfter quälten mich die Gedanken an unsere Zukunft. Ich versuchte auch, ihr meine Ängste bezüglich meiner Gesundheit zu erklären. Auf meine Frage, ob es nicht doch besser wäre, wenn sie wieder in ihre Heimat zurückfliegen würde, kullerten ihr die Tränen über die Wangen. Damit erwischte sie mich an meiner verwundbarsten Stelle. Denn den Anblick von Tränen konnte ich noch weniger ertragen als den von Blut.

Von Ophelia bekam sie noch ein paar wertvolle Tips, wie man Männer um den Finger wickelt, und in den folgenden Wochen war sie ausgesprochen lieb zu mir. Sie brachte mir das Frühstück ans Bett, und wenn sie mich abends gelegentlich massierte, versuchte sie wohl, jeden Gedanken an Trennung in mir wegzukneten. Und am Ende des Jahres war sie nach allen Regeln der Kunst schwanger.

Auf einer Silvesterparty 89/90 beichtete ich dann meinem Freund Lothar das freudige Ereignis. Er konnte sich vor Lachen kaum auf den Beinen halten, hatten wir uns doch vor Jahren geschworen, keine kleinen Quälgeister großzuziehen. Aber nun stießen wir auf den künftigen Erdenbürger an. Lothar ahnte noch nicht, daß ihn zwei Jahre später ein ähnliches Schicksal ereilen würde.

Malu und ich planten unsere Hochzeit. Aufgrund fehlerhafter Papiere beschlossen wir, in ihrer Heimat zu heiraten. Ich hoffte, die Vermählung in zwei oder drei Wochen über die Bühne zu bringen, aber es dauerte dann doch fast sechs Wochen. Wie schon erwähnt, laufen dort die Uhren etwas anders. Die Bürokratie nahm uns in den Schwitzkasten: Ehefähigkeitszeugnis, Scheidungsurteil, Geburtsurkunde und beglaubigte Übersetzungen ins Englische. Auf den Philippinen setzte sich der Papierkrieg fort mit der Heiratserlaubnis der deutschen Botschaft. Dann kamen noch Beglaubigungen von Genehmigungen und eidesstattliche Erklärungen .... Immer wenn wir glaubten, alle Papiere beisammen zu haben, wurde uns mit freundlichem Lächeln mitgeteilt, was noch an Unterlagen zu besorgen wäre. Malu bewahrte mich davor, Amok zu laufen. Aber irgendwann hatte auch ich den Umgang mit philippinischen Ämtern gelernt, und von da an lief alles wie »geschmiert«. Nachdem wir die meisten Formalitäten erledigt hatten, erholten wir uns erst einmal für eine Woche auf Malus Heimatinsel Cebu. Ich wurde von der Familie herzlich aufgenommen, aber die erste Nacht im Elternhaus meiner Braut war etwas anstrengend für mich. Nachdem ich mich abends ins Bett gelegt hatte, fiel es mir schwer, auch nur eine Auge für längere Zeit zu schließen. Von überall her hörte ich fröhliches Geplapper. Da wegen des Klimas die Fenster immer offen und die Wände dünn waren, hörte man nicht nur die Gespräche im Haus, sondern auch gleich die der Nachbarschaft. Ein Schatten huschte über meinen Kopf hinweg. Auf meine Frage, was das sei, antwortete man lachend, daß manchmal Fledermäuse bei ihren nächtlichen Streifzügen durchs Fenster geflogen kämen. Sozusagen als biologische Insektenbekämpfung.

Es war wohl zwei Stunden nach Mitternacht, als endlich Ruhe einkehrte und ich langsam einschlief. Doch nun begannen die Hähne der ganzen Nachbarschaft Krach zu machen, als wären sie eine Horde betrunkener Zecher. Liebend gern hätte ich jedem einzelnen Hahn den Hals umgedreht. Heiner hatte einmal in der gleichen Situation jeden Tag ein Brathähnchen bestellt, bis Ruhe im Dorf war.

Untermalt von dem vielen Hahnengeschrei graute dann irgendwann der Morgen. Nun wurde ich, im Bett liegend, langsam geräuchert, denn auf verschiedenen offenen Feuerstellen wurde jetzt das Frühstück zubereitet.

Früher hätte ich solche ungewohnten Lebensweisen klaglos hingenommen, im Gegenteil, als neue Erfahrung sogar genossen. Aber aufgrund meines Gesundheitszustandes war ich auf Schlaf angewiesen, um halbwegs gut über den Tag zu kommen. So machte ich Malu klar, daß es für mich besser wäre, im Hotel zu schlafen.

Trotz alledem war es eine schöne Woche auf Cebu. Zusammen mit einem Teil der Familie fuhren wir mit dem Schiff zurück nach Manila, wo wir endlich den Bund fürs Leben schließen wollten. Die Zeit drängte, denn ich mußte zurück nach Deutschland. So ergab es sich, daß die Hochzeit unter Mithilfe von Toto ziemlich schnell und ohne viel Aufhebens vonstatten ging. Wir mußten den Friedensrichter, der gerade Siesta hielt, aus seiner Hängematte scheuchen. Schlaftrunken wankte er zu seinem Schreibtisch, und ehe wir's uns versahen, waren wir getraut. Er hatte diesmal sein Geld fast im Schlaf verdient, und mit den Pesos in der Tasche hatte er anschließend bestimmt noch angenehmere Träume. Üblicherweise wäre nach der Trauung eine ausgiebige Völlerei angesagt gewesen mit vielen Gästen und einem Schwein am Spieß als Mittelpunkt eines Barbecues. Aber weil schon soviel Zeit und Geld verflossen waren, mußten wir haushalten, und die Feier fiel im engsten Familienkreis etwas bescheidener aus.

Für mich wurde es nun Zeit, nach Berlin zu fliegen. Meine Frau mußte ich aber mit ihrem immer dicker werdenden Bauch in Manila zurücklassen, da sie noch auf ihre Aufenthaltserlaubnis wartete. Es dauerte noch weitere sechs Wochen und kostete noch einige Nerven und viele Telefoneinheiten, bis ich sie in Berlin wieder in meine Arme schließen konnte.

Es war für mich faszinierend und aufregend zugleich, die körperlichen Veränderungen an meiner Frau zu beobachten. Nach neun Monaten Schwangerschaft glich ihr Körper eher einem Arrangement aus Kürbis und Wassermelonen. Alles an ihr war so prall und kugelig, daß ich schon die Befürchtung hegte, sie könnte mir zerplatzen.

27.8.1990. Am frühen Nachmittag wurden die Wehen immer heftiger. Eilig fuhr ich mit ihr ins Krankenhaus. Nur unser Baby hielt nichts von nervöser Hektik und ließ sich Zeit, das Licht der Welt zu erblicken. So verbrachten wir die Nacht in einem Flur neben dem Kreißsaal. Bei gedämpftem Licht kämpfte ich gegen die Müdigkeit, während Malu, von Wehen gepeinigt, den Flur langsam auf und ab ging. Immer wieder wurden Frauen an uns vorüber in den Kreißsaal geschoben, den sie nach einiger Zeit mit dem neuen Erdenbürger und gefolgt von unseren neidvollen Blicken wieder verließen. Nur unser Nachwuchs weigerte sich beharrlich, seine Eltern kennenzulernen.

Am nächsten Morgen kamen die Ärzte zu der Überzeugung, daß bei Malu nachgeholfen werden müßte. Es begann eine hektische Betriebsamkeit im Geburtsraum. Zwei Helfer hatten ihr einen Gürtel umgeschnallt und zerrten wie wild an den Enden. Eine Hebamme drückte auf den Bauch. Die Ärztin fingerte an der Scheide. Ich hielt Malus Kopf, sie hechelte und preßte, und ich litt mit. Gegen zehn Uhr war es endlich soweit. Die Ärztin wickelte unseren Sohn wie eine Kabeltrommel ab, weil sich die Nabelschnur fünffach um seinen Hals gelegt hatte. Unser Kind wurde Malu auf den Bauch gelegt. Sie wirkte hilflos und verstört. Ihr Gesicht war von geplatzten Äderchen und von den Anstrengungen der Geburt gezeichnet. Ich konnte meine Tränen nicht mehr unterdrükken. Einerseits spürte ich Freude und Erleichterung, daß es keine größeren Komplikationen gegeben hatte, andererseits machte mir die Zukunft Angst. Ich sah meinen noch etwas zerknautschten Sohn an, und mir war, als würde ich mein ganzes Leben in diesem Moment wahrnehmen. Ich fragte mich, welche Zukunft ihm bevorstand und ob es eine gemeinsame Zukunft sein würde.

Der Mensch wird ins Leben gepreßt und ist schon belastet. Er wird geboren und ist schon schuldig, weil er womöglich die falsche Hautfarbe hat oder Geschlecht, Religion und soziale Herkunft nicht stimmen. Er kann nichts dafür, wird aber doch dafür verantwortlich gemacht. Er wird in die Welt gesetzt, und nichts liegt in seinem Ermessen. Er kann sich nichts von dem aussuchen, was einen Menschen ausmacht, weder Intelligenz noch Temperament, weder Talente noch Neigungen. Aber irgendwann kommen die Selbstgefälligen und behaupten: »Jeder ist seines Glückes Schmied« und »Wer es im Leben nicht schafft, ist selber schuld«.

Im Leben ist es wie beim Roulett: Jeder ist für seine Einsätze selbst verantwortlich – aber nur der Zufall entscheidet, wer gewinnt. Egal, ob wir dieses Spiel gut oder schlecht finden, wir können uns ihm nicht verweigern; es sei denn, wir knüpfen uns auf. Wenn wir nicht unseren Einsatz auf den Tisch legen, setzt für uns das Fatum, und das würde uns zu Fatalisten machen.

Mein Sohn könnte mich nun fragen, ob es denn sinnvoll ist, seine Zukunft zu planen, wenn der Zufall das Leben bestimmt. Ich würde ihm darauf antworten, daß wir uns des

Spaßes und der Spannung berauben würden, die auch der Spieler empfindet, wenn er auf eine Zahl setzt. Wenn wir nicht aktiv am Leben teilnähmen, würden wir nur dahindümpeln wie eine Flaschenpost im Meer. Ob wir unser Leben aktiv oder passiv gestalten, ist allerdings auch zum Teil wieder eine Frage des Temperaments, und das ist angeboren. Ich höre in Gedanken schon wieder die Selbstgerechten protestieren: »Wo bleiben 30 000 Jahre Zivilisationsgeschichte des Menschen, die Grundlage der Willensfreiheit.« Diese Leute haben nur Angst, daß ihnen ihre Felle davonschwimmen, auf die sie sonst ihre Schuldzuweisungen betten. Wer kennt nicht die Sprüche: »Der ist doch selber schuld, der wollte es nicht anders, der verdient nicht unser Mitgefühl, der hätte es ja nicht tun müssen« und so weiter.

Wer so redet, versucht sich meistens nur seiner Mitverantwortung zu entledigen. Für den Gewinner oder für den, der sich dafür hält, ist es einfach zu sagen: »Du mußt nur auf die richtige Zahl setzen.«

Nichts geschieht, ohne daß es dafür einen Anstoß gibt. Und niemand entscheidet sich freiwillig dafür, ein Dummkopf zu sein. Leider zeigt sich immer erst im nachhinein, was richtig und was falsch war. Es mag wohl sein, daß menschliches Verhalten vielfältig und oft undurchschaubar ist. Das heißt aber noch lange nicht, daß unser Handeln und Wollen frei ist. Wäre ein Roulettkessel statt mit 37 Zahlenfächern mit 1 000 bestückt, so hätte sich nur die Zahl der Möglichkeiten erhöht, nicht aber die Freiheit der Kugel. Und wie die Kugel beim Roulett, so müssen auch wir angestoßen werden. Es sind die Gefühle, die unsere Gedanken und somit unser Handeln initiieren. Ohne Gefühle wären wir nicht lebensfähig. Denn ohne Hunger, Durst und Schmerz, ohne

Freude, Liebe, Haß, Neid, Langeweile oder Angst gäbe es nicht den geringsten Grund, auch nur den kleinen Finger zu rühren. Wir haben nicht die Freiheit zu wählen, was uns emotional berührt und wie wir unsere Umwelt wahrnehmen. So sind auch unsere Moralvorstellungen in erster Linie von Gefühlen geprägt und weniger von rationaler Überlegung.

Wenn all unser Handeln den Umständen, Trieben und Gefühlen zuzuschreiben ist, liegt es natürlich nahe, damit auch ungesetzliches Tun zu entschuldigen oder zu erklären, um sich auf diese Weise der Verantwortung zu entziehen. Aber Verständis haben heißt ja nur, daß man die Zusammenhänge begreift, und nicht, daß man sie auch billigt. Und wenn man einmal etwas nicht versteht, heißt das nicht, daß es dafür keine Erklärung gibt. Wer sich nur von Haß- und Rachegefühlen leiten läßt, wird blind für Zusammenhänge und sperrt sich gegen Einsichten und die Möglichkeit, angemessen zu handeln. Das Leben ist nicht gerecht. Gerechtigkeit ist ein humanistischer Traum. Aber trotzdem muß man immer wieder dafür kämpfen, schon im eigenen Interesse.

Diese und ähnliche Gedanken gingen mir durch den Kopf, als ich meinen Sohn in diesem Leben begrüßte. Ich hatte Angst, daß ich ihm nicht die Hilfe und Förderung geben könnte, die er für sein Leben benötigen würde, die mir von meinem Vater versagt worden waren. Ich hatte den Willen, diesen Kreislauf zu durchbrechen, aber ich wußte nicht, ob es mir möglich sein würde.

Ich verabschiedete mich von meiner Frau und fuhr nach Hause, um mich endlich schlafen zu legen. Die Geburt hatte auch mich so mitgenommen, daß ich fast wie im Koma 18 Stunden durchschlief.

So hilfreich es für Funke am Anfang seiner Inhaftierung war, einen Zellengenossen wie Peter zu haben, der ihm über die erste, für jeden Häftling schwere Zeit hinweghalf, so froh war er jetzt über seine Einzelzelle. Denn das Zusammenleben auf engstem Raum von zwei sich fremden Menschen konnte auch schnell zu einem Problem werden.

In den letzten drei Monaten hatte er sich die Zeit mit Lesen und Schreiben vertrieben, auch wenn es ihm oft sehr schwer fiel, denn seine mangelnde Konzentrationsfähigkeit machte ihm zu schaffen. Sie kostete Kraft und Zeit. Verbissen las er oft einen Satz oder einen Abschnitt mehrmals, bis der Sinn endlich in seinem Kopf angekommen war. Es war wohl gerade die Fähigkeit, sich festbeißen zu können, die ihn dazu befähigt hatte, die letzten zwei Jahre durchzustehen. Seine Depressionen wurden seit seinem Einzug ins Gefängnis mit Medikamenten behandelt.

Der Gefängnisalltag war inzwischen für ihn zur Routine geworden. Die Zeit der Freistunde wechselte im wöchentlichen Rhythmus. Diesmal war es der späte Vormittag, als er zusammen mit einem wohlbeleibten Mithäftling auf dem Hof I der JVA seine Runden drehte. Die Sonne brannte auf die Gefangenen, und einige suchten Schutz im Schatten einer alten Kastanie. Manche spielten Karten, andere erzählten von ihren Prozessen. Ein großgewachsener Ägypter, ein richtiger Sonnyboy, machte Kraftübungen. Er war früher Bodybilder gewesen, seine mächtigen Muskeln quollen und zitterten bei seinen Übungen, und der Schweiß lief in kleinen Bächen an seinem Körper herunter. Ein älterer Häftling mit lichtem Haar und Goldrandbrille ging langsam mit gesenktem Kopf zwischen den anderen. Er schaute niemanden an, redete mit niemandem. Plötzlich schlug ihm einer der Gefangenen ins Gesicht, und er stürzte hin. Ein dünnes Rinnsal Blut floß aus seiner Nase. Die meisten der anderen Gefangenen riskierten im Vorbeigehen nur einen Blick. Zwei halfen dem Geschlagenen wieder auf die Beine. Ohne Emotionen zu zeigen, hob er seine Brille auf, setzte sich ruhig unter die Kastanie und wischte sich das Blut aus dem Gesicht.

»Wieso hat man ihn geschlagen?« fragte Funke seinen dicken Begleiter, der etwa 50 Jahre alt war und weiße Haare hatte.

»Kinderficker!« sagte der nur kurz und fügte hinzu: »Die haben's schwer hier.«

»Warum bist du hier?« frage Funke vorsichtig und musterte ihn von der Seite.

»Haschisch. Man hat mich mit Haschisch erwischt. Ich war in einem Wohnmobil mit Bekannten unterwegs, und darin war das Zeug versteckt gewesen. Nur, ich habe nichts davon gewußt. Ich bin unschuldig.« Er fuhr sich mit den Fingern durch seine weißen Haare, schaute Funke niedergeschlagen an und erzählte weiter: »Ich hatte sogar Zeugen, die meine Aussagen bestätigen konnten, aber der Richter wollte ihnen nicht glauben. Selbst die Polizei hatte Hinweise darauf, daß ich ahnungslos da hineingeschlittert war, aber der Richter hat mich trotzdem verurteilt. Er war der Meinung, daß ich etwas gewußt haben mußte, weil ich den Wagen gefahren habe. Freie Beweisführung nennt man so was. Fünf Jahre hat er mir aufgebrummt.«

»Wo kommst du eigentlich her?« erkundigte sich Funke, der bei ihm einen schwachen Dialekt bemerkte.

»Mainz, ich bin ein echter Menzer!«

»Weißt du, was es heute zu essen gibt?« Funke stubste mit seinem Zeigefinger in den dicken Bauch des Mainzers.

»Ich glaube, Gemüseeintopf. Wahrscheinlich ist er wieder zu Brei zerkocht ... Das Essen ist wirklich strafverschärfend, besonders für mich, weil ich draußen viel gekocht habe.«

Der Ägypter kühlte sich nach seinen Übungen mit Wasser ab und veranstaltete mit anderen eine Wasserschlacht. Er juchzte und lachte vor Vergnügen.

»Einrücken!« hallte es über den Hof. Die Beamtin unterstrich ihre Aufforderung mit einer energischen Handbewegung.

»Die sollte mal lieber Ausrücken rufen und die Tore aufmachen«, lachte der Mainzer und stieß dann Funke an. »Hosche ma, Arno. Du kannst zum Umschluß nachher zu mir in die Zelle kommen, zu 'ner schönen Tasse Kaffee.«

Die Gefangenen stapften eilig die Treppen hoch. Die Beamtin, sie war von großer und kräftiger Statur, beobachtete die Männer aufmerksam. Funke huschte vorbei, und sie rief ihm gleich hinterher: »Dagobert! Wir sind hier nicht auf der Flucht. Ich muß Ihnen sonst die Flügel stutzen.« Sie lachte, daß ihr fülliger Busen bebte.

Eine Stunde später gab es Mittagessen und anschließend Umschluß. Für eine Stunde können sich dann die Gefangenen in eine andere Zelle schließen lassen.

Die Beamtin brachte Funke zu dem Mainzer.

»Hast du an die Tasse gedacht?« fragte der.

»Ja, ja, ich hab' alles dabei.«

Der Mainzer erzählte, daß er mal ein kleines Restaurant gehabt hatte. Und so redeten sie übers Kochen, über Weine und darüber, was man alles essen würde, wenn man nur endlich wieder draußen wäre. Auch die alltäglichen Schwierigkeiten im Knast kamen zur Sprache.

Funke war unruhig und wirkte niedergeschlagen. Von dem

Mainzer nach dem Grund befragt, erzählte er: »Vor drei Tagen hätte ich meine Antidepressiva bekommen müssen, aber nichts ist passiert. Man hat mich wohl vergessen. Zuerst hatte ich noch gehofft, daß mir die Pillen am nächsten Tag gebracht werden, sie sind schon manchmal verspätet gekommen, aber nichts. Nun war gestern Sonntag, also nur eine Notbesetzung in der Arztgeschäftsstelle, und die wußte von nichts. Heute früh habe ich versucht, dem Wachtmeister klarzumachen, daß ich das Medikament dringend brauche. Er hat versprochen, sich darum zu kümmern, aber bisher ist nichts geschehen. Dann habe ich auch noch einen Vormelder an den Sozialarbeiter geschrieben, damit der etwas unternimmt. Nun kann ich nur noch warten.«

»Mußt du die Tabletten wirklich nehmen?« fragte der Mainzer und bot Funke noch einen Keks an.

»Ja, leider. Ich würde gern darauf verzichten, aber meine Depressionen sind organisch bedingt, da helfen keine guten Worte. Und hier im Knast bin ich diesem Gefühl hilflos ausgeliefert. Draußen hatte ich natürlich mehr Möglichkeiten, mich abzulenken.«

Die Zelle wurde geöffnet, die Beamtin beendete den Umschluß und führte Funke zu seiner Zelle zurück.

Der Entzug der Antidepressiva machte sich immer stärker bemerkbar. Ein Heer von Ameisen schien durch seine Adern zu rasen, die Gedärme drohten zu zerreißen. Das Ohnmachtsgefühl, die Hilflosigkeit, mit der er der Depression in der engen Zelle ausgeliefert war, verstärkte noch den seelisch-körperlichen Schmerz. »Ich kann nicht mehr. Ich halte das nicht mehr aus«, pochte es ununterbrochen in seinem Kopf, während er in der Zelle auf und ab ging. Auf und ab, auf und ab. Immer wieder, wie ein neurotischer Tiger in einem viel zu engen Käfig. Eine Stunde lang, bis das Abendbrot gereicht wurde. Sofort sprach er den Wachtmeister an, was mit seinen Tabletten sei. Der zuckte nur mit den Schultern, er wisse von nichts. Er riet Funke, noch einen Vormelder zu schreiben, und dann schloß er die Tür.

Funke saß mit dem Rücken zur Wand im Bett, der Fernseher lief, aber er schaute nicht hin. Immer wieder schlug er seinen Hinterkopf gegen die Wand, so wie mancher auf ein defektes Gerät schlägt in der Hoffnung, so einen Wackelkontakt zu beheben. Plötzlich sprang er auf. Jetzt muß endlich Schluß sein, dachte er und polkte aus dem Einwegrasierer die kleine dünne Klinge heraus. Der Gedanke, endlich seinem Leben ein Ende zu bereiten, war übermächtig geworden. Er ergab sich diesem Gefühl, kniete über dem Toilettenbecken, und mit einem beherzten Schnitt versuchte er, sich die Pulsadern aufzuschneiden. Aber nur ein dünner Kratzer war auf seinem Handgelenk zu sehen. Er versuchte es noch mal, hektisch, fast unkontrolliert in seinen Bewegungen, aber die feine Klinge verbog sich immer wieder beim Schneiden. Nur etwas Blut tropfte in das Becken. Wütend schmiß er die Klinge weg, kramte eine große Plastiktüte aus seinem Schrank und stülpte sie sich über den Kopf. Er setzte sich auf das Bett und atmete tief und ruhig. Die Minuten vergingen, und der Sauerstoff in der Tüte wurde knapp. Der Körper fing an, auf den Mangel zu reagieren. Die Atmung wurde beschleunigt und immer heftiger, bis sie zum Schluß krampfartig war. Funke keuchte unter seiner Tüte, in seinen Ohren war ein tosendes Brausen, und langsam wurde ihm schwarz vor Augen. Da klopfte es an der Zellentür. Hastig riß er die Tüte vom Kopf und versteckte sein blutendes Handgelenk unter einem Handtuch. »Ja!« rief er und versuchte, seinen nach Luft japsenden Körper zu beherrschen. Das Schloß krachte, und der Sozialarbeiter kam herein. Es war einer von der gemütlichen Sorte, einer, zu dem man schnell Vertrauen fassen konnte. Funke erzählte ihm die Probleme mit den Tabletten, und der Sozialarbeiter versprach, sofort für Abhilfe zu sorgen.

Eine quälende Stunde später kam der Sanitäter und überreichte ihm sein Medikament. »Entenfutter für Dagobert«, sagte er fröhlich und verschwand wieder. Eilig nahm Funke die Tabletten und wartete ungeduldig auf die Wirkung.

Am nächsten Tag war die Krise überstanden. Er überdachte noch mal seine Reaktion am Vortag und stellte fest, daß sich seine Aggression wieder einmal gegen ihn selbst gerichtet hatte. Andere hätten in der gleichen Situation womöglich die Einrichtung zerschlagen.

Kurz nach dem Frühstück kam der Wachtmeister. »Ihr Gutachter, Herr Funke. Gehen Sie zur A2, Sie wissen ja, wo das ist.«

Funke warf noch einen kurzen Blick in den Spiegel und machte sich auf den Weg. Im Sprechzimmer, das kaum größer als eine Besenkammer war, begrüßte ihn ein Mann von großer, stämmiger Statur. In seiner Begleitung war eine Psychologin, die sich in die Ecke des Raumes gesetzt hatte, um von dort unauffällig das Gespräch zu verfolgen und Notizen zu machen.

»Setzen sie sich, Herr Funke.« Der Gutachter lächelte und holte ein Päckchen Zigaretten aus seiner Jackentasche. Er bot eine der filterlosen französischen Glimmstengel an. Funke ließ sich nicht lange bitten.

»Also, Herr Funke, ich bin Psychiater und werde das Gutachten über Sie erstellen. In den nächsten Wochen werde ich

Sie hier öfter besuchen, und wir werden dann über alles sprechen ... Wie fühlen Sie sich?«

»Es geht so, ich bin vielleicht etwas aufgeregt«, antwortete Funke, und an seinem Hals sah man schon die ersten roten Flecken.

»Nun gut, Sie brauchen sich nicht aufzuregen. Das ist alles halb so schlimm ... Am besten fangen wir heute mit Ihrer Kindheit an.«

»Wie weit soll ich denn zurückgehen?«

»Bis ganz an den Anfang.«

»Am Anfang schuf Gott Himmel und Erde ...«

»Ha, ha, so weit brauchen Sie nicht zurückzugehen. Erzählen Sie, woran Sie sich erinnern können.«

Ich bin in Rudow, einem südlichen Außenbezirk von Berlin, aufgewachsen. Als ich 1950 geboren wurde, hatte Rudow einen zum Teil ländlichen Charakter. Da, wo heute die Wohnsilos der Gropiusstadt in den Himmel ragen, waren in meiner Kindheit noch weite Felder. Damals wie heute war Rudow ein Bezirk, in dem es überwiegend Gärten mit kleinen Einfamilienhäusern gab. Ich bin ziemlich dicht an der Grenze zur damaligen Ostzone aufgewachsen. Die Kanalisation war noch nicht bis zu uns vorgedrungen. So hatten alle Gärten Sickergruben. Die Seitenstraßen waren unbefestigt und verwandelten sich regelmäßig nach kräftigen Regenschauern in sibirischen Morast. Und das Trinkwasser wurde in den ersten Jahren meiner Kindheit noch mit einer Elektropumpe aus der Tiefe des Bodens gefördert. Ich war ein Nachkömmling und mit Sicherheit nicht geplant. Ich glaube, meine Mutter war bei meiner Geburt 42 Jahre alt, und mein

Vater knapp über 50. Meine fünf Geschwister waren alle wesentlich älter und bereits aus dem Haus, als ich eingeschult wurde.

Die endlos langen Sommer sind mir am stärksten in Erinnerung geblieben. Ich war schon immer ein Träumer. Da es in unserer Nachbarschaft kaum gleichaltrige Kinder gab, war ich beim Spielen auf meine eigene Phantasie angewiesen. Unser Garten war groß und leicht verwildert, also beste Voraussetzungen, jeden Tag neue Abenteuer zu erfinden und in die Tat umzusetzen.

Ein Sommermorgen 1958. Es waren große Ferien, und die Schule, mein größter Alptraum, war für mich weit weg. Noch bevor die Sonne ihre wärmenden Strahlen auf die verträumten Gärten scheinen ließ, nahm ich mir einen kleinen Schemel, setzte mich vor die Eingangstür unseres rotbraunen Holzhauses und wartete auf ihr Erscheinen.

Langsam stieg sie zwischen den Obstbäumen hoch. Unsere Hühner liefen frei im Garten herum, scharrten und pickten, und unsere Katze kehrte von einem Ausflug zurück. Sie strich mir zur Begrüßung um meine Beine, ließ sich von mir kraulen und lief ins Haus. Die Ruhe, der frische Duft des Gartens und die mittlerweile schon wärmende Sonne weckten meinen Tatendrang. Ich beobachtete die Hühner und überlegte mir, ob ich zum Beginn des Tages erst einmal den Hahn ärgern sollte. Ich saß auf meinem Schemel und fing leise an zu gackern. Der Hahn, ein Blausperber, reagierte sofort. Ihm schwoll der Kamm, und er rannte auf mich zu. Damit war die Jagd eröffnet, ich sprang auf und stürmte laut gackernd davon. Der Hahn glaubte, ich hätte eine von seinen Hennen im Arm, und fegte hinterher. Die Verfolgungsjagd ging rund ums Haus, bis er keuchend und hechelnd mit hängenden Flügeln um die Ecke getorkelt kam. Das war das Zeichen für eine kurze Verschnaufspause. Nach ein paar Minuten ging es weiter. »Goook gock gock«, gackerte ich, und die Jagd begann von neuem.

»Arno! Laß das, hörst du endlich auf!« schimpfte meine Mutter, die gerade Wäsche zum Trocknen aufhängte. »Der Hahn sieht schon ganz mager aus.«

Die Erwachsenen haben immer was zu meckern, dachte ich und kletterte auf den Dachboden, um nach unserer Katze zu sehen, die vor zwei Wochen Junge bekommen hatte. Sie lag zwischen alten Zeitungen, blinzelte mich an und schnurrte. An ihren kleinen Zitzen hingen die Kätzchen und traten beim Saugen mit ihren kleinen Pfoten die Milchdrüsen. Ich beobachtete die Idylle eine Weile. Dann überlegte ich, wie wohl Katzenmilch schmeckte. So legte ich mich dazu, verschaffte mir etwas Platz und saugte an der Katze. Ich gab mir alle Mühe, saugte, was das Zeug hielt, aber aus so einer kleinen Katze war einfach nicht viel herauszuholen. Also ließ ich wieder von ihr ab und verabschiedete mich mit einem »Miau!«

Zwischen dem vielen Krimskrams auf dem Dachboden fand ich mein selbstgebautes Fernrohr aus Brillenglas und Lupe. So beschloß ich, auf meinen Ausguck zu steigen. Ich kroch durch ein kleines Fenster, hangelte auf einem Mauersims rüber zum Schuppendach, um von dort auf das Hausdach zu steigen, wo ich mich auf den Schornstein setzte. Das war einer meiner Lieblingsplätze. Ich konnte weit über die anderen Gärten sehen, und über mir war nur der Himmel.

»Verdammter Bengel! Komm sofort runter«, schrie mein Vater und ballte die Faust. Heute schien ich mal wieder überall anzuecken. Aber ich hatte ja noch viele Möglichkeiten, mir die Zeit zu vertreiben. Langeweile war ein Fremdwort für mich.

Einen Sonntag später. Meine Mutter hatte Staub gewischt, und die Sonne schickte ihre Strahlen quer durch die Stube. Aus dem Radio klang die Musik der 50er Jahre, mit viel Schmalz und Geigen. Der Duft des Sonntagsbratens zog durch das Haus. Ich saß am Tisch und ließ mir das Essen auf den Teller legen. Aber beim Anblick einer Hühnerkeule wurde ich mißtrauisch. Kurzerhand sprang ich auf und rannte in den Garten, um die Hühner zu zählen. Hatte ich es doch geahnt: der Hahn fehlte. Ich ging wieder zurück, setzte mich an den Tisch, verschränkte meine Arme und weigerte mich standhaft, meinen Spielkameraden aufzuessen.

Mein Vater kümmerte sich eigentlich wenig um meine Erziehung. In meiner Erinnerung sehe ich ihn nur in der Mitte des Wohnzimmers mit einem Glas Bier am Tisch sitzen, Lottoscheine ausfüllen, Zeitung lesen oder fernsehen.

Intensiveren Kontakt hatte ich zu ihm, wenn er mich gelegentlich übers Knie legte. Aber mehr als mein rotglühender Hintern schmerzten seine Worte und sein Desinteresse. Gleichwohl war die Welt für mich in Ordnung, jedenfalls bis zu meinem zehnten Lebensjahr. Dann gerieten meine Eltern immer heftiger aneinander. Die Streitereien und vor allem die immer härter werdenden »Argumente« hinterließen immer öfter Dellen an der Wand.

Meine Eltern trennten sich, und ich zog mit meiner Mutter nach Neukölln, dritter Hinterhof, vier Treppen, Außentoilette für vier Mietparteien. Krasser konnte der Gegensatz zu Rudow nicht sein. Nun lernte ich den Geruch von Verfall und Armut kennen und machte Bekanntschaft mit ganz neuen Gefühlen: Tristesse und Langeweile. Die Menschen waren so anders, die Kinder waren ruppiger, es gab soziale Spannungen und Trunksucht. Ich lebte nun im Arbeitermilieu. Manchmal versuchte meine Mutter, mich davon fernzuhalten, indem sie mich in unserer Einzimmerwohnung einsperrte. Es war, als müßte man unschuldig im Gefängnis sitzen. Und noch heute beherrscht diese dunkle, marode, schmutziggraue und trostlose Stimmung oft meine Träume. In einem dieser Träume habe ich zum Beispiel immer wieder das Gefühl, verfolgt zu werden. Ich flüchte dann durch verfallene Treppenhäuser, springe über Mauern, renne über enge Hinterhöfe und durch dunkle Toreinfahrten, öffne Türen und laufe mit ängstlichen Blicken, nach allen Seiten sichernd, über Straßen, um dann wieder im nächsten Haus zu verschwinden; und alles beginnt von vorn.

Die neue Lebenssituation hatte auch ihre positiven Seiten. So führte mein Schulweg an einer Bibliothek vorbei, in der ich meinen Wissensdurst stillen konnte. Oft konnte man mich mit einem Stapel Bücher unter dem Arm aus der Bücherei flitzen sehen. Chemie, Physik, Astronomie oder Technik waren Themen, die mich brennend interessierten. Zu erfahren, daß die Welt aus Atomen bestand, war spannender als jeder Krimi, aber das wurde in meiner Schule nicht gelehrt. Dort ahnte man auch nichts von meiner wissenschaftlichen Neugier, dort war ich eine absolute Niete. Der Unterricht war eine große Quälerei für mich, und das wirkte sich anscheinend auf mein Verhalten aus. Längere Zeit mußte ich am Tisch der Lehrerin sitzen, damit sie mich besser unter Kontrolle halten konnte. Zweimal blieb ich sitzen. Als ich nach der siebenten Klasse ins Leben entlassen werden sollte, nahm mich mein Klassenlehrer während der Abschlußfeier zur Seite und versuchte mich zu überreden, weiter zur Schule zu gehen. Für mich was er der erste, der erkannt hatte, daß ich doch nicht so blöd war, wie viele es mir weismachen wollten. Aber ich hatte keine Lust mehr, und schließlich lockte das richtige Leben.

Der kleine Raum hatte sich durch den Zigarettenqualm in eine Räucherkammer verwandelt. Der Gutachter und die Psychologin hatten sich emsig ihre Notizen gemacht.

»Ab meinem 14. Lebensjahr wohnte ich übrigens wieder bei meinem Vater«, ergänzte Funke.

»Zusammen mit Ihrer Mutter?«

»Ja, aber die Wohnung in der Stadt behielten wir.«

»Also gut, machen wir für heute Schluß. Ich werde Sie übermorgen aufsuchen, und dann erzählen Sie mir, wie es weiterging«, sagte der Gutachter, lächelte milde und schob seine Notizen in eine Aktentasche. Funke drückte seine letzte Zigarette aus, verabschiedete sich und verließ den Raum. Er wollte sich schon auf den Weg zu seiner Zelle machen, da kam ihm sein Anwalt entgegen.

»Guten Tag, Herr Funke«, sagte er und reichte ihm die Hand. »Wir sollten uns langsam auf den Prozeß vorbereiten. Können Sie noch reden, oder haben Sie sich bei Ihrem Gutachter ganz verausgabt?«

»Nein, kein Problem, das geht schon«, antwortete Funke.

»Na, dann fangen wir gleich an. Erzählen Sie mir am besten, wie es mit der Karstadt-Erpressung angefangen hat.«

Funke versuchte, auf seinem Stuhl eine bequeme Haltung zu finden, schlug die Beine übereinander und erzählte.

Nach der Geburt meines Sohnes versuchte ich, mich in meiner neuen Lebenssituation zurechtzufinden. Ich kann sagen, daß ich für meine Verhältnisse glücklich war. Leider hatte ich weiterhin Probleme mit meiner Gesundheit, auch wenn sich schon geringfügige Verbesserungen bemerkbar machten. Als ich mich zum Beispiel eines Tages daran erinnern konnte, wo ich eine Stunde zuvor mein Auto abgestellt hatte und welchen Weg ich anschließend gegangen war, keimte Hoffnung in mir auf, daß irgendwann doch noch alles gut werden könnte.

Finanziell lebte ich weiter von der Substanz. Ich war absolut nicht in der Lage, arbeiten zu gehen.

Da ich mich von meinem dumpfen Gefühl nicht unterkriegen lassen wollte, fing ich an, mich mit Computern und Elektronik zu beschäftigen. Das war ein gutes Gehirntraining.

1991, mein Sohn war gerade ein Jahr alt geworden, beschloß ich, ihm mein Arbeitszimmer zu überlassen und für mich andere Arbeitsräume zu suchen. Nach der Wiedervereinigung war das Angebot an Gewerberäumen groß, doch hatte eine allgemeine Goldgräberstimmung die Mieten in die Höhe schnellen lassen. Bezahlbares war schwer zu bekommen. Und so kostete es Zeit und einiges an Briefpapier, bis ich in Bohnsdorf, am südlichen Rande Berlins und in der Einflugschneise des Flughafens Schönefeld gelegen, etwas Passendes für mich fand. Ich mochte Bohnsdorf, erinnerte es mich doch an das Rudow der 50er Jahre.

Die Zeit verging, und Anfang 1992 hatte ich die Zuversicht aufgegeben, daß mein Gesundheitszustand noch wesentliche Fortschritte machen würde.

Ich saß in meiner Werkstatt, im Kachelofen bullerten und

knisterten die brennenden Holzscheite, und durch die offene Ofentür fiel ein warmer, flackernder Schein in das Halbdunkel des Raumes. Den Kopf in meine Hände gestützt, beobachtete ich das Feuer und sinnierte über die Zukunft meiner Familie.

Seit vier Jahren lebte ich von den 500 000 Mark, die mir die erste Erpressung eingebracht hatte. Mit wachsender Besorgnis beobachtete ich, wie das Geld von rasch fortschreitender Schwindsucht betroffen war. Ich konnte mir ausrechnen, wann ich wieder vor dem Nichts stehen würde. Die Hoffnungen, die ich damals an das Geld geknüpft hatte, hatten sich nicht erfüllt. Es war mir nicht gelungen, mein Leben in eine neue Richtung zu lenken. Ich hatte einfach nur überlebt, das war alles. Dazu hatte mir das erpreßte Geld immerhin verholfen. Die Verwüstungen, die die Lösungsmittel in meinem Gehirn hinterlassen hatten, beeinträchtigten weiterhin mein Dasein.

Für jemanden, der sich noch nie in einer existentiellen Ausnahmesituation befunden hat, ist es schwer zu verstehen, warum jemand dann Dinge tut, die er sonst nie getan hätte. Mancher normale Familienvater wurde im Krieg zur Bestie, oder andere zivilisierte Bürger wurden vor Hunger zu Kannibalen. Wenn die äußeren Umstände, die zu einer Tat führen, sichtbar werden, kann man vielleicht auf Nachsicht hoffen, aber wenn der Notstand in der Person selbst begründet ist, läßt sich das nur schwer vermitteln. Daß man in einen Menschen nicht hineinschauen kann, ist eine Binsenweisheit. Wenn wir einem anderen zu beschreiben versuchen, wie es in uns aussieht, sind wir auf die Erfahrung, die Phantasie und das Einfühlungsvermögen desjenigen angewiesen, der uns zuhört. Oft werden dann Beispiele aus dem Alltag bemüht, um Assoziationen herzustellen, dem anderen durch einen Vergleich die Situation begreiflich zu machen. Um meine Befindlichkeit zu schildern, griff ich oft auf das Beispiel eines Alkoholkaters zurück. »Vielleicht ist es Ihnen ja auch schon passiert«, erklärte ich, »daß Sie auf einer Party etwas mehr getrunken haben, als Sie wollten. Und es fiel Ihnen schwer, sich aus einer geselligen Runde zu verabschieden. Nach wenigen Stunden Schlaf mahnte sie der unbarmherzig schrillende Wecker zur Arbeit. Gequält krochen Sie dann aus Ihrem Bett, verfluchten den Alkohol, die Tretmühle des Lebens und sich selbst, weil Sie wieder einmal alle guten Vorsätze über Bord geworfen hatten. Vielleicht haben Sie auch überlegt, in Ihrer Firma anzurufen und sich einen freien Tag zu nehmen. Aber das Pflichtbewußtsein hielt Sie davon ab. Später mußten Sie sich dann zu jedem Handgriff zwingen, und die Gedanken lagen wie Blei in den Hirnwindungen. Sie erledigten nur die Dinge, die absolut notwendig waren und nicht viel Überlegung brauchten. So kamen Sie mehr schlecht als recht über den Tag und waren froh, als dieser ein Ende hatte.«

Für mich war dieser Zustand des Verkatertseins Alltag, aber ohne vorher das Vergnügen einer feuchtfröhlichen Party gehabt zu haben. Was hätte ich nicht alles dafür gegeben, um einmal wieder einen klaren Kopf zu haben, einmal wieder Begeisterung zu spüren. In den letzten vier Jahren war ich nur damit beschäftigt gewesen, meine Depressionen in Schach zu halten. Mit Geld war das relativ einfach für mich. Mal eine kleine Reise. Irgendwelche Sachen kaufen, von denen ich glaubte, sie unbedingt haben zu müssen. Zwei-, dreimal in der Woche in die Sauna oder ins Restaurant gehen. Oder einfach nur vor dem Videorecorder sitzen, um mir einen Comedy-Film »reinzuziehen«. Auch das Familienleben lenkte mich von meinen trüben Gedanken ab. In der Küche zu stehen und leckeres Essen zu kochen wurde ein richtiges Antidepressivum für mich. An Wochenenden machten wir Fahrradtouren in die nähere Umgebung Berlins oder besuchten Ausstellungen. Das alles wäre ohne Geld nicht mehr möglich gewesen. Ich mußte an meinen Sohn denken; eine gute Schulausbildung kostete auch Geld. Ich hätte Wolfgang gern mehr Möglichkeiten eröffnet, als ich selbst gehabt habe. Die Depressionen, die unterschwellig immer gegenwärtig waren, beherrschten wieder mein Denken.

Fieep! Fieep! Das nervtötende Signal meines Weckers riß mich aus meinen trübsinnigen Gedanken. Ich hatte meiner Frau versprochen, mit ihr einkaufen zu fahren. Also griff ich meine Autoschlüssel, schloß die Ofentür und ging zu meinem elf Jahre alten 280 SE, den ich mir vor zwei Jahren gekauft hatte. Bequem zurückgelehnt, bei leiser Musik, grübelte ich auf der Fahrt zur Wohnung weiter.

Wenn ich versuchen würde, vielleicht zwei, drei Stunden am Tag zu arbeiten, und wenn auch meine Frau Arbeit finden würde, dann kämen wir knapp auf den Sozialhilfesatz. Zum Leben zu wenig und zum Sterben zuviel, das würde ich nicht durchhalten. Weil Malu nicht arbeitete, bekamen wir keinen Kindergartenplatz für Wolfgang. Aber bei dem Versuch, Arbeit zu bekommen, sagte man ihr, sie solle sich erst mal um einen Kindergartenplatz bemühen.

Der Gedanke, es wieder mit einer Erpressung zu versuchen, drängte sich immer stärker auf. Vor allen Dingen, weil es beim letzten Mal so leicht gegangen war. Und diesmal hatte ich Zeit und Geld, alles in Ruhe vorzubereiten ...

Ich wurde von Malu schon sehnsüchtig erwartet und überlegte mir, daß wohl auf der ganzen Welt die Frauen beim Einkaufen mit besonderem Eifer dabei sind.

Nachdem das Notwendigste für das Wochenende im Supermarkt erstanden war, machte ich Malu den Vorschlag, dem Flohmarkt einen Besuch abzustatten, ein Angebot, das meine Frau noch nie abgelehnt hatte. Die Aussicht auf einen erfolgreichen Beutezug ließ ihre Augen leuchten.

Nach der Wiedervereinigung hatte sich die Angebotspalette auf dem Flohmarkt erweitert. Viele Waren aus Osteuropa wurden nun feilgehalten. Wie immer schoben sich die Menschenmassen an den Ständen vorbei, und überall wurde gehandelt und gefeilscht. Die Imbißstände räucherten die Szenerie ein, und der Geruch des verbrannten Fetts ließ jedem Fastfood-Gourmet das Wasser im Mund zusammenlaufen. Vor zehn Jahren hatte ich hier selbst einen Stand gemietet und auf T-Shirts bunte Bilder in Airbrush-Technik gemalt.

Mein Blick fiel auf die Auslagen eines Militaria-Händlers. Ein russisches Nachtsichtgerät für Panzerfahrer erregte mein Interesse. Der Verkäufer pries mir die Vorzüge: »Echt super dat Ding! Is mit Restlichtverstärker, dit is wat Jutet. Sie brauchen nur 'n bißchen Mondlicht, und Sie haben det Jefühl, die Sonne scheint.«

In Gedanken sah ich mich schon mit Tarnanzug und diesem Gerät auf dem Kopf durch die nächtlichen Wälder Brandenburgs huschen. Der Gedanke hatte etwas Verlockendes für mich. Spieltrieb und ein klein wenig Abenteuerlust erwachten in mir, und ich beschloß, den Stand später noch mal allein aufzusuchen, um das gute Stück zu kaufen. Meiner Frau hätte ich kaum erklären können, wofür ich ein 1 000 Mark teures Nachtsichtgerät benötigte.

In den folgenden Wochen war ich mit den Planungen ausgelastet. Ich zermarterte mir den Rest meines Gehirns, wo und wie ich die Geldübergabe durchführen könnte.

Mein erster Gedanke war, daß die Überbringer das Geld wieder vom Zug abwerfen sollten. Aber um die Abwurfstelle genauer bestimmen zu können, begann ich mit der Konstruktion eines ca. 20 x 20 cm großen Kastens, vollgepackt mit Elektronik. Eine daran befestigte Tasche sollte auf mein Funksignal hin durch Federdruck abgesprengt werden. Und damit der Geldbote das Gerät nicht umständlich an der Waggonwand befestigen mußte, sollten starke Magnete für den Halt sorgen.

Meistens war ich vormittags drei Stunden in meiner Werkstatt, studierte Modellbau- und Elektronikkataloge und versuchte, mich davon inspirieren zu lassen. Anschließend fuhr ich in die nähere und weitere Umgebung Berlins, um Bahnstrecken und Fluchtmöglichkeiten zu erkunden.

Irgendwann im Mai entschied ich mich für eine Strecke durch die Mecklenburgische Seenplatte. Es hatten mich die weiten, verschwiegenen Wälder gelockt mit Bäumen, die wie Kathedralen in den Himmel ragten. Stille Seen gab's da, mit wogendem Schilf, viele Wildtiere und vor allen Dingen: nur wenige Menschen.

Das Planen und Vorbereiten war eigentlich wie ein Spiel, in dem ich meinen Drang zum Tüfteln ausleben konnte. Trotz meiner Krankheit war mir dieser Drang nicht abhanden gekommen. Für mich hätte es ewig so weitergehen können, wäre da nicht der Druck gewesen, die Planungen auch in die Tat umzusetzen. Der Tag nahte, und mir grauste davor. Um auf andere Gedanken zu kommen, rief ich Lothar an und verabredete mich mit ihm in der Sauna.

Als ich dort eintraf, war er schon da. Wir schafften es noch zum nächsten Aufguß.

Der Bademeister betrat, mit Kübel und Kelle bewaffnet, den Raum.

»Was gibt's denn heute Feines?« rief jemand neugierig.

»Gülle! Als kleine Aufmerksamkeit für unsere Bauern aus Mecklenburg-Vorpommern«, antwortete der Bademeister grinsend, aber das Pfefferminzaroma war schon zu riechen.

Er gab wieder mal sein Bestes. Das Wasser zischte auf den heißen Steinen, und er wedelte so kräftig mit dem Handtuch, daß der Raum von verhaltenen Schreien und lautem Stöhnen erfüllt war. Em Ende des Aufgusses stürzten die Saunagänger hastig ins Freie.

Alle Liegen waren durch Handtücher und Taschen belegt.

»Es ist nicht zu fassen!« ereiferte sich Lothar, »nur ein Fünftel der Liegen wird benutzt, die anderen sind einfach nur in Beschlag genommen ... Das ist ein bodenloser Egoismus. Alles meins, alles meins, nur nicht einem anderen etwas gönnen; asoziales Verhalten ist das. Typisch für unsere Ellenbogengesellschaft.«

»An sich ist Egoismus nichts Schlimmes. Genau genommen ist er sogar das erste Gebot des Lebens.«

»Komm mir jetzt nicht mit Darwin. Laß uns lieber ein Bier trinken«, sagte Lothar etwas ärgerlich und zog mich zur Bar. Wir setzten uns an die Theke, und ich spann meinen Faden weiter:

»Man findet Egoismus auch dort, wo man ihn nicht vermuten würde. Als ich dir zum Beispiel beim Renovieren deiner Wohnung geholfen habe. Also, ich muß ehrlich sagen, ich hab's nur getan, weil ich mich sonst als Kumpelschwein gefühlt hätte. Ich hatte Angst davor, mich später mit einem schlechten Gewissen herumschlagen zu müssen. Außerdem wußte ich natürlich, daß ich mich gut fühlen würde, wenn ich dir helfe. Und vielleicht war im Hintergrund noch die Hoffnung, daß du mir auch irgendwann mal helfen könntest. So gesehen habe ich dir nur aus reinem Egoismus geholfen, denn ich wollte mich nicht schlecht fühlen. Man könnte das auch als konstruktiven Egoismus bezeichnen.«

»Ich habe schon verstanden«, antwortete Lothar, »das Gegenteil davon wäre destruktiver Egoismus, der den persönlichen Vorteil auf Kosten anderer sucht. Und der damit die Gemeinschaft sabotiert und letztendlich an dem Ast sägt, auf dem er sitzt.«

Das hätte er nicht sagen sollen, denn ich dachte sofort an mein destruktives Vorhaben und bekam Gewissensbisse. Aber das war eine Sache, die ich ihm unmöglich erzählen konnte. Ich war nicht sicher, wie er darauf reagieren würde, und ich wollte ihn als Mitwisser nicht in Bedrängnis bringen. Ich griff mir mein Bier und prostete ihm zu: »Auf den konstruktiven Egoismus.«

»Und auf die Freundschaft!« fügte er hinzu.

Zum Glück hatte ich nie Probleme damit gehabt, meine Geheimnisse für mich zu behalten. Frei nach dem Motto: Weiß es einer, weiß es keiner, wissen es zwei, wissen es alle. In dem Moment, wo man ein Geheimnis preisgibt, verliert man die Gewalt über diese Information, und das macht hilflos und verwundbar.

12.6.1992. Ich saß in meiner Werkstatt und tippte im Zweifingersystem meine Geldforderung in eine billige Schreibmaschine, die ich extra für diesen Zweck gekauft hatte. Die Summe von einer Million Mark erschien mir angemessen und leicht zu transportieren. Bei einer rasanten Flucht hätte ein größeres Paket zu sehr behindert.

Den Sprengsatz, den ich gebaut hatte, um meiner Geldforderung mehr Nachdruck zu verleihen, hatte ich in ein schwarzes Tuch gewickelt. Ich nahm Brief und Bündel, ging zu meinem vollgetankten Auto und machte mich auf den Weg nach Hamburg. Dort wollte ich die Höllenmaschine in einem großen Warenhaus im Zentrum der Stadt ablegen. Warum gerade Hamburg? Einerseits wollte ich nicht schon wieder das gleiche Ding in Berlin drehen, andererseits gab es auf der Strecke nach Hamburg die wenigsten Staus auf der Autobahn.

Aber auch ohne Staus war man dem alltäglichen, ganz normalen Wahnsinn ausgesetzt. 100 km/h waren erlaubt, ich fuhr 120 km/h und wurde ständig von Autos belästigt, die mit aufgeblendeten Scheinwerfern herangerast kamen und mich dann mit ca. 200 km/h überholten.

Kurz vor Hamburg. Ohne Geschwindigkeitsbeschränkung hatte ich mein Tempo auf 180 km/h erhöht. Vor mir fuhr ein Mercedes. Er war nur wenig langsamer und machte bereitwillig Platz. Beim Überholen sah ich den Fahrer lässig zurückgelehnt mit einer Hand steuern und mit der anderen ein Handy halten, in das er angeregt plauderte. Vor dem Einordnen in die rechte Spur schaute ich noch mal in den Rückspiegel und sah den Mercedes an der Wand einer Brücke hochfahren. Er machte noch einen doppelten Salto und knallte mit allen vier Rädern wieder auf den Boden. Zum Glück hielten sofort einige der nachfolgenden Fahrzeuge, so daß meine Hilfe nicht gebraucht wurde. Die Angst vor der Unvorhersehbarkeit, der Unberechenbarkeit des Lebens überkam mich, und ich reduzierte mein Tempo.

In Hamburg suchte ich mir in der Stadt ein Parkhaus ohne Videoüberwachungsanlage. Sicher ist sicher, dachte ich und nahm die Bombe aus dem Kofferraum. Vor zwei Tagen war ich schon mal in der Stadt gewesen, um in einem Kaufhaus ein geeignetes Versteck für den Sprengsatz zu finden. Eine große Bodenvase in der Porzmalunabteilung hatte es mir angetan. Die ist so häßlich, die gehört weggesprengt, war mein erster Gedanke, als ich sie in einer Ecke erblickte. Außerdem würde die Explosion zwischen all den leicht zerbrechlichen Sachen eine besondere optische Wirkung erzielen.

Langsam schlenderte ich auf der Mönckebergstraße in Richtung Warenhaus. In meiner Hand hielt ich das explosive schwarze Bündel, verdeckt von einem Jackett, das lässig über meinem Arm hing. Ich betrat das Kaufhaus durch den Haupteingang und ging geradewegs in die Abteilung mit der fragilen Ware. Im Vorbeigehen verschwand die Bombe im schwarzen Schlund der häßlichen Vase, und unbemerkt vom Personal reihte ich mich wieder in das Gedränge der Kunden ein. Von der unheimlichen Bürde befreit, setzte ich mich nahe dem Haupteingang auf eine Bank und schaute dem Treiben auf der Fußgängerzone zu. Ich fühlte mich plötzlich einsam unter den vielen geschäftigen Menschen. Ich sehnte mich nach meiner Familie. Schließlich gab ich mir einen Ruck und stand auf, um den Brief mit meiner Geldforderung in den Briefkasten zu stecken.

13.6. Wie jeden Morgen saß ich mit einer Jumbotasse Milchkaffee in der Hand im Bett und schaute Frühstücksfernsehen.

»Bombenanschlag in einem Hamburger Kaufhaus!« verkündete der Nachrichtensprecher. Mein Herz klopfte heftig.

»Eine Gruppe gegen Konsumterror hat sich zu dem Anschlag bekannt. Es entstand ein Schaden von 200 000 Mark.«
Vor Schreck hatte ich mich verschluckt und etwas Kaffee
über die Bettdecke geschüttet. Malu schimpfte, ob ich nicht
aufpassen könne. Konsumterror? Offensichtlich waren da
Trittbrettfahrer am Werk. Ich nahm mir vor, im nächsten
Brief eine Sprengstoffprobe mitzuschicken, um jeden Zweifel auszuräumen, wer der Bombenleger war.

Bericht

Am 13.6.92, um 01.55 Uhr, erhielt ich als Bereitschaftsdienst des LKA 3 den Einsatz: »Firma Karstadt, Nebengebäude – in der Porzmalunabteilung –
Explosion gewesen.«
Um 00.59 Uhr war bei der Wachdienst-Gesellschaft
ein Alarm aufgelaufen. Dieser war durch einen Bewegungsmelder im Parterre des Nebengebäudes – Porzellanabteilung – in der Kleinen Rosenstraße ausgelöst
worden. Sofort hatte Herr P. die Polizei alarmiert, die
um 01.05 Uhr eintraf. Man stellte fest, daß im hinteren Bereich der Porzellanabteilung eine Explosion
stattgefunden hatte.
Am Einsatzort war starker Verbrennungsgeruch, wie
er nach Explosionen häufig bemerkbar ist, deutlich
wahrnehmbar. Nach grober Absuche des Tatortes
durch den Entschärfer wurden zunächst Hundeführer
mit Sprengstoffhunden zur Suche nach weiteren
sprengstoffverdächtigen Gegenständen eingesetzt.
Vom Eingang aus gesehen links hinten befindet sich
eine Abteilung der Porzellanfirma Villeroy und Boch.
Auf einer Fläche von ca. 7 x 7 Metern war erheblicher

Glas- und Porzellanbruch. In dem Schutt und davor wurden von uns mehrere Rohrbombenteile gefunden. Verletzt wurden keine Personen.

Wenige Tage später saß ich wieder einmal vor meiner Schreibmaschine und hämmerte den nächsten Brief in die Tasten. Als Zeichen der Zahlungsbereitschaft forderte ich vom Konzern, daß er eine Annonce im *Hamburger Abendblatt* aufgeben sollte unter der Rubrik: Grüße und Glückwünsche.

Lange hatte ich am Schreibtisch gesessen und überlegt, wie der Text lauten sollte. Vielleicht: Schmusimausi, ich liebe Dich? Quatsch! Geld macht nicht glücklich, dein Bussibär? Blödsinn! Beim Grübeln fiel mein Blick auf einen Sportbeutel, den ich extra für das zu erwartende Geldpaket gekauft hatte. Auf dem Beutel prangte das Bild von Dagobert Duck. Die Vorstellung, wie Dagobert im Geld zu schwimmen, erheiterte mich, und so war die Idee für den Text geboren: Dagobert grüßt seine Neffen.

In der Wochenendausgabe der Tageszeitung konnte ich dann eine Woche später den geforderten Satz im Wortlaut lesen.

Eigentlich war die Annonce unnötig gewesen, denn sie wäre in jedem Fall erschienen, egal ob sie zahlungsbereit waren oder nicht.

Ich schrieb nun einen weiteren Brief, in dem ich die Geldübergabe für den 15.7. ankündigte. Ich legte noch zwei unvollständige Texte dazu, bei denen die wichtigsten Wörter fehlten. Den ersten Text wollte ich am Tag vor der Übergabe ergänzen. Ich hatte mich zu dieser Maßnahme entschieden, weil mein Computer, der die Wörter auf ein Diktiergerät sprechen sollte, einen starken amerikanischen Akzent hatte, was die Verständlichkeit beeinträchtigte. So konnte ich mich bei der Ausarbeitung der synthetischen Sprache auf wenige Wörter beschränken.

14.7. »Das schweinischste Wetter des ganzen Jahres!« verkündete der Wettermann (Jörg Kachelmann) im Fernsehen. Ich zog mir meine Bettdecke über den Kopf und brüllte laut »Scheiße!«, denn für den heutigen Tag hatte ich ein volles Programm geplant.

Ich wollte die restlichen Vorbereitungen für die bevorstehende Geldübergabe treffen: ein automatisches Funkgerät in einem Baumwipfel montieren, das Abwurfgerät für den Boten bereitstellen und die fehlenden Wörter telefonisch an das Kaufhaus übermitteln. Alle Geräte und alles Material, das ich für mein Unternehmen benötigte, hatte ich bereits am Tage zuvor in meinem Auto verstaut. Es fehlte also nur noch ein Regenmantel. Verärgert riß ich ihn aus dem Kleiderschrank, verabschiedete mich von Frau und Kind und begab mich auf den Weg nach Rostock.

Auf der Autobahn geriet ich von einem Wolkenbruch in den nächsten. Die Scheibenwischer konnten die Wassermassen kaum bewältigen. Fahrbahn und Landschaft waren nur noch zu erahnen. Ich versuchte mich mit dem Gedanken zu trösten, daß bei diesem Sauwetter im Wald kaum mit Spaziergängern zu rechnen war und ich so ungestört meine Arbeit verrichten konnte. Nach vier Stunden Fahrt stellte ich meinen Wagen, dicht bei Bad Doberan, auf einem Waldweg ab. Ich zog meinen Regenmantel an, holte aus dem Kofferraum einen hellgrauen Blechkasten, in dem sich das Abwurfgerät befand, und marschierte bei weiterhin strömendem Regen einen Kilometer durch den triefenden Wald.

Meine ganze Aufmerksamkeit galt der dicht am Forst vorbeiführenden Bundesstraße 105. Ich war auf der Suche nach einem bestimmten Holzmast einer freien Telefonleitung, die parallel zur Straße lief. Nach 15 Minuten hatte ich ihn gefunden, stellte mich in den Straßengraben und begann mit der Montage des Kastens. Die Autos rasten an mir vorbei und verwirbelten das Wasser auf der Straße zu einer alles einhüllenden nassen Wolke. Durch jede Ritze, durch jede Öffnung meines Regenmantels, drang das Wasser, und ich fragte mich, warum ich keinen Taucheranzug angezogen hatte. Die Montage war eine Sache von wenigen Minuten, und so stolperte ich kurz darauf wieder zurück zu meinem Fahrzeug.

Ich traute meinen Augen nicht. Auf dem Waldweg stand ein Traktor, und ein Mann begutachtete meinen Wagen. Ich hätte vor Wut in die Rinde des Baumes beißen können, hinter dem ich stand und das Geschehen beobachtete. Der Mann pinkelte gemächlich ins Gebüsch, setzte sich wieder auf sein landwirtschaftliches Gerät und verschwand. Ich hoffte, daß er sich später nicht an mein Auto erinnern würde, wenn die Presse von der Aktion berichtete. Nicht ohne Grund hatte ich meinen Wagen so weit vom Montageort abgestellt.

Ich fuhr das kurze Stück nach Bad Doberan und stellte mein Auto ab. Der Regen ließ endlich nach. Es tröpfelte nur noch, als ich meinen Rucksack nahm, in dem sich unter anderem das automatische Funkgerät befand, und drei Kilometer in ein nahegelegenes Waldstück marschierte. Ich stapfte durch nasses Laub, trat auf knackende Äste, rutschte über glitschige Wege. Immer wieder blieb ich stehen und begutachtete die Bäume. Die Auswahl war groß, und so fand ich schon nach kurzer Suche etwas Passendes. Ich streifte mir den Tarnanzug über, befestigte die Steigeisen an meinen Stiefeln, und los ging es.

Die Stahlspitzen der Steigeisen bohrten sich in das Holz des Baumes und gaben mir Halt auf den schmierigen Ästen. In luftiger Höhe schwankend, montierte ich Sender und Antenne. Diesmal ging alles ohne Störungen vonstatten, und schon eine halbe Stunde später befand ich mich auf dem Rückweg zu meinem Fahrzeug.

Nun brauchte ich nur noch das Kaufhaus anzurufen. Ich hatte mich für die Zeit zwischen 15 und 16 Uhr angekündigt. In der Hoffnung, in Rostock die meisten Telefonzellen zu finden, machte ich mich auf den Weg. Dort angekommen, begann ich sofort Ausschau zu halten. Ich hatte nicht damit gerechnet, daß es so schwierig sein könnte, eine Telefonzelle zu finden, die funktionstüchtig, versteckt und nicht von Menschenmassen belagert war. Unter zunehmendem Zeitdruck fuhr ich in der Stadt umher und wurde immer unruhiger. Warum hatte ich mich um so eine Kleinigkeit nicht vorher gekümmert? Die Minuten verstrichen, es war nun schon 15.30 Uhr, und ich bekam wieder rote Flecken im Gesicht. Schließlich entschied ich mich für eine Zelle im Hauptpostamt. Ich wählte, bekam aber keinen Anschluß. Siedendheiß fiel mir plötzlich ein, daß man aus Ostdeutschland mit anderen Vorwahlnummern telefonierte. »Verfluchter Mist!« Zeternd suchte ich nach einem Telefonbuch, aber es gab keins. Ich fragte mich durch das Postamt. »Können Sie mir die Vorwahl von Hamburg geben?« sprach ich die Dame hinter dem Schalter an, nachdem ich mich an wartenden Menschen vorbeigeschlängelt hatte. Aber die schüttelte ihren blondierten Schopf und rief ihrer Kollegin zu: »Brigitte! Weißt du die Vorwahl von Hamburg?« Auch dort Kopfschütteln. Ich hätte mir in den Hintern beißen können vor Wut, daß ich so ein Aufsehen erregte mit meiner Frage. »Vielleicht fragen Sie mal drüben am Paketschalter«, riet mir die Frau noch. Ich war kurz davor durchzudrehen. Eine Kundin erbarmte sich meiner und gab mir dann schließlich die ersehnte Nummer. Ich hetzte zurück zur Telefonzelle. Die war natürlich inzwischen besetzt. Wie auf glühenden Kohlen stand ich davor und trampelte von einem Bein aufs andere.

16.09 Uhr, neun Minuten über der Zeit, bekam ich endlich die Verbindung zu dem Kaufhaus in Hamburg. Ich zückte mein Diktiergerät. Es meldete sich mit dem Kennwort »Dagobert« und übermittelte dann die fehlenden Wörter des ersten Textes. Nun wußte die Polizei, daß sie morgen um 18 Uhr bei Bad Doberan auf einen Funkspruch warten sollte. Ich beeilte mich, von der Telefonzelle wegzukommen, denn ich rechnete damit, daß der Anruf zurückverfolgt wurde.

Zufrieden, daß der Streß für diesen Tag ein Ende hatte, setzte ich mich in mein Auto und machte mich auf den Heimweg.

15.07. »Paapaaaa!« Der alles durchdringende Ruf meines heißgeliebten Sohnes riß mich aus meinen Träumen. 5.30 Uhr morgens. Welch eine unchristliche Zeit, dachte ich, als ich schlaftrunken ins Kinderzimmer torkelte, wo mein Kleiner in seinem Gitterbett auf mich wartete. Meine Beine schliefen noch, und für meinen großen Zeh wurde die Türschwelle zu einem unüberwindlichen Hindernis. »Autsch!« Der Schmerz ließ mich Grimassen schneidend durch das Zimmer hüpfen. Sehr zur Freude meines Jungen. Meine morgendliche Sondervorstellung ließ seine schwarzen Augen strahlen. Vergnügtes Lachen klang in meinen Ohren. Es ist so einfach, einem Kind Freude zu machen, und wenn das mit dem Geld heute klappen sollte, werde auch ich einen Grund zur Freude haben. Ich schnappte mir den kleinen Racker und legte ihn ins Ehebett.

Noch bevor ich zu meiner morgendlichen Werd-endlich-wach-Kaffeedröhnung kam, goß ich seinen Hör-auf-zu-quängeln-Kakao ins Fläschchen. Bei dem Gedanken an den bevorstehenden Tag verspürte ich ein wenig Abenteuerlust.

Die Nachrichtenübermittlung durch den Sender lief automatisch ab, so brauchte ich mich nur um den Empfang des Geldes zu kümmern. Du hast jede Menge Zeit, versuchte ich mich zu beruhigen. Schon beim Blick aus dem Küchenfenster stellte ich fest, daß ich mich auf einen trockenen Ablauf der Aktion freuen konnte. Ich hatte keine Angst, denn ich war zuversichtlich, daß die Polizei kaum Chancen hatte, mich zu fassen.

Der Abschied von meiner Familie fiel mir trotzdem schwer. Ich sagte meiner Frau, daß ich nach Westdeutschland fahren müßte und wahrscheinlich erst am nächsten Tag wiederkommen würde.

In meinem Auto lag wieder alles bereit. Mountainbike, Rucksack und eine prall gefüllte Reisetasche. Ich quälte mich durch den morgendlichen Berufsverkehr hin zum Bahnhof Berlin-Lichtenberg. Nach kurzer Suche fand ich einen Parkplatz, auf dem ich meinen Wagen für zwei Tage abstellen konnte. Schnell war alles ausgeladen, das Fahrrad zusammengebaut, bepackt und verschnürt. Ich sah aus, als hätte ich vor, eine Fahrradtour durch Deutschland zu machen.

So beladen, bestieg ich den Zug nach Neustrelitz. Ich saß am Fenster, die märkische Landschaft zog an mir vorbei, und die lebhaften Gespräche der Mitreisenden mischten sich mit dem monotonen Tack-Tack der Räder. Ich setzte die Kopfhörer meines kleinen Walkman auf, hörte die Brandenburgischen Konzerte, und für einen Moment fühlte ich so etwas wie Urlaubsstimmung.

In den vergangenen Monaten war es immer öfter vorgekommen, daß ich Stimmungen wahrnehmen konnte. Mir war dann so, als würde mein innerer Nebel kleine Risse bekommen. Ich lechzte geradezu nach solchen Momenten, nach diesen feinen Gefühlen, die das Leben erst lebenswert machen. Aber ich war immer noch weit davon entfernt, normal empfinden zu können. Ich war eher wie ein Schwerhöriger, der einen Paukenschlag brauchte, den man anschreien mußte, damit er einen akustischen Reiz wahrnehmen konnte.

Neustrelitz. Ich trat aus dem Bahnhof, schwang mich auf mein Fahrrad und radelte durch die kleine verschlafene Stadt. Streckenweise schüttelte mich das Kopfsteinpflaster so durch, daß ich um meine Zahnplomben fürchtete. Über die Bundesstraße ging die Fahrt vorbei an einem ehemaligen russischen Truppenübungsplatz nach Adamsdorf.

Petrus meinte es diesmal wirklich zu gut mit mir. Ich hatte den Eindruck, daß die Sonne mein Gehirn langsam gar brutzeln wollte. Die Luft über dem Asphalt flimmerte, und ich strampelte Kilometer um Kilometer meinem Ziel entgegen. Die Zunge hing mir aus dem Hals, der Schweiß floß in Strömen, und innerhalb kürzester Zeit war mein Wasservorrat aufgebraucht. Irgendwo, wo sich Fuchs und Hase gute Nacht sagen, deckte ich mich in einem Landhandel mit Getränken ein. Nun drohte ich unter der Last des vollgestopften Rucksackes zu verenden, und ich überlegte mir, ob verdursten nicht doch angenehmer wäre.

Schwitzend und prustend trat ich in die Pedale, bog von der Landstraße in einen Waldweg ab und radelte weiter auf meinem kräftezehrenden Weg zu der Stelle, die ich für die Übergabe vorgesehen hatte.

Dort angekommen, traf ich in aller Ruhe meine Vorbereitungen, das Geld in Empfang zu nehmen. Ich lief kreuz und quer durch den Wald und legte Spuren, um Stöberhunde in die Irre zu führen. Als ich damit fertig war, hatte ich noch viel Zeit, mich zu entspannen. Ich saß dicht am Bahndamm im hohen Gras und ließ mich von der Ruhe gefangennehmen. Ich lauschte auf das Rauschen der Baumwipfel, auf das leise Summen der Insekten und roch den Duft der noch sonnenwarmen Gräser und Kräuter.

Bericht
Nachdem von seiten des Täters für den 15.7. um 18 Uhr eine weitere Nachricht für den Verlauf der Geldübergabe an der Bundesstraße 105, km-Stein 84, nahe Bad Doberan, angekündigt worden war, wurde der »Geldbote« zum genannten Zeitpunkt kurz vor 18 Uhr an die genannte Stelle gebracht und mit dem vom Täter vorgegebenen CB-Funkgerät ausgerüstet.
Pünktlich um 18 Uhr erfolgte auf Kanal 15 die Durchsage:»Hallo, hier ist Onkel Dagobert. Ich sage jetzt die Wörter: Einhundertfünf, neunundsiebzig, Leitungsmast, hellgrauer Kasten (unverständlich) Kasten.«
Da auch dieser Text wiederum, wie schon bei der telefonischen Durchsage am Vortage bei der Firma Karstadt, ziemlich unverständlich und verzerrt worden war, konnte nur schwer eine einwandfreie Auswertung erfolgen. Nach erster Auswertung ergab sich folgender Sinn: Auf der Bundesstraße 105, am Kilometerstein 79 ist ein Leitungsmast. An diesem Leitungsmast ist ein hellgrauer Kasten ... (unverständlich) zu diesem Kasten paßt der Schlüssel. Dort bekommen Sie weitere Informationen.

Im Anschluß daran wurde durch den »Geldboten« dieser Ort aufgesucht. Der Kasten konnte von dem Geldboten mit Hilfe des vom Täter mitgeschickten Schlüssels geöffnet werden. In dem Kasten befanden sich folgende Gegenstände: eine schwarze Herrenumhängetasche mit Kasten, ein Leinenbeutel mit dem Bild »Onkel Dagobert«. Auf dem ganzen lag ein mit Schreibmaschine geschriebener DIN A4-Bogen mit folgendem Text: »Sie nehmen den D-Zug 2009. Abfahrt 20.58 Uhr, Rostock Hauptbahnhof. Sie befestigen das Gerät am Ende des Zuges. Auf dem Weg nach Berlin wird die Tasche durch Funk gelöst.

Den ganzen Nachmittag bis zum Abend sah ich keinen Menschen. Ich war allein mit Fliegen, Mücken, Bremsen und Zecken.

20.58 Uhr. Ich schaute auf meinen Zeitmesser und hoffte, daß die Polizei alles richtig gemacht hatte und daß das Gerät von ihr am Stoßfänger des letzten Wagens befestigt worden war. Im Innern des Gerätes befand sich eine Schaltuhr, die die Empfangselektronik kurz vor dem Eintreffen an meinem Standort einschaltete. Dadurch sollte das Risiko einer vorzeitigen Auslösung durch Störsignale verringert werden. Nach meinen Berechnungen sollte der Zug um 22.30 Uhr an mir vorüberfahren.

Es fing an zu dämmern. Sträucher und Bäume begannen sich in bizarre Formen zu verwandeln, in Schattenwesen, die einen ängstlichen Menschen das Fürchten lehren konnten. Es wurde still um mich herum. Die feuchte Waldluft kroch langsam in meinen Tarnanzug. Kurz bevor der von mir sehnsüchtig erwartete Zug kam, setzte ich das Nachtsichtgerät auf. Etwa zwei Kilo drückten auf meinen Kopf. Die Elektronik des Gerätes pfiff leise in einem hohen gleichförmigen Ton. Für mich hatte dieser Ton etwas Beruhigendes. Ich klappte das Visier mit der Optik vor meine Augen. Auf den Bildwandlern sah ich ein grünes räumliches Bild von meiner Umgebung. Ich dachte an die Beamten, die in ihren Fahrzeugen versuchen würden, dem Zug zu folgen. Da bestimmt alle aus dem Westen kamen und kaum Erfahrungen mit ostdeutschen Landstraßen hatten, vermutete ich, daß der eine oder andere im Graben landen könnte.

Plötzlich hörte ich einen Hubschrauber in großer Höhe fliegen. Er war nur als Punkt am Himmel zu sehen, und ich überlegte, ob das meine »Freunde« sein könnten. Meine Uhr mahnte mich, meinen Platz am Bahndamm einzunehmen. Schon hörte ich das immer lauter werdende Geräusch eines herannahenden Zuges. Ich schaltete meine Fernsteuerung ein. Die Waggons donnerten an mir vorbei, ich drückte den Auslösehebel, sprang auf den Bahndamm und sah noch den Zug in der hereinbrechenden Nacht entschwinden ... Ich lauschte in die Dämmerung, denn ich hatte die Tasche mit einem akustischen Signal versehen, das beim Abwurf aktiviert werden sollte. Aber alles, was ich hörte, war das Rascheln der sich im Wind bewegenden Blätter. Etwas verdattert lief ich auf den Gleisen hin und her und suchte im Schein meiner Taschenlampe nach dem Geld, doch nichts war zu sehen. Es ging alles so schnell, daß ich nicht erkannt hatte, ob das Gerät mit der Tasche überhaupt am Zugende befestigt war. Mir war, als hätte ich einen Schatten gesehen, aber sicher war ich mir nicht.

Bericht
In Absprache mit der Einsatzleitung und Observationskräften wurde dann folgender Beschluß gefaßt:
Der Geldbote wird den Anweisungen des Täters folgen und die entsprechende Tasche, ohne »Geldpakete«, an dem entsprechenden Puffer des letzten Wagens festmachen.
Er wird die Tasche und den mit Magneten versehenen Kasten so festbinden, daß die mitfahrende Zugbegleitung feststellen kann, wann und an welchem Ort der Täter möglicherweise den Kontakt auslöst. Es soll jedoch in jedem Falle vermieden werden, daß der Täter in den Besitz der Tasche kommt und daß diese abfällt.
Dadurch soll der Eindruck entstehen, daß der Täter selbst glaubt, daß er möglicherweise einen Fehler gemacht hat.

Das war's dann wohl, dachte ich, packte meine Fernsteuerung wieder ein und machte mich auf den Weg zu meinem Fahrrad, das ich hinter einer an den Bahndamm grenzenden Schonung abgestellt hatte. Ich kämpfte mich durch Baum- und Astgewirr und hielt angestrengt Ausschau, doch ich konnte es nicht mehr finden. Zwar hatte ich das Nachtsichtgerät zuvor in einem Park in der Nähe meiner Wohnung ausprobiert, aber anscheinend nicht lange genug. Das grüne Bild ließ alles sehr gleichförmig aussehen. Der Wald wurde für mich zu einem verwirrenden Irrgarten. Ich stolperte durch das Unterholz und fluchte.

Endlich! Nach bangen 20 Minuten fand ich meinen Drahtesel, schwang mich auf den Sattel und strampelte wie wild durch den finsteren Wald. Ich wollte die Gelegenheit nutzen, mein Nachtsichtgerät zu erproben. Nur der schwache Schein des vollen Mondes beleuchtete die Szenerie etwas. Ich fühlte mich wie in einem Traum. Rehe und Füchse kreuzten meinen Weg und waren sichtlich erstaunt über die merkwürdige Gestalt, die da auf einem Fahrrad durch die dunkle Nacht fegte. Anderthalb Stunden fuhr ich auf verschlungenen Wegen durch die Waldlandschaft. Schweißgebadet beschloß ich kurz nach Mitternacht, mein »Training« zu beenden. Ich zog mich aus, trocknete mich ab und schlüpfte wieder in Zivil. Die Tasche mit der Kleidung und den Gerätschaften versteckte ich im dichten Gebüsch und machte mich auf einen langen Weg zurück nach Neustrelitz. In der Stadt sah ich dann noch ein Fahrzeug, das mir verdächtig nach Zivilstreife aussah. Am Bahnhof angekommen, mußte ich feststellen, daß kein Zug mehr fuhr. Ich war völlig ausgelaugt und hatte keine Lust, auf einer Parkbank zu schlafen. Also ging ich zu einem Taxistand und handelte mit dem Fahrer einen Preis aus für die Fahrt nach Berlin. Mir war alles egal. Ich wollte nur weg. Zermartert stieg ich in die Taxe und erzählte dem Fahrer während der Fahrt von einer Fahrradtour, die ich gemacht hatte, und daß ich in einem Lokal eingeladen worden war und mich deshalb verspätet hatte, und daß ich mich auf mein Bett freute.

Eine Woche lang schlich ich wie ein alter Mann durch die Wohnung und versuchte, mich von den Strapazen zu erholen. Zwischendurch holte ich noch die Tasche aus dem Wald, schrieb einen Brief an die Kripo, in dem ich eine Erklärung für das Scheitern der Übergabe forderte.

Am 24.7. rief ich die Kripo an, und die erklärte mir:

»Die Übergabemodalitäten waren für uns äußerst schwierig. Ihre Informationen sowohl übers Telefon als auch später über Funk waren kaum verständlich. Wir hatten die größte Mühe, den Inhalt des Textes überhaupt zu verstehen. Die Art der Anbringung der Tasche am Zug stieß ebenfalls auf erhebliche Schwierigkeiten. Nur durch die Hilfe der Bahnbeamten, die wir notgedrungen mit einweihen mußten, war es uns überhaupt möglich, die Tasche zu befestigen. Dieses führte bei Reisenden schon zu erheblicher Unruhe, da sie wohl vermuteten, wir versuchten eine Bombe am Zug anzubringen. Die Tasche wurde, wie von Ihnen gefordert, am Zugende am rechten Puffer angebracht und zusätzlich sicherheitshalber mit dem blauen Band befestigt. Vom Bahnpersonal in Neustrelitz wurde die Tasche aufgefunden und vom Puffer gelöst. Sie hing blinkend und piepsend etwa einen halben Meter über den Gleisen. Wie Sie nunmehr selbst feststellen müssen, war die von Ihnen geforderte Geldübergabe mit der Bahn viel zu risikoreich, denn das Geldpaket hätte auch in falsche Hände geraten, abfallen oder gestohlen werden können. Wir haben alles getan, was in unserer Macht stand. Daß die Übergabe nicht so verlaufen ist wie von Ihnen gedacht, liegt also nicht an uns. Wir appellieren ganz inständig an Sie, gefährden Sie keine Menschenleben.«

Ich zeichnete die Erklärung mit meinem Diktiergerät auf, um sie später in aller Ruhe beurteilen zu können. Nachdem ich mir den Text in meiner Werkstatt genau angehört hatte, kam ich zu der Schlußfolgerung, daß die Polizei das Scheitern zu verantworten hatte. Aber so richtig sicher war ich mir nicht, und der Gedanke an eine weitere Bombe war mir unangenehm. Also beschränkte ich mich darauf, die Kripo eindringlich zu warnen, ein erneutes Scheitern zu riskieren. Ich hoffte, daß sie auch die Interessen des Kaufhauskonzern wahren wollten, um den Schaden so gering wie möglich zu halten.

Der Rechtsanwalt hatte interessiert zugehört und riet Funke, das alles aufzuschreiben. Auf diese Weise würde er sich noch mal alles genau in Erinnerung rufen können, und außerdem wäre es auch für ihn gut, etwas Schriftliches zu haben. Funke nickte nur müde. Das viele Reden hatte ihn erschöpft.

»Gut, das war's für heute«, sagte der Anwalt. Sie verabschiedeten sich, und Funke ging zurück in seine Zelle. Er aß das Essen, das inzwischen kalt geworden war, und kaum war er fertig, tönte es aus dem Zellenlautsprecher: »Fertigmachen zum Duschen!« Eilig nahm er seine Waschutensilien, die Türen der Station wurden aufgeschlossen, und die Gefangenen traten aus ihren Zellen. Das Klappern von Badelatschen hallte durch den Knast. Einige rannten, um einen Platz unter den zwei Standardduschen zu bekommen. Der Rest begnügte sich mit den 40 Duschköpfen, die in der großen Gemeinschaftsdusche von der Decke hingen. Die meisten Muslime duschten in Unterhosen. Bei vielen Gefangenen konnte man Tätowierungen bewundern. Einige wenige waren professionell gemacht worden, aber etliche Körper hatten den Charme einer vollgekritzelten Toilettentür. Man bewunderte sich gegenseitig und präsentierte seine Narben, die von Messerstechereien, Schießereien und Schlägereien stammten, wie Auszeichnungen. Für Funke war die Atmosphäre bedrückend, und er war jedesmal froh, wenn die Prozedur vorüber war. Denn hier spürte er ganz deutlich, daß er sich im Knast befand. Wenn danach seine Zellentür wieder ins Schloß fiel, hatte das für ihn etwas Befreiendes.

Am nächsten Morgen.

»Zum Neurologen!« rief der Wachtmeister gelangweilt in Funkes Zelle. »Sie wissen, wo das ist?«

»Ja«, und schon stieg Funke die Treppe zur Arztgeschäftsstelle hinunter, vorbei am Glaskasten mit zwei Beamten, die ihn mit ihren argwöhnischen Blicken verfolgten.

»Aah, Dagobert!« rief der Arztkalfaktor, als er Funke erblickte. »Warteraum fünf. Aber der Neurologe ist noch nicht da.«

Er betrat den gefliesten Warteraum und setzte sich auf die Bank. Gleich nach ihm kam noch jemand in die kleine Wartezelle. Er sah etwas ausgemergelt aus, war mittelgroß und hatte einen blonden Spitzbart.

»Hallo, Dagobert!« begrüßte ihn der Neuankömmling. »Ich habe gelesen, daß du jetzt ein reicher Mann bist. Man hat dir für deine Geschichte zehn Millionen bezahlt.«

»So ein Schwachsinn!« entrüstete sich Funke. »Wir sind hier nicht in Amerika. Was die Boulevardpresse schreibt, darf man nicht glauben, das ist totaler Quatsch. Abgesehen davon würde ich von dem Geld keine müde Mark sehen bei meinen Schulden.«

»Aber wenn sie es doch schreiben«, erwiderte der Spitzbart etwas trotzig.

»Das sind völlig aus der Luft gegriffene Zahlen. Da hat wahrscheinlich der Redakteur seinen versoffenen Friseur gefragt, was so eine Geschichte bringen könnte. Anders kann ich mir das jedenfalls nicht erklären. Es lohnt sich nicht, daß ich mich darüber aufrege ... Aber anscheinend gibt es Politiker, die solche hirnrissigen Berichte glauben und jetzt Gesetze fordern, die das verhindern sollen. Nach dem Motto: Es darf doch nicht sein, daß ein Verbrecher aus seiner Tat auch noch Kapital schlägt. Die Befürchtung, daß ich aus meiner gesetzwidrigen Handlung irgendwelchen finanziellen Nutzen ziehen könnte, ist auch für mich nachvollziehbar.

Allerdings würde ich auch jetzt, ohne neues Gesetz, vom Verkauf meiner Geschichte kaum profitieren können. Die Firmen, die ich geschädigt habe, würden am Zahltag mit offener Hand Spalier stehen. Aber vielleicht bekomme ich ja auf diese Weise die Möglichkeit, einen kleinen Teil meiner materiellen Schuld abzutragen. Andere werden an mir verdienen. Auch kein neues Gesetz wird verhindern, daß wir alle täglich von den Verbrechen anderer profitieren. Ich frage mich, was ich davon halten soll, wenn zum Beispiel das Fernsehen reißerisch Verbrechen ausschlachtet, um so die Zuschauerzahlen in die Höhe zu treiben und zu mehr Werbeeinnahmen zu kommen. Oder was ist mit Industrie und Wirtschaft, die mit Waffenverkäufen, mit Ausbeutung von Menschen in der Dritten Welt, mit Kinderarbeit oder der Vernichtung von Natur ihr Geld verdienen? Wir alle profitieren davon: wenn wir billigen Kaffee schlürfen, wenn wir uns billige Teppiche in die Wohnung legen.

Es gibt Pharmafirmen, die verkaufen Medikamente, die in Deutschland verboten sind, in die Dritte Welt und nehmen dabei skrupellos in Kauf, daß Menschen daran sterben. Die Liste ließe sich endlos fortsetzen. Wir alle profitieren davon, ob wir wollen oder nicht. Wir leben in einer freien Marktwirtschaft, und die gilt auch für mich. Ich bin nicht besser oder schlecher, nicht weniger moralisch als andere. Moral ist eine Hure, ein jeder nimmt sie in Anspruch, aber niemand kann behaupten, daß sie ihm gehört. Ganz zu schweigen von den Politikern, die aus Profilierungssucht mit markigen Stammtischparolen versuchen, einfältige Bürger für sich zu gewinnen, und dabei genau wissen, daß ihre Versprechungen nicht die Spucke wert sind, die beim Brüllen ihrer Parolen am Mikrofon hängenbleibt.«

»Ja, genau! Das sind die eigentlichen Verbrecher. Wie mein Richter!« ereiferte sich jetzt der Spitzbart und sprang auf, reckte die Faust in die Luft und zeterte: »Zweieinhalb Jahre Knast habe ich bekommen. Ohne Bewährung! Nur weil ich ohne Führerschein gefahren bin!« Sein Gesicht rötete sich, und die Adern am Hals schwollen an.

»Menschenverachtend ist dieses Urteil!« schimpfte der Spitzbart laut. »Das muß man sich vorstellen. Zweieinhalb Jahre!« Er fing an, in der Zelle auf und ab zu laufen. Drei Schritte hin, drei zurück. Er schnaubte vor Wut. »Die wollen mich fertigmachen. Ich soll im Knast dahinvegetieren. Wo bleiben da die Menschenrechte? Aber ich werde mich rächen für diese Ungerechtigkeit.«

Ein alter Säufer betrat die Zelle. Über seiner speckigen Hose hing ein Bierbauch, sein Gesicht war aufgedunsen, und im Mund hatte er Zahnruinen. Wirres, fettiges Haar krönte die Erscheinung.

»Warum bist du im Knast?« fragte der Spitzbart sofort.

»Versuchter Totschlag. Ick hab dafür viereinhalb Jahre bekommen«, sagte der Säufer stockend, als sei er noch immer betrunken.

»Da siehst du es, Dagobert, er hat viereinhalb Jahre bekommen. Für versuchten Totschlag. Wo bleibt da die Gerechtigkeit!«

Der Säufer fügte hinzu: »Ick weeß ja nich, ob ick det wirklich war. Ick kann mich an nüscht erinnern. Aber meen Kumpel, den ick fast erschlagen haben soll, ooch nich. Wir wissen beede von nüscht ... Aba jetzt bekommta 'ne jute Invalidenrente wegen mir, da kanna mir eigentlich dankbar sein.«

»Ach was!?« sagte Funke grinsend und fragte den Spitzbart: »Zweieinhalb Jahre wegen Fahren ohne Führerschein? War da nicht noch was?«

Der Spitzbart winkte ab. »Naja, die haben mir die Bewährung widerrufen.« Er knirschte mit den Zähnen.

»Was für eine Bewährung?«

»Na auch wegen Fahren ohne Führerschein!«

»Du bist schon öfter erwischt worden?«

»Ja, öfter. Ich weiß nicht mehr, wie oft. Ich habe sonst immer Geldstrafen bekommen, aber beim letzten Mal haben sie eine Bewährungsstrafe ausgesprochen ... Du mußt das verstehen. Ich hatte Ärger auf meiner Arbeitsstelle. Ich wollte mich nur etwas entspannen, und da habe ich das Auto von meinem Vater genommen und bin losgefahren. Die Polizei hat mich dann auf der Landstraße einfach angehalten.«

»Einfach so?« fragte Funke.

»Ja, einfach so. Ich mußte zur Blutprobe.«

»Und, wieviel?«

»Drei Promille.«

»Hattest du die anderen Male auch getrunken?«

Leise antwortete der Spitzbart: »Ja.« Dann mit kräftiger Stimme: »Aber ich hab' nie einen Unfall gebaut! Der Richter hat mir was von unverantwortlichem Handeln erzählt und daß ich Menschenleben gefährdet hätte.« Er kam jetzt wieder in Rage. »Soo ein totaler Quatsch! Du brauchst doch nur die Tageszeitung aufzuschlagen. Von wem werden denn die meisten Unfälle gemacht? He? Von denen, die einen Führerschein haben!«

»Na, da zeugt es ja eigentlich von einem besonderen Verantwortungsbewußtsein, wenn man ohne Führerschein fährt«, sagte Funke amüsiert und fassungslos zugleich.

Der Spitzbart legte noch nach: »Der Richter hätte mir bloß

einen Führerschein zu geben brauchen, dann hätte das ganze Theater ein Ende gehabt. Aber nee, lieber zerstören sie meine Existenz.«

Funke sah, daß der Arzt seine Sprechstunde eröffnet hatte, sprang auf und eilte ins Sprechzimmer.

»Ah, Dagobert«, begrüßte ihn der Medizinmann lachend, »wie geht's, wie kann ich Ihnen helfen?«

»Mir ist nicht mehr zu helfen«, erwiderte Funke kopfschüttelnd, »besonders dann nicht, wenn die Herren im Warteraum für die nächsten Jahre meine Gesprächspartner sind. Bisweilen frage ich mich, wie weit bei mir der Realitätsverlust vorangeschritten ist.«

Der Neurologe zuckte mit den Schultern. »Was ist schon Realität? Das Gehirn erzeugt den Eindruck von Realität, und die kann deshalb für jeden anders aussehen, weil jedes Gehirn anders ist. Realität ist, daß Sie im Knast sind. Alles andere ist eine Frage des Empfindens.«

»Das ist sicher richtig. Ich glaube, das Gehirn von den beiden in der Wartezelle ist tatsächlich anders. Der Knackpunkt ist wohl, daß gesetzwidriges Verhalten keine Frage von Intelligenz und Bildung ist, aber ob man sich dabei erwischen läßt, schon eher. Die Polizei fängt sozusagen den Bodensatz weg, während den gebildeten Kriminellen schwerer beizukommen ist.«

Der Neurologe lachte und meinte: »Den einen oder anderen erwischt es dann doch, und da könnten Sie bestimmt einen Gesprächspartner finden ... Vielleicht kann ich Sie mit einem Witz etwas aufheitern. Also: Ein Mörder hält sein Opfer im Schwitzkasten und zerrt es bei Nacht durch den finsteren, unheimlichen Wald. Das Opfer wimmert: ›Ich hab' solche Angst, ich hab' solche Angst.‹ Darauf der Mörder:

›Was soll ich denn sagen, ich muß nachher allein zurück.‹«

»Ha, ha, ganz schön makaber«, lachte Funke, »den muß ich mir merken.«

»Gut, die Tabletten nehmen Sie wie bisher, und wir sehen uns dann in zwei Wochen.«

»Alles klar, tschüß!« Funke beeilte sich, das Sprechzimmer zu verlassen, um noch etwas von der Freistunde mitzubekommen, die gerade angefangen hatte.

Der Mainzer saß allein auf einer Bank und ließ sich die Sonne auf seinen dicken Bauch scheinen. Funke gesellte sich zu ihm. Beide genossen die späte Morgensonne, die der tristen Umgebung etwas mehr Freundlichkeit gab.

»Na, Arno, wie war es beim Arzt?«

»Wie soll es schon gewesen sein. Wie immer. Am meisten nervt das Warten.« Er zog sich sein Hemd aus.

»Ja, das Warten ... Wir tun hier ja nichts anderes als warten. Warten auf Haftprüfung, warten auf die Anklage, den Prozeß, die Revision, den Besuch, den Arzt, den Anwalt, auf Verlegung in eine andere Anstalt und so weiter. Warten, warten, warten.« Er fuhr sich mit seinen Fingern durch das volle weiße Haar, schaute Funke aus müden grauen Augen an und erklärte bedrückt: »Ich warte schon seit vier Wochen auf die Verlegung nach Mainz. Hier in Berlin habe ich keine Verwandten und Bekannten. Seit fast einem Jahr habe ich meine Frau nicht gesehen, weil sie keine Zeit und kein Geld hatte, mich hier zu besuchen. Jeder Tag, den ich hier verbringe, ist ein verlorener Tag. Aber es passiert nichts. Man sitzt in seiner Zelle und nichts passiert.«

Sie saßen beide schweigend auf der Bank, schauten den anderen Gefanenen zu, die endlos im Kreis liefen. Sie blinzelten in die Sonne und sahen die vollgefressenen Anstaltstauben von den Dächern koten und beobachteten, wie sich Gefangene unterhielten, die eigentlich Kontaktverbot hatten, weil sie gemeinsam vor Gericht standen.

»Eiiinrücken!« grölte der Wachtmeister über den Hof.

»Kommst du zum Umschluß?« fragte der Mainzer, und Funke nickte.

Nach dem Mittagessen warf er die »Fahne«, der Wachtmeister schloß auf, Funke griff sich seine Tasse und ging fünf Türen nach links, in die immer picobello aufgeräumte Zelle des Mainzers. Erst sprachen sie wieder über verschiedene Gaumenfreuden, aber irgendwann kam auch Funkes Tat zur Sprache.

»Hast du von Karstadt nie Geld bekommen?« fragte der Mainzer neugierig.

»Doch, einmal schon. 4 000 Mark, aber das war wohl eher ein Versehen der Polizei. Ich glaube nicht, daß sie damit gerechnet haben, mich auf Nimmerwiedersehen mit dem Geld davonrennen zu sehen.«

Nachdem ich mich von der Aktion in der Nähe von Neustrelitz erholt und die merkwürdige Erklärung der Polizei ein paarmal abgehört hatte, stürzte ich mich in die Vorbereitung eines weiteren Übergabeversuches.

Inzwischen hatte ich schon einige Erfahrung mit dem Auskundschaften von Bahnstrecken. So hatte ich die Bahnlinie zwischen Hamburg und Berlin bereits seit längerem ins Auge gefaßt. Also machte ich mich an die Arbeit, die Wälder auf der Strecke ab Hamburg genauer unter die Lupe zu nehmen.

Erst hatte es mir der Sachsenwald angetan. Ich machte dort mehrere Radtouren. Aber letztendlich hatte ich kein gutes Gefühl dabei. Diesmal wollte ich die Übergabe am Tage durchführen, und ich wollte danach so schnell wie möglich ein sicheres Versteck aufsuchen. Eigentlich mehr durch Zufall, man kann sagen im Vorbeifahren, kam ich auf den Krähenwald bei Reinbek. Von der Umgebung des Waldes mit der dichten Bebauung versprach ich mir mehr Sicherheit für mich. Ich versuchte, mich in die Lage der Polizei zu versetzen. Wo würden sie Straßensperren errichten, und wie konnte man diese geschickt umgehen? Als alles durchdacht war und der Zeitplan stand, kündigte ich die nächste Aktion für den 14.8. an.

Einen Tag vorher fuhr ich nach Hamburg. In meinem Auto lag eine Reisetasche mit dem zweiten Abwurfgerät. Die neuen Zeiten waren in die Schaltuhr einprogrammiert, plus einer kleinen Überraschung für die Polizei. Da mir klar war, daß mein erstes Gerät kriminaltechnisch untersucht worden war und man so die Funktionsweise des Gerätes entschlüsselt hatte, gab's diesmal eine Uhrattrappe, die eine falsche Einschaltzeit anzeigte. Die Zeit hatte ich so gewählt, daß sie mit dem Ort übereinstimmte, aus dem ich die Polizei am Tag der Übergabe anrufen wollte. Meine Überlegung war nun, daß die Polizei meinen Anruf zurückverfolgen und so auf Hagenow kommen würde, einen Ort ca. 100 Kilometer hinter Reinbek. Ich hoffte, daß die Polizei so raffiniert war, das Abwurfgerät vor der Abfahrt zu öffnen, um anhand der Schaltuhr den möglichen Abwurfort zu berechnen; und sie würden wieder auf Hagenow kommen. Die echte Schaltuhr hatte ich als Batterie getarnt, und die schaltete das Gerät schon in Reinbek ein.

Bahnhof Hamburg-Altona. Auf einem kleinen Parkplatz stellte ich meinen Wagen ab, holte die Reisetasche aus dem

Kofferraum, marschierte zu den Schließfächern, stellte die Tasche mit dem Gerät und einem Schreiben für die Polizei ins Fach. Ich warf zwei Mark ein, nahm den Schlüssel und machte mich aus dem Staub.

Anschließend verging ich mich in einem Schnellrestaurant an einem »Hamburger«, um mich für die Rückfahrt nach Berlin zu stärken.

14.8. Der Meteorologe vom Dienst verkündete für diesen Tag Regen. Im stillen hoffte ich, daß er sich geirrt hätte.

Ich war etwas nervös, denn diesmal war ich mir nicht ganz sicher, daß die Polizei so chancenlos war wie beim letztenmal. Obwohl ich alles minutiös geplant hatte, rumorte es im Unterbewußtsein.

Ich verabschiedete mich von Frau und Kind und sagte Malu, daß ich nach Frankfurt fahren müßte und erst am nächsten Tag wiederkommen würde. Mit großem Unbehagen setzte ich mich ins Auto und versuchte, auf der Fahrt nach Reinbek zu entspannen. Zwei Stunden später bog ich von der Autobahn ab. In Hagenow begann wieder die mühselige Suche nach einer passenden Telefonzelle. Ich kurvte durch die Straßen des kleinen Ortes, und nach einer halben Stunde war es endlich soweit. Schmetterlinge tanzten in meinem Bauch, als ich den Telefonhörer abnahm, um der Polizei mitzuteilen, daß das Abwurfgerät im Schließfach 77 des Bahnhofes Altona zu finden sei. Diesmal klappte die Verbindung sofort, und ich zückte das Diktiergerät und spielte den vom Computer gesprochenen Text ab.

Schon eine Stunde später stellte ich meinen Mercedes im Stadtzentrum von Reinbek in einem Parkhaus ab. Ich hatte mir das ruhigste Plätzchen dafür ausgesucht, und ungestört baute ich mein Fahrrad zusammen. Wieder einmal hatte ich viel Gepäck, und ein wenig ärgerte ich mich darüber. Aber es waren alles Dinge, die ich wirklich benötigte. So radelte ich bepackt wie ein Muli durch Reinbek hin zum Krähenwald.

Es war 15.15 Uhr, als ich in einer dunklen Ecke des Waldes mein Fahrrad versteckte. Über eine Stunde hatte ich noch Zeit, mich auf die Übergabe vorzubereiten. Ich zückte eine große Dose mit mattschwarzem Lack und begann, mein Fahrrad umzuspritzen. Das Wetter war mir gnädig. Es war trocken und sonnig, und die Farbe trocknete innerhalb weniger Minuten. Nun begann ich, mich umzuziehen. Ich holte meinen besten Anzug aus der mitgeführten Tasche, dazu Hemd und Schlips. Anschließend zog ich über den Anzug Joggingkleidung aus dunkelblauer Fallschirmseide. Und weil ich damit rechnete, daß mich Leute bei der Übergabe beobachten könnten, veränderte ich auch mein Aussehen. Ich zog eine graue Perücke über meine mittelblonden Haare und malte meinen Schnurrbart und meine Augenbrauen grau an. Schwarze Handschuhe, ein kleiner Rucksack, eine Umhängetasche und eine dunkle Sonnenbrille gaben meiner recht eigenwilligen Erscheinung den letzten Schliff.

Nun fing es doch langsam an zu nieseln. Ich schob mein Rad auf eine vom Bahndamm 50 Meter entfernte Anhöhe. Dann nahm ich meine Funksteuerung aus meiner Umhängetasche, die ich gegen eventuelle Peilsender im Geldpaket abgeschirmt hatte, und ging wieder runter zu den Bahngleisen. Meine Planung war perfekt, denn in fünf Minuten sollte der Zug an dieser Stelle vorbeikommen.

Während der ganzen Zeit, als ich im Wald meine Vorbereitungen traf, war ich allein gewesen, aber urplötzlich brach eine Völkerwanderung aus. Mit einem Schlag wimmelte es von Spaziergängern. Der kleine fette Köter einer alten Frau wollte mich in der Luft zerreißen. Er fletschte die Zähne bei meinem Anblick und kläffte so heftig, daß er zu platzen drohte. Ich bekam eine Gänsehaut vor Wut. Eine Nonne mit einer Kinderschar zog an mir vorüber. Sollte das jetzt ein Wink des Himmels sein? Übergewichtige Jogger hechelten, wie Pferde schwitzend und riechend, um mich herum. Himmel, was ist hier los, dachte ich, und für einen Moment hatte ich das Gefühl, in einen Film von Fellini geraten zu sein.

Egal, da mußt du jetzt durch, feuerte ich mich an. Ungerührt von dem Treiben stellte ich mich in die mannshohen wuchernden Kräuter am Rande des Bahndammes und wartete auf das Erscheinen des Geldtransportes ... Der ließ aber auf sich warten. Dafür ratterten S-Bahnzüge an mir vorüber und ließen mich jedesmal zusammenzucken. Ich verspürte ein Unwohlsein bei dem Gedanken, daß genau in dem Moment eine S-Bahn kommen könnte, wenn ich zum Zug mit dem Geldpaket rennen mußte ... Wenn ich da nicht aufpasse, überlegte ich, kann man mich später mit dem Spachtel vom Triebwagen kratzen.

Ich wartete und wartete, aber mein Zug kam nicht. Was sollte das nun schon wieder? Warum kam der verdammte Zug nicht? Ich spielte mit dem Gedanken, den Rückzug anzutreten. Da hörte ich das erste leise, dann aber immer lauter und aufdringlicher werdende Heulen der »Taigatrommel«, einer in Rußland gebauten Lokomotive. Das Jaulen der Turbinen ging mir durch Mark und Bein. Mein Herz begann zu rasen, die Schläge drohten mir meine Brust zu zerreißen. Ich bemerkte gleich, daß der Zug langsamer fuhr als sonst. Warum? Etwa meinetwegen? Egal, ich wollte es wissen. Die Waggons rollten an mir vorüber. Jetzt oder nie! Ich drückte den Auslösehebel meines Senders, vor mir war der letzte Waggon, und mit einem dumpfen Schlag fiel die Tasche auf die Gleise. Eine an ihr befestigte Schnur zog das über die Schwellen springende schwarze Behältnis noch 50 Meter weiter, bis sie zerriß. Ich sprang über die Stromschienen der S-Bahn, rannte mit aller Kraft zu der Tasche, griff zu – und ein lauter Knall ließ mich zusammenzucken. Verdammt, die schießen, dachte ich.

Aus dem Augenwinkel sah ich, wie in 100 Meter Entfernung der Zug zum Stehen kam und Beamte auf die Gleise sprangen. Ich spurtete über die Schienen und war drei Sekunden später im angrenzenden Gebüsch verschwunden. Nur nicht schlappmachen! Ich bot meine ganze Energie auf, als ich die letzten 50 Meter zum Fahrrad bergauf hechelte. Meine Knie begannen weich zu werden, aber eine kraftvolle Männerstimme brachte mich auf Trab. »Da oben ist eeer!« brüllte ein Polizist, als er mich auf der Anhöhe erblickte.

Ich hatte keine Zeit, das Geld aus der Tasche herauszunehmen. Also biß ich in den Griff und trug sie mit den Zähnen. Hastig sprang ich auf das bereitstehende Fahrrad. In der Luft lag immer noch das Heulen der Lokomotive. Mit kräftigen Tritten kam ich schnell in Fahrt und raste an Gärten vorbei, die mit ihrer Rückseite an den Wald grenzten. Der Weg führte nun in sanften Schwüngen bergab. Meine Geschwindigkeit war so groß, daß ich bei der kleinsten Unebenheit den Abhang hinunterzustürzen drohte. Ich prustete, hechelte und japste nach Luft. Plötzlich wurde mir für eine Sekunde schwarz vor Augen, und ich beschloß, meine Flucht abzubrechen, bevor ich die Besinnung verlor. Bis zu dem von mir vorgesehenen Versteck hätte ich es nicht mehr geschafft. So sprang ich auf einer kleinen Wegkreuzung vom Rad. Hier war ein Zugang zu der Siedlung, an deren Rückseite ich soeben entlanggefahren war. Die Perücke fiel mir vom Kopf, und ich warf meine Sonnenbrille gleich hinterher. Eilig riß ich das Geldpaket aus dem Transportbehälter und stopfte es in meine Umhängetasche. Ich rannte auf der Waldseite als Jogger weiter und hoffte, daß meine Verfolger glaubten, ich sei in die Siedlung gelaufen. Aber nach einem halben Kilometer drohten meine Beine mir endgültig den Dienst zu versagen. In meiner Not sprang ich über einen von Büschen und Bäumen etwas verdeckten Zaun. Dahinter befand sich ein kleiner, unverschlossener Geräteschuppen, in den ich mich augenblicklich hineinzwängte.

Mein Herz raste wie ein überdrehter Motor. Im Schuppen war es sehr eng. Die Luft war stickig, und es gab keine Möglichkeit, sich zu setzen. Ich war eingezwängt zwischen Schaufeln, Hacken, Harken und anderen Gerätschaften. Ich war völlig erledigt und schnaufte wie ein Pferd. Kurz darauf begann ein Hubschrauber über mir zu dröhnen. Im Tiefflug zog er seine Kreise über Wald und Gärten. Anschließend knatterte die Polizei auf Moto-Cross-Motorrädern über die Waldwege. Hunde, Katzen und Kaninchen gerieten in Panik. Ich fühlte mich wie in einem Alptraum. Etwa zwei Meter von meinem Versteck entfernt rannten Beamte vom Sondereinsatzkommando vorbei. Einer fand einen Handschuh am Wegesrand und unterhielt sich mit einem Kollegen über seinen Fund. Mist, verdammter, das muß meiner sein, ging es mir durch den Kopf. Mein Herz klopfte immer noch heftig, obwohl ich mich nicht mehr aufgeregt fühlte, und in Gedanken hörte ich ein Kinderlied. Immer wieder. Als hätte eine Schallplatte einen Sprung. »Häschen in der Grube saß und schlief...« Durch den Streß und das unwirkliche Gefühl kam Heiterkeit in mir auf, und ich sang leise mit.

Es fing an zu regnen und zu dämmern. Der Hubschrauber zog ab, um mich herum zog wieder Ruhe ein. Der Regen trommelte leise auf das Dach meines engen Versteckes. Mein Mund war trocken und klebte, ich träumte von einem frisch gezapften kühlen Bier ...

Bericht
Nach erfolgtem Täteranruf um 13.42 Uhr begeben sich die Observationskräfte und insbesondere der »Geldbote« zum Bahnhof Altona und dort zum Schließfach 77.
Das Schließfach ist verschlossen. Mit Hilfe der Bahnpolizei wurde das Fach geöffnet.
In dem Schließfach wurde dann eine schwarze Sporttasche aufgefunden, auf der ein zusammengefalteter Zettel lag. In der Tasche befand sich dann wiederum ein mit einer Antenne versehenes Empfangsgerät, welches auf der Rückseite mit vier sogenannten Topfmagneten versehen war.
Hinsichtlich der vom Täter gelieferten Technik wurden vom BKA-Wiesbaden die beiden Techniker der K 14 für diesen Einsatz nach Hamburg angefordert.
Sie wurden zur Bahnpolizeiwache Hamburg-Altona gebracht und untersuchten dort den vom Täter gelieferten Empfänger.
Dabei stellten sie fest, daß der Empfänger wiederum mit einer Zeitschaltuhr versehen war, der die elektrische Anlage des Empfängers um 17.15 Uhr aktiviert und laut Schaltung um 20.00 Uhr abschaltet.
Bei der dann angestellten Überlegung konnte man davon ausgehen, daß zur Einschaltzeit um 17.15 Uhr der

Zug in Höhe der Stadt Brahlsdorf in Mecklenburg-Vorpommern, Hagenower Land, passieren wird.

Um 16.08 Uhr verläßt der IC 537 planmäßig den Altonaer Bahnhof, erreicht planmäßig um 16.15 Uhr den Bahnhof und um 16.21 Uhr Hamburg-Hauptbahnhof.

Die planmäßige Abfahrt Hamburg-Hauptbahnhof um 16.21 Uhr erfolgt dann jedoch nicht, weil der Zug auf verspätete Anschlußzüge warten muß.

Um 16.45 Uhr verläßt der Zug dann Hamburg-Hauptbahnhof und fährt Richtung Berlin ab. Im Zug befinden sich Begleitkräfte der MEK und bis zur Abfahrt hält sich zur weiteren Observation des Umfeldes ein Hubschrauber in der näheren Umgebung auf.

Nachdem der Zug dann Hamburg-Hauptbahnhof verlassen hat, begibt sich der bis dahin eingesetzte Hubschrauber in Richtung Hagenower Land, weil vor 17.15 Uhr nicht mit einer Ablösung der Tasche und mit der Aktivierung des Empfängers gerechnet werden konnte.

Um 17.02 Uhr erfolgt dann auf der Strecke zwischen Bergedorf und Reinbek, in Höhe Kilometer 267,4, die Meldung der im Zug befindlichen Kräfte, daß die Ablösung der Tasche erfolgt sei.

Im gleichen Moment lief eine männliche Person auf das Behältnis zu. Um den Täter an der Flucht zu hindern, riß ich die hintere Tür ein Stück auf und rief: »Halt, Polizei, stehen bleiben oder ich schieße.« Da der Täter weiterlief, gab ich aus meinem Dienstrevolver einen Schuß in die Luft ab.

Leider erreichte der Täter die Waldkante, bevor der

Polizeiobermeister B. seinen Diensthund auf den Täter ausrichten konnte.

Mehrere ungünstige Faktoren verhinderten die Festnahme: Ein Hund sträubte sich, vom Zug zu springen. Um den Täter verfolgen zu können, muß die zweigleisige Bahnstrecke überquert werden. In diesem Moment fährt auf der Gegenstrecke eine S-Bahn vorbei, so daß es beinahe zu einem Unfall kommt. Die Hunde können nicht losgelassen werden, um den Täter zu verfolgen, da sich Spaziergänger in der Nähe befinden. Die auf den Straßen vorausgefahrenen Polizeieinheiten müssen aufgrund der Zugverspätung zurückgeführt werden.

In aller Ruhe zog ich meinen Jogginganzug aus und holte meine teuren italienischen Schuhe aus dem Rucksack. Ich hatte auch an einen nassen Waschlappen gedacht, um mein Gesicht zu reinigen. Ich kämmte meine Haare, rückte meinen Seidenschlips zurecht und räumte meine Sachen weg. Bis auf die Geldtasche. Der Boden des Schuppens war nicht versiegelt. Also griff ich mir einen Spaten und buddelte ein kleines Loch. Blitzschnell riß ich das Geldpaket aus der abgeschirmten Umhängetasche. Eile war geboten, denn ohne Abschirmung konnte mir der Sender die Polizei herbeirufen. Sorgsam wurde das Paket in das Loch gedrückt, mit Erde überdeckt und festgetreten. Anschließend beseitigte ich gewissenhaft alle Spuren.

Es hatte aufgehört zu regnen. Vorsichtig öffnete ich die Tür meines Bretterverschlages. Hoffentlich hat der Gartenbesitzer keinen Hund, dachte ich, als ich hinaustrat. Der Garten wirkte friedlich, und im nur nur wenige Meter entfernten

Haus brannte Licht. Der schwache Schein fiel auf den noch regennaß glänzenden Rasen. Langsam schlich ich zurück auf den Waldweg und ging eine kurze Strecke durch die Dunkelheit bis zu einem kleinen Pfad, der in die Siedlung führte. Ein kurzer Moment der Besinnung. Der Schein einer Straßenlampe beleuchtete mich, und ich überprüfte meinen Anzug, rückte noch mal alles zurecht, strich mir die Haare glatt und ging weiter. Ich sah aus, als käme ich von einer Hochzeitsfeier, so elegant wie ich angezogen war. Mein Weg führte an den Grundstücken vorbei, die ich bisher nur von hinten gesehen hatte. Ich versuchte, locker zu wirken. Tänzelnd erklomm ich eine Fußgängerbrücke und erreichte ein Neubaugebiet mit Hochhäusern. Schon von weitem lockte mich die Leuchtwerbung eines Lokals. Mit einer unglaublichen Vorfreude auf ein gut gezapftes Bier betrat ich die Gaststätte. Ich setzte mich auf einen Barhocker am Tresen und betrachtete den kleinen verräucherten Schankraum. Der Zigarettenqualm ließ die Gegenstände und Menschen nur als Schattenrisse erscheinen. Stimmengewirr drang an mein Ohr. Ich hörte Wort- und Satzfetzen, etwas über einen Polizeieinsatz, der in der Siedlung für Aufregung gesorgt hatte.

»Plötzlich rannten Polizisten durch meinen Garten!«

»Eh! Vielleicht hat er ja das Geld bei dir versteckt!«

»Also, wenn ich es finde, bringe ich es nicht zur Polizei!«

»Ich gönne dem das Geld, wenn er keinem körperlich geschadet hat. Leicht verdiente Kohle, ha, ha.«

Ich staunte nicht schlecht über die Moral in gutbürgerlichen Vorstadtsiedlungen. Ich erhaschte den Blick der Bedienung und hob meinen Finger, um ein Bier zu bestellen. Auf meiner Hand erblickte ich rote Flecken. Hoppla, was war das? Schnell ging ich zur Toilette, um sie mir genauer zu betrachten. Und im Spiegel sah ich dann die Bescherung. Meine Mundwinkel waren durch rote Farbe nach oben gezogen. Ich sah aus wie ein grinsender Zirkusclown. Meine Hände waren mit kleinen roten Flecken übersät. Offensichtlich war die Geldtasche mit Farbe präpariert gewesen. Aber dadurch, daß ich Handschuhe angehabt hatte, war es nicht so schlimm. Jetzt half nur eins: schrubben. Nach fünf Minuten hatte ich das Gröbste geschafft. Anscheinend war meine Haut zu fettig gewesen und hatte dadurch die Farbe nicht so gut angenommen. Die Mundwinkel waren vom Tragegriff eingefärbt worden. Nur meine Zunge leuchtete in schrillem Signalrot, was aber nicht weiter auffiel. Nachdem ich mich entfärbt hatte, ging ich zurück zum Tresen. Mein Bier stand bereit. Es war wie ein Orgasmus, als das kühle prickelnde Bier durch meine ausgedörrte Kehle rann. Die Anspannung legte sich, und ich überlegte, ob ich das Geldpaket gleich aus dem Schuppen holen sollte. Nach einem zweiten Bier hatte ich den Mut, zum Versteck zu gehen.

Als ich am Waldrand ankam, war es inzwischen so finster geworden, daß er mir wie eine schwarze Wand erschien. Ich trottete zurück zur Bundesstraße, die am Neubaugebiet vorbeiführte, und wartete auf ein Taxi. Das Paket wollte ich irgendwann in den nächsten Tagen holen. Jetzt wollte ich nur noch weg, endlich nach Hause in mein kuscheliges Bett. Nach kurzem Warten nahm mich ein Taxi auf und fuhr mich zum Parkhaus. Das wirkte merkwürdig finster. Ich ging zur Einfahrt und tatsächlich, alles war verschlossen. Nun gut, also in Hamburg übernachten, sagte ich mir. Schräg gegenüber einer Polizeiwache in der Nähe des Hauptbahnhofes stieg ich in einem kleinen Hotel ab. Der Anblick der zahlreichen grün-weißen Polizeiautos erzeugte bei mir ein leichtes

Würgen. Ich war fix und fertig und wollte nur noch schlafen. Beim Einschreiben in das Anmeldeformular gab ich einen falschen Namen an und unterschrieb mit meinem richtigen. Schnell riß ich das Blatt vom Block und begann von neuem. Der Nachtportier schaute mir argwöhnisch zu.

In meinem kleinen Zimmer legte ich mich gleich ins Bett. Ich war plötzlich ergriffen von kalter Angst. Erinnerungen an die KaDeWe-Aktion kamen wieder hoch, wie ich in der Werkstatt lag und das Heulen der Hubschrauber-Turbine in meinen Ohren klang.

Nach einer wenig erholsamen Nacht fuhr ich mit der S-Bahn zurück nach Reinbek. Das Parkhaus stand jetzt offen. Niemand war zu sehen. Mein Wagen schien der einzige im Haus zu sein. Etage für Etage kurvte ich dem Ausgang entgegen. Die Schranke stand offen, niemand saß hinter der Kasse, und ohne Aufsehen und ohne zu bezahlen machte ich mich auf den Weg nach Berlin. Das Geldpaket sofort zu holen war mir zu gefährlich. Im Wald wimmelte es bestimmt von Polizisten, die nach weiteren Spuren suchten. Ich schickte noch ein kleines Stoßgebet gen Himmel, daß der Gartenbesitzer meine versteckten Sachen nicht fand.

Ich versuchte mich beim Fahren zu entspannen und nicht an der allgemeinen Raserei teilzunehmen. Aus dem Radio klang Musik: »Ich wär so gerne Millionär, dann wär mein Konto niemals leer!« Ich stimmte dem zu und drehte etwas lauter. »Die Nachrichten: ... der Kaufhauserpresser konnte mit dem Geld entkommen! ... Die Beschreibung des Täters: auffallend klein, dunkelhaarig, ca. 25 Jahre alt. Sachdienliche Hinweise nimmt jede Polizeidienststelle entgegen.«

»Bestens!« lachte ich, und in gelöster Stimmung fuhr ich weiter nach Berlin.

Einen Tag später bekam meine Vorfreude einen Dämpfer. Nun hieß es in den Medien: »... der Täter hat nur wenige hundert Mark erhalten, der Rest waren Papierschnipsel«.

Ich war irritiert. Konnte es wahr sein, daß die Polizei das Risiko eines weiteren Bombenanschlags eingegangen war? Ich hatte doch demonstriert, daß ich nicht bluffte. Im Moment konnte ich nichts weiter tun als abwarten. Wenn ich das Geldpaket aus dem Schuppen geholt hatte, würde ich weitersehen.

Zehn Tage später in Reinbek. Am Abend stand ich auf einem Parkplatz am Rande des Krähenwaldes, vielleicht zwei Kilometer von dem Geldversteck entfernt. Der Regen rauschte, ich saß im Auto und wartete sehnsüchtig darauf, daß Petrus die himmlischen Schleusen wieder schloß. Die Scheiben waren beschlagen. Ich wischte mir ein kleines Sichtfenster in meine Seitenscheibe und beobachtete ein Schulgebäude. Erwachsene und Kinder gingen ein und aus. Vielleicht besuchten sie Volkshochschulkurse, vielleicht war ein Elternabend. Ich beneidete die Menschen mit einem Mal um ihre Normalität. Und ich dachte an meinen Sohn, der in vier Jahren eingeschult würde. Und ich dachte an meine eigene Einschulung und an die Lehrer, die versucht hatten, mir das Interesse an der Schule reinzuprügeln.

Der Regen tröpfelte nur noch. Ich nahm mir meine Reisetasche und verschwand in den Wald. Dort zog ich mir meinen Tarnanzug über und setzte mein Nachtsichtgerät auf. Es pfiff mir wieder sein monotones Lied. Verschluckt von der Dunkelheit lief ich meinem Ziel entgegen. Donnergrollen erfüllte die Luft, als ich noch 300 Meter vom Bahndamm entfernt war, wo die Übergabe vor anderthalb Wochen stattgefunden hatte. Auf den Monitoren meines Nachtsichtgerätes sah ich ein flackerndes Leuchten am Himmel, das ein herannahendes Gewitter ankündigte. Plötzlich lief vor mir mein eigener Schatten, als würde ich von hinten mit einem Autoscheinwerfer angestrahlt. Mit einem riesigen Satz sprang ich ins Gebüsch. Die nassen Zweige der an den Weg grenzenden Sträucher schlugen mir ins Gesicht. Hastig drehte ich mich um und klappte die Optik hoch, um mit eigenen Augen zu sehen, was da hinter mir war. Aber nur ein verängstigter Radfahrer radelte an mir vorüber durch den nächtlichen Wald, geführt von einer funzeligen Fahrradlampe. Nun war mir klar, daß mein Nachtsichtgerät den schwachen Schein der Lampe so verstärkt hatte, daß ich an ein Auto geglaubt hatte. Ich raffte mich wieder auf und näherte mich dem Bahndamm. Nur noch 50 Meter, da schlug mit lautem Donnerknall ein Blitz in meiner Nähe ein. Der Wald erstrahlte für einen kurzen Augenblick in einem gespenstisch flackernden Licht. Ein Mann in einem Trenchcoat stand, mit dem Rücken zu mir, an den Gleisen und starrte auf die Stelle, wo die Geldübergabe stattgefunden hatte. Hatte ich richtig gesehen? Oder fing ich an zu spinnen? Vorsichtig schlich ich mich näher heran. Wieder ein Blitz. Tatsächlich, ich hatte mich nicht getäuscht. Etwas erschrocken lief ich ein kurzes Stück des Weges zurück. An einer Holzbrücke, die über einen breiten Bach führte, blieb ich stehen und überlegte: Vielleicht ein Spaziergänger! Aber in stockfinsterer Nacht?

Ich setzte mich auf die Brücke und wartete ab. Nach einer halben Stunde ging ich wieder in Richtung Bahndamm. Es fing an zu schütten. Der Himmel hatte alle Schleusen geöffnet. Verzweifelt versuchte ich, die Optik des Nachtsichtgerätes trocken zu halten. Immer wieder verschwand das Bild im Nebel der beschlagenen Gläser.

Wenn der Mann bei dem Regen noch immer dort steht, dann ist das bestimmt die Polizei, grübelte ich, während ich mich wieder dem Bahndamm näherte. Aber niemand lungerte mehr an den Gleisen herum. Wenn der Typ nicht naß werden wollte, hatte er sich bestimmt unter die wenige Meter entfernte Eisenbahnbrücke gestellt, die den Bach überspannte. Langsam schlich ich am Damm entlang, ohne ein Geräusch zu machen. Vorsichtig linste ich mit meiner Optik um die Ecke. Tatsächlich, da stand er. Zwei Meter von mir entfernt starrte er ins Leere. Er konnte mich nicht sehen, denn für seine Augen war es dafür zu dunkel. Sofort trat ich meinen Rückzug an, und morgens um drei war ich wieder in Berlin.

Ich versuchte, die Situation zu analysieren: Vielleicht ging die Kripo davon aus, daß ich das Geld im Wald versteckt hatte und wiederkommen würde, um mir das Paket zu holen. Möglicherweise warteten sie auf Signale des Senders.

Anderthalb Wochen später wagte ich einen erneuten Anlauf. Ohne Zwischenfälle, und diesmal sogar trocken, kam ich bis zum Schuppen. Mit aller gebotenen Vorsicht nahm ich den Bretterverschlag unter die Lupe, denn ich konnte ja nicht ausschließen, daß jemand meine Sachen gefunden hatte und der Schuppen so präpariert war, daß mein Eindringen einen Alarm auslöste. Nachdem ich alles überprüft hatte, öffnete ich die Tür. Wie ich schon durch ein Loch, das ich in die Bretterwand gebohrt hatte, sehen konnte, war inzwischen aufgeräumt worden. Aber alles, was ich an Gegenständen deponiert hatte, war noch an seinem Platz. Ich holte das Geldpaket aus dem Boden, steckte auch die anderen Dinge ein und machte mich wieder auf den Weg zu meinem Auto. Ich fühlte mich leicht und war in guter Laune, daß die

Aktion so problemlos über die Bühne gegangen war. Es blieb mir genügend Zeit, den wolkenlosen Himmel zu betrachten. Durch mein Nachtsichtgerät erblickte ich ein überwältigendes Sternenmeer. Ich sah die Milchstraße und die Sternbilder. Ich stand fasziniert auf einer Lichtung des Waldes und erinnerte mich, wie ich als Kind davon geträumt hatte, zu den Sternen zu reisen, und welche Sehnsucht mich damals beim Anblick der Milchstraße ergriffen hatte, als wäre dort oben irgendwo meine eigentliche Heimat.

Ich klappte das Visier mit der Optik hoch, um den Himmel mit bloßem Auge zu betrachten, aber der Blick nach oben enttäuschte mich. Es waren nur eine Handvoll kraftlos und müde blinzelnder Sterne zu sehen. Mein Gerät hatte das schwache Licht der Himmelskörper so verstärkt, wie man den Nachthimmel vielleicht nur noch in den Tropen auf einer abgelegenen Insel sehen konnte, weitab von der Licht- und Luftverschmutzung der Städte.

Am folgenden Tag saß ich in meiner Werkstatt und öffnete das Paket. Es war in eine feste Folie verschweißt. Durch den transparenten Kunststoff schimmerten die Tausender. An der Seite erkannte ich die Banderolen der zwanzigtausender Geldbündel. Für einen kurzen Moment überkam mich ein schlechtes Gewissen, daß ich so leicht zu dem Geld gekommen war. Aber dann, bei näherer Betrachtung, kamen mir die Ränder der Scheine etwas zu weiß vor. Der Verdacht keimte auf, daß die Presseberichte über Papierschnipsel der Wahrheit entsprachen. Ich schnitt die zähe Plastikfolie auf und sah die Bescherung. Das Innere war hohl, bestückt mit Batterien und Elektronik.

Mann, Mann, Mann! Was hatten die sich für eine Mühe gemacht! Ich kam nicht umhin, die Arbeit der Polizei zu be-

wundern. Das Papier, in der Größe von Tausendmarkschei-
nen, bildete einen zehn Millimeter breiten Rahmen und war
auf eine Höhe von fünf Zentimetern gestapelt. Ein kleiner
Pappkarton im Innern gab dem Stapel die nötige Steife. An
den Seiten waren Banderolen angedeutet. Ich war nun fru-
strierter Besitzer von zwei hohlen Päckchen, die oben und
unten mit je einem echten Tausendmarkschein abgedeckt
waren.

Die 4 000 Mark deckten noch nicht mal die Kosten der
Übergabeaktion!« schloß Funke seufzend seine Erzählung. Der Mainzer schüttelte den Kopf. »Eigentlich unglaub-
lich, daß die Polizei das Risiko eines weiteren Bombenan-
schlages eingegangen ist. Aber vielleicht waren die sich ganz
sicher, dich bei der Übergabe zu fassen. Trotzdem hätten sie
die Möglichkeit, daß du entwischst, mit einkalkulieren müssen.«

»Jedenfalls war das Paket groß genug, um, sagen wir mal,
700 000 Mark unterzubringen. Ein ›Geldbündel‹ war nur
mit ausgedienten Batterien bestückt, damit das Gewicht
stimmte«, fügte Funke hinzu. »Mit 700 000 Mark wäre ich
auch schon zufrieden gewesen. Ha. ha!«

Die Zellentür krachte, der Umschluß war wieder beendet.
Die Gefangenen eilten in ihre Zellen zurück.

Die Tage vergingen. Aus Wochen wurden Monate. Jeder
Tag verging im gleichen Trott. Aufschluß, Umschluß, Ein-
schluß, Besuch, Zellendurchsuchung, Rechtsanwalt, Gutachter und Arzt. Aus Gewohnheiten wurden Rituale.

Neun Monate nach meiner Verhaftung begann der erste
Prozeßtag.

17.1.1995. Der Friseur hatte sich ausnahmsweise etwas Mühe gegeben, was nicht unbedingt die Regel war. Denn jeder, der sich dazu berufen fühlte, konnte diesen Job ausüben, auch wenn seine Erfahrungen sich auf Heckenschneiden oder Schafescheren beschränkten.

Funke band sich seinen Schlips um. Er versuchte, seine Gedanken zu zügeln und sich nicht verrückt zu machen.

Der Wachtmeister öffnete seine Zelle. »Na, dann kommen sie mal, Herr Funke, die Presse wartet schon auf sie.«

Lange, fast endlose Flure. Die Schritte hallten, schwere Schleusentüren wurden durch einen Summer geöffnet. Gesichtskontrollen, Körperkontrollen. Weiterlaufen zur Wartezelle. Ein kleiner Raum, zwei Holzbänke, dunkle, schmutzige und vollgekritzelte Wände. In dem sechs Quadratmeter großen Raum warteten schon acht Häftlinge auf ihre Vorführung. Die Luft war zum Schneiden.

»Na, Dagobert, was, glaubst du, wollen sie dir aufbrummen?« fragte ein kleiner Dicker mit tätowierten Händen und blonden Stoppelhaaren.

»Keine Ahnung, das einzige, was ich weiß, ist, daß sich der Strafrahmen zwischen fünf und 15 Jahren bewegt. Alles andere sind Spekulationen, die zu nichts führen!« erwiderte Funke.

»Die wollen dir sicher ordentlich einen überbraten, weil du die Polizei so verarscht hast«, sagte der Dicke grinsend.

»Quatsch! Ich habe die Polizei nicht verarscht. Wenn überhaupt, dann haben sie es selbst getan«, entgegnete Funke.

»Es geht doch nur um Rache, nichts weiter als Rache!« sagte der Dicke.

»Ich meine, Rachegelüste zu haben ist normal, die hab' ich auch von Zeit zu Zeit«, antwortete Funke. »Die Frage ist, was Rache bewirkt, außer daß man sich eventuell für einen Moment besser fühlt.« Er hatte im Knast einige getroffen, die schon seit ihrer Kindheit vom Schicksal reichlich bestraft worden waren, ohne daß sie etwas dafür konnten. Ihre Straftaten waren letztendlich nur der Ausdruck und der vorläufige Endpunkt dieser Erfahrung. Wenn sie von den Gerichten im Namen des Volkes verurteilt wurden zu einer Strafe, die nur wegschließt, dann wurden ihre Rachegefühle womöglich verstärkt, und alles würde von vorn beginnen. Versuchte man eine Resozialisierung zu erreichen, fühlten sich oft die Opfer um ihre Rache betrogen, denn die wollen den Täter büßen sehen. Die Opfer wollen Rache, weil sie sich davon die Linderung ihrer Leiden versprechen. Genauso wie vorher der Täter. »Bei mir war das Opfer ein Konzern«, fuhr Funke fort. »Vielleicht auch ein bißchen die Polizei. Ich weiß nicht, ob da Rachegefühle eine Rolle spielen. In meinem Fall geht es sicher mehr um Abschreckung, so zweifelhaft sie auch sein mag.«

Der Dicke meinte noch, daß er jedem die Fresse poliere, der ihm dumm kommt, und daß er sich dabei immer ganz prima gefühlt habe. Auf die Frage, warum er vor Gericht stand, antwortete er: Körperverletzung!

Nach fast einer Stunde wurde Funke vom Wachtmeister geholt. Er stand auf, die anderen wünschten ihm viel Glück. Wieder lief er durch endlose Gänge, und je näher er dem Saal 500 des Moabiter Landgerichts kam, desto mulmiger wurde ihm. Seine Hände schwitzten, das Herz klopfte wild. Vielleicht hätte er sich ein paar Valium einstecken sollen, aber nun war es zu spät.

»Zigarette?« fragte der Wachtmeister und hielt ihm eine Schachtel hin. »Wir haben noch etwas Zeit!«

Dankbar für die Ablenkung griff Funke zu und ließ sich Feuer geben. Sie standen vor der Tür zum Gerichtssaal, und der Wachtmeister deutete auf einen Stuhl.

»Hier hat Mielke oft in den Verhandlungspausen gesessen«, sagte er und lehnte sich an die Wand. Dann lächelte er Funke an und erzählte: »Der Richter, den Sie haben, ist ja noch ganz vernünftig. Es gibt hier auch welche, die kennen keine Gnade, für nichts und niemanden. Die ganze Strafjustiz ist irgendwo auch ein Glücksspiel. Bei dem einen Richter würden sie für ihre Tat sieben Jahre bekommen und bei einem anderen 14. So ist das.«

»Na, dann werde ich mich mal überraschen lassen«, resümierte Funke und fragte: »Ist viel Presse da draußen?«

»Kann man wohl sagen, wir mußten noch Stühle reinstellen, damit alle Platz haben. Die Meute lauert schon auf Sie.«

»Oh ja, mir ist auch schon ganz schlecht. Jeder von den Leuten hat einen anderen ›Dagobert‹ im Kopf. Ich könnte mir vorstellen, daß der eine oder andere von mir erwartet, daß ich im Entenkostüm auftrete oder irgendeine andere Show abliefere. Vielleicht gibt es welche, die von mir erwarten, daß ich jetzt gegen den Konsumterror auf die Barrikaden steige. Kinder haben mich als Comic-Figur gesehen, wieder andere als knallharten Burschen ... Ich werde viele enttäuschen müssen«, sagte Funke.

»Ein letzter Zug noch, und dann gehen wir rein«, beendete der Wachtmeister die Unterhaltung.

Funke betrat den Saal und begrüßte seine Anwälte.

»Wie fühlen Sie sich?« fragte Ziegler.

»Ich bin aufgeregt, ich will zurück in meine Zelle!«

»Wir werden das schon schaffen, Herr Funke«, versuchte der junge Kollege des Antwalts ihn zu beruhigen.

Die Presse stürmte den Saal. Ein Blitzlichtgewitter ging über Funke nieder. Fotoapparate klackten, Kameramänner drängelten, und die Scheinwerfer blendeten.

»Keine Fragen! Es werden keine Fragen beantwortet!« sagte Ziegler energisch zu den Reportern.

Funke versuchte, seine Nervosität zu verbergen, und riskierte ein gequältes Lächeln. Seine Hände begannen vor Aufregung zu zittern, und er versteckte sie schnell hinter seinem Rücken. Die ganze Aufmerksamkeit der Leute war für ihn zum Fürchten.

Zehn Minuten später wurden die Kameraleute und Fotografen wieder aus dem Saal geschickt. Die Besucher wurden eingelassen, und nachdem sich alles beruhigt hatte, betraten die Richter und Schöffen den Saal. Die Anklage wurde verlesen, und der Richter forderte Funke auf zu berichten, wie aus seiner Sicht alles begonnen hatte.

Das war nun der Moment, vor dem er eine fast panische Angst gehabt hatte. Alle Augen waren auf ihn gerichtet. Man wartete gespannt auf seine ersten Worte. Aber in seinem Kopf war eine gähnende Leere. Nichts, das absolute Nichts. Was sollte er jetzt sagen? Sollte er jetzt von seinen gesundheitlichen Problemen erzählen? Von Depressionen und Alkohol? Von Lackdämpfen? Er wußte genau, daß, egal was er jetzt sagte, alles nach Ausreden klingen würde. Aber so war es nun mal gewesen!

Er mußte sich förmlich dazu zwingen, den Mund zu öffnen und die ersten Worte herauszustoßen. Zögerlich begann er zu sprechen.

Der Richter unterbrach: »Gehen Sie bitte dichter ans Mikrofon!«

Ach ja, das Mikrofon. Damit jeder hören konnte, was er

zu sagen hatte. Aber er wollte ja nicht, daß jeder ihn hörte. Eigentlich wäre er am liebsten aufgesprungen und davongerannt. Rennen, einfach nur rennen, wie nach einer Geldübergabe. Endloses, befreiendes Rennen.

Hilfesuchend blickte Funke zum Anwalt. Der nickte ihm aufmunternd zu ... Also weitererzählen. Stockend rang er nach Worten. Jeder Satz wurde zur Qual. Dann wendete er sich an den Richter mit der Bitte, daß dieser ihm Fragen stellen solle. Der Richter hatte ein Einsehen. Wieso nicht wieder das KaDeWe? ... Warum Karstadt in Hamburg? ... Warum unterschrieben Sie mit »Dagobert«? Langsam wurde die Verhandlung flüssiger.

Nach der Mittagspause fühlte sich Funke besser. Nun hatte er etwas Muße, sich die Gesichter der Journalisten und Richter anzusehen.

»Die Richterin, von mir aus rechts neben dem Vorsitzenden, könnte mir gefallen«, flüsterte er dem Anwalt zu.

»Herr Funke, Sie sollen sich auf den Prozeß konzentrieren und nicht auf die Richterin ... Aber Sie haben recht, sie ist apart«, antwortete er lächelnd.

14.30 Uhr, der erste Verhandlungstag war zu Ende. Zurück in seiner Zelle fiel eine zentnerschwere Last von ihm ab ... Frei! Verrückt, daß man sich in einer Zelle frei fühlen konnte.

In den letzten Wochen hatte er nicht mehr am Hofgang teilgenommen. Der Mainzer war wieder in seiner Heimatstadt, und unter den anderen gab es niemanden, mit dem er sich gern unterhalten hätte. Es war immer das Gleiche. Ewig dieselben Themen: durchgeknallte Staatsanwälte, lügende Zeugen, ungerechte Richter, die eigene Unschuld und menschenunwürdige Haftbedingungen. Wenn er dann noch beim Hofgang die dreifach vergitterten Fenster, die Wachleute und den Stacheldraht sah, fühlte er sich gefangen. In seiner Zelle dagegen konnte er lesen, schreiben, zeichnen, nachdenken und sich freiträumen. Mit Mozart, Bach und Vivaldi entschwebte er der Zeit. Mit diesen Vorlieben war er eher ein Exot unter den Gefangenen.

Jeder versuchte auf seine Weise, mit der Haftsituation umzugehen. Wer dabei seine Bedürfnisse auf das reduzieren konnte, was möglich war, kam mehr oder weniger gut zurecht. Wer dies nicht konnte, litt. Viele tapezierten sich die Wände zu mit den Fotos ihrer Lieben und ihrer Sehnsüchte. Bei Funke waren die Wände kahl. Was man nicht sieht, berührt nicht, und was man nicht denkt, existiert nicht, war sein Motto.

Die Herren aus dem Rotlichtmilieu versuchten, sich an den Dingen zu erfreuen, die sie mal besessen hatten.

»Hier, schau mal, mein Pitbull.« Der in eine Duftwolke aus teurem Rasierwasser gehüllte Loddel hatte Tränen in den Augen, als er Funke ein Foto zeigte. »Ist er nicht süß? Ich hatte ihn als ganz kleinen Welpen bekommen.«

Funke betrachtete das Bild: »Hmm!«

»Und hier, mein Ferrari!« Ein tiefer Seufzer. »Und das war mein BMW, mit allen Extras. Tiefergelegt, voll verspoilert, Walnußholz und frisiert. Alles vom Feinsten. Hier meine Wohnung. Das Wasserbett. Und da kannst du meine Rolex erkennen, die hat Hunderttausend gekostet!« Sein Blick verklärte sich. »Das ist meine Alte«, und er zeigte ein Foto von einer leichtbekleideten Blondine mit roten Strapsen.

Ein Gewohnheitsverbrecher träumte davon, einmal ganz groß abzusahnen. »Wenn ick wieder rauskomme, mache ick dat janz jroße Ding. Noch mal jehe ick nich für Pipifax in den Knast.« Ungehalten darüber, daß er wegen Ladendiebstahl einsaß, schlug er seine tätowierte Faust gegen die Zellenwand. »Ick bin jetzt 38 Jahre alt, und zwölf Jahre davon habe ick im Knast verbracht. Mal drei, mal vier, mal fünf Jahre. Aber wenn ick diesmal hier rausmarschiere, mach ick dat janz jroße Ding. Einmal richtig hinlangen und dann zur Ruhe setzen.«

Der Sozialfall war zufrieden, endlich wieder »daheim« zu sein. »Draußen bin ich nur am Saufen, und dann baue ich nur Scheiße. Hier habe ich alles, was ich brauche: 'n Bett zum Schlafen, zu essen und Arbeit.«

Der Erstverbüßer: »Ich will es nie wieder tun! Das soll mir eine Lehre sein. Nie wieder, nie wieder will ich in den Knast!«

Irgendwann finden sich die meisten mit der Haftsituation ab, und das Leben hinter Gittern bekommt seine eigene Normalität.

Schon vor einigen Monaten hatte Funke, auf die Anregung seines Anwalts hin, mit seiner Autobiografie begonnen. Nachdem die Anspannung des ersten Prozeßtages verflogen war, setzte er sich an den kleinen Tisch, nahm sich einen Schreibblock und versuchte, sich zu erinnern. Er dachte daran, wie wütend er damals nach der Geldübergabe in Reinbek gewesen war, weil ihn die Polizei mit ihren Papierschnipseln so unter Zugzwang gesetzt hatte. Er begann zu schreiben.

Ich hatte der Polizei gedroht, einen weiteren Anschlag zu verüben, wenn nicht gezahlt würde; aber ich hatte eigentlich nicht damit gerechnet, daß es wirklich soweit kommen könnte. Doch nachdem ich die Papierschnipsel in Händen hielt, sah ich keine andere Möglichkeit, meinen Drohungen mehr Glaubwürdigkeit zu geben. Eine Woche, nachdem ich das Paket aus dem Schuppen geborgen hatte, deponierte ich einen Sprengsatz in einer Karstadt-Filiale in Bremen.

An den darauffolgenden Tagen durchforstete ich die Zeitungen nach Berichten über einen Anschlag im Kaufhaus, aber ich konnte nichts finden. Ich verfolgte die Nachrichtensendungen im Fernsehen, aber auch dort gab es keine Berichte. Ich war verunsichert. Hatte der Sprengsatz überhaupt funktioniert? Oder wurde die Explosion vertuscht? War der Schaden zu gering? Oder waren Berichte darüber nur in den Bremer Medien zu finden?

Ich erinnerte mich an einen Artikel, der kurz nach dem Übergabeversuch in Reinbek in einer Hamburger Zeitung erschienen war. Man hatte einen Kripo-Beamten zu dem nichtgezahlten Geld befragt und ob nun die Gefahr eines Anschlages während der Geschäftszeit bestand.

Der Beamte wiegelte in diesem Interview ab und meinte: Eine Bombe zu zünden, wenn niemand im Kaufhaus ist, sei eine Sache; aber so etwas während der Geschäftszeit zu tun, sei doch was ganz anderes. Es bestünde deshalb seiner Meinung nach keine Gefahr. Für mich klang das so, als würde er sagen: Du traust dich nicht.

Na gut, sagte ich mir, wenn die Polizei nicht glaubt, daß ich während der Geschäftszeit aktiv werde, mußte ich sie wohl vom Gegenteil überzeugen. Offensichtlich nimmt man mich nicht ernst.

Da ich aber nicht die Absicht hatte, jemanden zu verletzen oder gar zu töten, baute ich mir eine kleine Bombe mit reduzierter Sprengwirkung. Und ich nahm mir vor, zur Sicherheit die Explosion zu überwachen.

15.9. Diesmal verzichtete ich auf die anstrengende Fahrt mit dem eigenen Wagen und setzte mich in den Zug nach Hannover, um frisch und ausgeruht mein Ziel zu erreichen. Ich hatte Glück und fand ein Abteil für mich allein. Als ich nachmittags eintraf, machte ich mich als erstes auf den Weg ins Kaufhaus, um mich mit den Gegebenheiten vertraut zu machen.

Ich war schon so oft in Hannover gewesen, trotzdem war mir diese Stadt seltsam fremd und vertraut zugleich. Vielleicht kam das von den vielen Neubauten, die überall in den Städten gleich aussehen. Ich fand keine markanten Punkte, an denen ich mich orientieren konnte.

Im Kaufhaus schlenderte ich durch die Abteilungen, schaute, beobachtete und suchte nach einem geeigneten Platz für meinen Knallkörper. Dabei stellte ich fest, daß auch alle Kaufhäuser in Deutschland gleich sind. Die gleiche Einrichtung, die gleichen Waren, die gleichen Leute. Ich fand mich schnell zurecht, und nach einer Stunde hatte ich genug gesehen. Es blieb mir noch Zeit für die Nahrungsaufnahme und um mich mental auf die bevorstehende Aktion vorzubereiten.

17.30 Uhr. In der Toilette eines Schnellrestaurants saß ich auf dem heruntergeklappten Toilettendeckel und programmierte die Uhr der kleinen Rohrbombe. Immer wieder überprüfte ich, ob ich nicht die englische Zeiteinstellung AM und PM verwechselt hatte. Ich spürte, wie das Adrenalin zu wirken begann. Unruhe und Herzklopfen, als ich den Explosivkörper in ein schwarzes Tuch wickelte. Ein Kabel der Zündelektronik ließ ich herausschauen, um so die Möglichkeit zu haben, den Sprengsatz mit einem Ruck zu entschärfen. Mein Mund war wieder trocken wie nach der Flucht in Reinbek, obwohl ich bisher noch nicht gerannt war. Jetzt ein Bier! ging es mir durch den Kopf. Aber ich benötigte für diese Aktion einen möglichst klaren Verstand, also verzichtete ich darauf.

Die Minibombe hielt ich in der Tasche meines Lederblousons verborgen, als ich das Kaufhaus betrat. Eine ungeheure Spannung zerrte an meinen Nerven. Automatisch, wie aufgezogen, lief ich durch die Abteilungen. Vorbei an Frauen, die an Krabbeltischen nach preiswerten Stoffresten suchten. Vorbei an gelangweilten Verkäufern, die den Feierabend herbeisehnten. Ich spürte mein Herz wie einen pulsierenden Fremdkörper in meiner Brust. Ich hatte Angst. Nur keinen Fehler machen. Nur nicht in Panik geraten. Immer wieder schaute ich auf meine Armbanduhr, die mit dem Sprengsatz synchron lief. Ich ließ mich von den Rolltreppen in die vierte Etage tragen. Haushaltswarenabteilung. Wieder schaute ich auf meine Uhr. Noch sieben Minuten bis zur Explosion. Meine Angst schien mich langsam aufzufressen. Sie zerrte an meinen Eingeweiden. Wenn ich jetzt den Draht herausreißen würde? Das Ganze abblasen und unverrichteter Dinge wieder nach Hause fahren? Reiß dich zusammen! Wieder ein Blick auf die Uhr. Noch fünf Minuten! Ich überblickte die Abteilung und sah nur drei Verkäuferinnen, die an der Kasse beschäftigt waren. Keine Kunden. Also weiter. Ich lief langsam zwischen den Regalen mit den verschiedensten Haushaltswaren umher. Nur nicht auffallen! Normal bewegen. Nicht soviel umschauen. Ich näherte mich der Stelle, die ich mir für die Explosion ausgesucht hatte. Wieder ein Blick auf meine Uhr. O Gott, gleich ist es soweit. Ich mußte sofort meine Bombe loswerden. Nerven behalten! Ich schlich vorbei an Wäschetruhen und Haushaltsleitern zu einem Faltschrank aus Stoff. Daneben ein Stützpfeiler. Zwischen Schrank und Pfeiler legte ich den Knallkörper ab. Die drei Verkäuferinnen hantierten weiterhin an der Kasse. Nach wie vor waren keine Kunden zu sehen. Noch 60 Sekunden bis zur Explosion. Ich bückte mich kurz, um aus dem Blickfeld der Verkäuferinnen zu verschwinden. Wie hypnotisiert verfogte ich die Zeiger meiner Uhr. Nur noch 20 Sekunden. Mein Herz hämmerte bis zum Hals. Zügig entfernte ich mich bis auf zehn Meter. Niemand war in unmittelbarer Nähe. Noch fünf Sekunden. Ich blickte mich nochmals um, aber kein Mensch war da, der dem Sprengkörper gefährlich nahe kommen konnte. Also nichts wie weg. Ich drehte mich um und ging los in Richtung der Rolltreppen.

Eine mächtige Detonation zerriß die Luft. Aufgeregte Menschen um mich herum. Keiner achtete auf mich, als ich die Rolltreppen hinunterfuhr. Ruhig bleiben, ruhig bleiben, sagte ich mir. Wie in Trance trat ich auf die Straße. Meine Ohren waren taub, und ich hörte ein Pfeifen, wie der Testton beim Fernsehapparat. War das laut! Verdammt noch mal, war das laut, stellte ich zu meinem Schrecken fest. Ich rieb mir mit beiden Händen über das Gesicht und versuchte, mich zu beruhigen. Auf dem Weg zum Bahnhof hatte ich das Gefühl, daß mir die Beine wegknickten, weil meine Knie weich wie Pudding waren.

Die größte Anspannung war bald verflogen, doch die innere Unruhe blieb. Es war mir peinlich, für diesen Schrecken verantwortlich zu sein.

Von weitem hörte ich das Horn der Feuerwehr, und mir war, als würde der mahnende Ton mit jedem Signal auf mich weisen. Ich kaufte mir zwei Büchsen Bier und gab mir Mühe, nicht durch meine fahrigen Bewegungen aufzufallen.

Kurz vor Mitternacht war ich wieder bei meiner Familie. »Warum kommst du so spät?« fragte meine Frau mißtrauisch.

»Nun ja, ich habe gearbeitet. Geld verdienen, damit wir leben können.« Meine Antwort war eigentlich stinknormal, aber nach dem, was ich vor ein paar Stunden angestellt hatte, kam sie mir doch reichlich bescheuert vor.

Am folgenden Morgen erfuhr ich aus den Nachrichten, daß eine Verkäuferin über leichtes Ohrensausen geklagt hatte. Außerdem berichtete man über die Verwüstungen, die von mir zuvor in dem Bremer Kaufhaus angerichtet worden waren.

Ich nahm die Meldungen mit sehr gemischten Gefühlen auf. Einerseits verspürte ich die Genugtuung, auf Reinbek meiner Meinung nach angemessen reagiert zu haben. Andererseits war mir der ganze Wirbel, den ich verursacht hatte, sehr unangenehm. Ich hätte liebend gern darauf verzichtet. Ich hoffte, daß die Polizei kein weiteres Scheitern einer Geldübergabe riskieren würde.

Ich war in der Zeit der Karstadt-Erpressung eigentlich eine gespaltene Persönlichkeit. Wenn ich mit meiner Familie zusammen war, verschwendete ich keinen einzigen Gedanken an Karstadt. Es war dann so, als würde es diesen Teil meiner Existenz nicht geben. War ich aus dem Haus und widmete mich meiner »Arbeit«, dann war ich nur darauf konzentriert. Die Wochenenden waren für meine Familie reserviert. In der Woche verabschiedete ich mich frühmorgens von Frau und Kind, um anschließend in Berlin, bekleidet mit Blaumann, Warnweste und Bauhelm, die Bahnstrecken abzulaufen und nach Übergabemöglichkeiten zu suchen, als wäre das das Normalste auf der Welt.

13.10. Die Tage wurden kürzer, die Luft wurde kühler und die Stimmung schwermütiger. Die Blätter der Bäume begannen gelb zu werden. Diesmal hatte ich mich für eine Übergabe in Berlin entschieden, aber auf der gleichen Strecke: Hamburg–Berlin–Dresden. Ich hatte verlangt, das Geld auf mein Signal hin aus dem Zug zu werfen. Das Kommando dafür wollte ich über Sprechfunk geben.

Es war 15 Uhr, als ich den Geldboten in Hamburg angerufen und auf die Reise geschickt hatte. Alles war wieder einmal minutiös geplant, und ich hoffte, daß ich auf der Fahrt nach Berlin und später in der Stadt nicht in größere Staus geraten würde. Spätestens um 18.30 Uhr wollte ich an meinem Ziel in der Nähe des S-Bahnhofes Heerstraße eintreffen, um mich in Ruhe auf die Übergabe vorbereiten zu können. Während ich meinem Ziel entgegensteuerte, blieb mir viel Zeit, über die vergangenen Tage nachzudenken.

Vor einer Woche war bereits ein Übergabeversuch fehlgeschlagen. In Berlin tobte das Oktoberfest, und der Festplatz lag unmittelbar an derselben Strecke, die ich mir für die heutige Übergabe gewählt hatte. Ich wollte die Menschenmassen, die den Rummel bevölkerten, für meine Flucht nutzen. Auch vor einer Woche sollte die geforderte Summe aus dem Zug geworfen werden. Ich hatte keine Lust gehabt, Zeit und Geld in ein weiteres Abwurfgerät zu investieren. Und ich hätte die Polizei nicht zweimal mit der Schaltuhr hereinlegen können. So stand ich am späten Abend an den Gleisen. Über mir tobte das Leben, denn die Bahntrasse lag sechs Meter tiefer als das Festgelände. Ich befand mich regelrecht in einem kleinen Tal. Es war dunkel, nur ein schwacher Schein flimmernder bunter Lichter fiel auf die Schienen. Der Geruch von gebrannten Mandeln und Bratwurst lag in der

Luft, und die laute Musik der Schausteller hallte über das Bahngelände. Erwartungsvoll hatte ich in die Dunkelheit gestarrt und auf den Zug gewartet. Aber drei Minuten, bevor der Zug kam, tauchten zwei dunkle Gestalten auf, die als Schatten am Bahndamm entlangstolperten. Ich hastete die Böschung hoch zum Rummelplatz, fluchte und hörte auch schon den Zug mit dem Geldboten an mir vorüberrauschen.

Nur wenige Kilometer von der Stelle entfernt wollte ich zwei Wochen später einen weiteren Übergabeversuch starten. Ich ärgerte mich ein wenig, daß mir nichts Besseres eingefallen war. Ich hatte die Befürchtung, die Polizei könnte sich auf mich »einschießen«, wenn meine Aktionen immer wieder in der gleichen Weise abliefen. Ich grübelte, was die Polizei wohl diesmal an Überraschungen für mich bereithielt … In Reinbek war's die kleine explodierende Farbpatrone außen am Paket gewesen und innen die Elektronik. Vielleicht hatte sie nun eine Blendgranate gewählt oder Tränengas? Oder eine Riesen-Farbbombe? Ich sollte jedenfalls darauf gefaßt sein, daß irgend etwas passieren könnte.

Am Abend traf ich mit leichter Verspätung am S-Bahnhof Heerstraße ein. Die Zeit für die Vorbereitungen war knapp geworden. Schnell begab ich mich zu den dicht am Bahndamm gelegenen dreistöckigen Wohnhäusern. Tage zuvor hatte ich an einem Heizungskeller das Türschloß ausgetauscht. In dem Raum für die Öltanks hatte ich meine Ausrüstung gelagert. Ich holte mir mein Funk- und mein Nachtsichtgerät und schlich auf der Rückseite der Häuser an einem Zaun entlang. Ich tastete mich in der Dunkelheit bis zu einer Stelle, wo spielende Kinder einige Latten niedergerissen hatten. Zwischen wild wuchernden Bäumen und Sträuchern lief ich vorbei an Schrebergärten. Ich setzte mein

Nachtsichtgerät auf und beobachtete die Wege und Gärten. Alles war friedlich, es gab nichts Verdächtiges. Schon hörte ich den Zug, das Heulen des Triebwagens. »Mann, Mann, ist das kanpp!« fluchte ich, rutschte an der Böschung ab und fiel hin, konnte mich aber an den Ästen eines Strauches festhalten. Auf dem Hosenboden rutschte ich bis zu den Gleisen hinunter. Schnell schaltete ich das Funkgerät ein. Der Zug rauschte an mir vorüber und schien kein Ende zu nehmen. Ich gab das Signal für den Abwurf. Waggon für Waggon ratterte vorbei, ich sah die beleuchteten Abteile, die mich für kurze Augenblicke ins Licht stellten ... Mist, ich hatte das Signal zum Abwurf des Geldes etwas zu früh gegeben. Ärger stieg in mir hoch.

Die Beamten sollten, laut meiner Anweisung, das Geld aus dem letzten Waggon auf die Gleise werfen. Der Zug war weg, und es herrschte wieder Stille und Dunkelheit. Ich legte mein Nachtsichtgerät ab, weil es beim Suchen eher behinderte als nützte, schaltete meine Taschenlampe ein und lief nach rechts in die Richtung, aus der der Zug gekommen war. Hier vermutete ich das Paket. Ich suchte und suchte, fand aber nichts. Ich fühlte mich unter Hochspannung. Wieviel Zeit hatte ich noch? Sollte ich hinter der langgezogenen Kurve dem Zug ein Stück hinterherrennen, um auch dort noch nachzuschauen? Zu gefährlich! Womöglich würde ich der Polizei genau in die Arme laufen.

Der Drang, endlich zu fliehen, wurde immer stärker. Ich wollte nicht mehr länger suchen. Bloß weg! Ich rannte los, sprang über Zäune, lief durch Gärten, kroch zwischen Sträuchern hindurch und kam genau an meinem Heizungskeller heraus.

In meinem Versteck verfluchte ich den Tag. Wieder mußte

ich ohne Geld nach Hause gehen. Ich setzte mich hinter einen Öltank und wartete. Eine halbe Stunde später tanzte draußen der Bär. Ich hörte Schüsse aus Signalpistolen, Hubschrauber kreisten und Männer hechelten an meinem Kellerfenster vorbei. Ich versuchte, es mir so gemütlich wie möglich zu machen, öffnete eine Büchse Bier und setzte die Kopfhörer meines Walkmans auf.

Bericht
Nachdem der vom Täter angekündigte Anruf am 13.10. um 15.02 Uhr eingegangen war, wurde durch die operativen Kräfte der vom Täter vorgegebene Zug, D-Zug 537, Käthe Kollwitz, Abfahrt: 16.08 Hamburg-Altona, besetzt und entsprechende Vorbereitungen für eine geplante Geldübergabe getroffen.
Auf der Fahrt nach Berlin hatte der Zug mehrfach leicht Verspätung. Mit einer Verspätung von acht Minuten erreichte der Zug dann gegen 19.38 Uhr den Bahnhof Berlin-Spandau. Nach kurzem Halt fuhr der Zug dann weiter in Richtung Berlin-Charlottenburg. Um 19.43 Uhr konnten dann die zugbegleitenden Kräfte zwischen den Bahnhöfen Berlin-Spandau und Berlin-Zoologischer Garten das vom Täter vorgegebene und über Funk, Kanal 15, ausgesandte Signal aufnehmen.
Aufgrund technischer Schwierigkeiten kam es dann nicht, wie vom Täter gefordert, unmittelbar nach Beendigung des letzten Signals zum Abwurf, sondern mit einer leichten Verzögerung von mehreren Sekunden. Dabei fiel das »Geldpaket« nicht, wie vom Täter vorgesehen, an der für ihn vermutlich günstigen Stelle

aus dem Zug, sondern wurde verspätet neben die Gleise geworfen, damit durch den Abwurf der Beutel nicht zerplatzt.

Unmittelbar nach dem Abwurf konnte dann innerhalb kurzer Zeit der Abwurfort durch die operativen Kräfte so abgesichert werden, daß der Ablageort des »Geldbeutels« ständig observiert wurde.

Um 20.55 Uhr kam es dann aus unerklärlichen Gründen zu einer Berührung des »Geldbeutels«. Infolgedessen kam es zur Detonation des Paketes, wodurch die operativen Kräfte zur sofortigen Durchsuchung des Geländes und zum offenen Auftreten gezwungen wurden.

Wie sich herausstellte, gab es keine Erklärung für die offensichtliche Berührung oder Bewegung des »Geldbeutels«. Es kann sich jedoch auch um ein Tier gehandelt haben, welches jedoch nicht gesehen wurde.

Um Mitternacht wagte ich mich aus meinem Versteck. Die Straßen waren leer, und ich fürchtete, als einziger Fußgänger die Aufmerksamkeit der Polizei zu erregen.

Endlich zu Hause. Malu war noch wach und hantierte in der Küche.

»Warum kommst du spät?« fragte sie vorwurfsvoll in gebrochenem Deutsch.

»Äh, ich war bei einem Kunden, mein Schatz!«

»Glaube nicht!« Malu machte ein finsteres Gesicht.

Ich verdrehte meine Augen und hob den Deckel vom großen Kochtopf. »Doch, doch, Mäuschen, ich hatte viel Arbeit!«

»Ach! Arbeit, Arbeit. Ich glaube, du hast andere Frau!«

»Nein, nein, Mäuschen, ich habe nur dich«, erwiderte ich leicht genervt und schaute in den Kühlschrank. »Was gibt's zu essen?« versuchte ich vom Thema abzulenken.

»Glaube dir nicht!« sagte sie trotzig.

»Mäuschen, bitte glaube mir! Du bist die einzige. Eine Frau reicht mir vollkommen.« Ich versuchte, sie in den Arm zu nehmen, aber sie stieß mich weg und schimpfte weiter.

»Du nicht Wahrheit sagen! Viele Frauen in Ost-Berlin wollen Mann kennenlernen. Du Werkstatt in Ost-Berlin!«

»Himmel! Mäuschen! Ich schwöre dir, ich bin viel zu faul für zwei Frauen. Du kennst mich doch!«

Das Argument schien gewirkt zu haben. Noch etwas mürrisch schob sie mir einen Teller hin. »Hier hast du Lumpia!« Meine geliebten philippinischen Frühlingsrollen!

Die Presse berichtete am nächsten Tag über die Ereignisse der Nacht. Ein Herr von der Kripo erklärte im Fernsehen, daß sie eine Stunde auf mich gewartet hätten, um mir endlich das Geld zu geben, und daß sie sich genau an meine Anweisungen gehalten hätten. Eine Boulevardzeitung schrieb, ich hätte meine Verfolger mit einer Tränengas-Granate beworfen. Bewohner der angrenzenden Häuser hätten sich über tränende Augen beschwert.

Ich saß da und schüttelte fassungslos den Kopf. Es war doch immer wieder verblüffend, was Journalisten sich so aus den Fingern sogen. Aber ich wunderte mich auch über die Polizei, die so tat, als wollte sie mir das Geld noch hinterhertragen.

Nun stand ich wieder vor dem Problem einer erneuten Übergabeaktion. Irgendwie wollte es nicht in meinen Kopf, daß es diesmal so schwierig war, an das Geld zu kommen. Ich wollte das ganze Theater endlich hinter mich bringen.

Mit der Gelassenheit der Anfangszeit war es nun vorbei. Ich war wie ein Roulettspieler, der immer wieder auf die gleiche Zahl oder Farbe setzt, fiebernd und besessen, immer wieder, obwohl sie ihm bisher kein Glück gebracht hat. So klebte ich weiter an dem Gedanken, mir das Geld aus dem Zug werfen zu lassen. Es mußte doch endlich klappen. Ich mußte doch mal zur Ruhe kommen.

Mit Besorgnis beobachtete ich, daß immer weniger Blätter an den Bäumen hingen, denn mit den Blättern fielen auch meine Deckungsmöglichkeiten.

Ich lief durch Potsdam. Vorbei an alten, grauen, verfallenen Häusern. Vorbei an Bahntrassen, die durch die Stadt führten. Meine Wanderstiefel wirbelten das welke Laub auf. Es war diesig, es nieselte, und alles um mich herum schien in trüber Stimmung zu versinken. Ein gutes Wetter für Depressionen. Warum hatten mir die Lösungsmittel gerade die guten, schönen und heiteren Stimmungen genommen? Warum nicht die Traurigkeit? Dann würde ich vielleicht fröhlich singend durch die Straßen laufen. Völlig bekloppt, aber fröhlich. Das wäre mal was anderes.

Ich suchte nach einem Versteck, das ich nach der Geldübergabe aufsuchen wollte. So ging ich mal in das eine graue Haus, mal in das andere. Ich schaute mir dunkle Keller an, atmete modrige Luft, blickte in leerstehende Wohnungen, lief über malerische Hinterhöfe, schaute durch Fenster und stieg auf Dachböden.

»Was machen Sie hier!?« fragte mich mißtrauisch ein Anwohner, ein typischer kleiner, verhutzelter Hauswart.

»Ich? ... Ja, ich suche die Familie Schmidt! Wohnt die hier?« Ein bißchen ärgerte ich mich darüber, daß mir kein besserer Spruch eingefallen war.

»Hier gibt es keine Familie Schmidt!« Argwohn war in seiner Stimme.

»Ach was!? Dann schaue ich mal ins Nachbarhaus!« sagte ich mit gespielter Überraschung und flitzte auf die Straße, gefolgt von den Blicken des immer finsterer dreinschauenden alten Mannes. Wahrscheinlich hatten die Leute den ganzen Tag nichts Besseres zu tun, als sich gegenseitig zu beobachten. Wie sollte man da unauffällig nach einem Versteck suchen? Dann überlegte ich mir, daß die ganze Planerei ein gutes Training für meine Matschbirne war. Andererseits – bei klarem Verstand hätte ich solchen Blödsinn wohl nie verzapft.

Es war der 29.10., und ich hatte wieder einen Plan. Es sollte nun der dritte Übergabeversuch in einem Monat werden. Reife Leistung, dachte ich, als ich um den Busbahnhof am Funkturm herumschlich und nach einer unauffälligen Telefonzelle suchte. Immer hatte ich die Angst im Nacken, daß ich beim Telefonieren verhaftet werden könnte. Jedesmal hoffte ich, daß ich die Nummer der Kripo in Hamburg zum letzten Mal wählte.

Nachdem ich durch meinen Anruf den Geldboten von Hannover aus auf die Reise nach Berlin geschickt hatte, raste ich über die Stadtautobahn Richtung Potsdam.

An der Glienicker Brücke stellte ich meinen Wagen ab und radelte den Rest der Strecke mit dem Fahrrad. Am Rande der Altstadt hatte ich in einem vierstöckigen Haus ein Versteck direkt unter dem Dachboden gefunden. Ich deponierte meine Ausrüstung in einer kleinen ungenutzten Kammer, die ich mit einem Dietrich verschließen konnte, und ging wieder auf die Straße, um mich etwas umzusehen. Ich hatte noch drei Stunden Zeit, bis der Zug in Potsdam eintreffen würde.

Gemächlich lief ich zum Bahndamm. Meine Augen waren immer auf der Suche nach verdächtigen Anzeichen. Argwöhnisch beäugte ich die Umgebung. Straßenbahnen rumpelten an mir vorüber, es war nur mäßiger Verkehr, und auf den Gehwegen waren kaum Menschen anzutreffen. Ich lief am Bahndamm entlang, vorbei an einem verfallenen Fabrikgelände, vorbei an einem schmalen Schrebergarten, der den Bahndamm begrenzte. Aus einem Geräteschuppen quoll Zigarettenrauch, und durch ein Astloch des Bretterverschlages beobachtete mich ein Auge. Mit gesenktem Kopf lief ich vorüber und erblickte auf dem ungepflasterten Boden die typischen Sohlenabdrücke von Springerstiefeln. Mißtrauen keimte in mir auf. Konnte es sein, daß die Polizei schon Stellung bezogen hatte? War das überhaupt möglich? Gab es womöglich irgendwo einen Planungsfehler? Ich drehte mich nicht um. War das ein Zufall? Der Schuppen war nur 200 Meter vom geplanten Abwurfort entfernt, also hieß es aufpassen.

Zurück in der kleinen Kammer, rasierte ich mir meinen Schnurrbart ab. Seit 25 Jahren hatte ich die »Popelbremse«, und alle Welt kannte mich nur mit Bart. Aber weil ich befürchtete, daß mich die Polizei bei der Übergabe sehen könnte, hielt ich es für besser, ihn abzunehmen.

Als ich dann mein nacktes Gesicht im Spiegel sah, bekam ich einen Schreck. Es war ein mir unbekanntes Gesicht, das mich da anstarrte. Das Gesicht eines reifen Mannes. Als ich das letzte Mal mein Antlitz ohne Bart gesehen hatte, war ich 18 Jahre alt gewesen. Dann setzte ich eine Perücke und eine Hornbrille mit Fensterglas auf. Meine eigene Mutter hätte mich nicht wiedererkannt.

Zehn Minuten vor Ankunft des Zuges bezog ich am Bahndamm Stellung. In meiner Hand hielt ich das Funkgerät, und hin und wieder riskierte ich einen Blick in Richtung Schuppen. Auf die Sekunde genau hörte ich das Herannahen des Zuges. Ich stieg auf den Damm, gab das Signal zum Abwurf, die Wagen rauschten vorbei und ... Hoppla! Der Zug war aber verdammt kurz ... Verblüfft stand ich auf den Gleisen und schaute dem letzten Waggon nach. Ich konnte noch erkennen, daß die Verbindungstür leicht geöffnet war, aber es wurde kein Geld abgeworfen. Verdammt kurzer Zug, wunderte ich mich noch mal, und er hatte auch keinen Speisewagen ... Plötzlich schoß mir siedendheiß der Gedanke durch den Kopf, daß der Zug geteilt worden war und die andere Hälfte gleich angerauscht kommen würde – mit den Jungs vom mobilen Einsatzkommando. Nichts wie weg hier! Mit drei schnellen Sätzen sprang ich zurück auf die Straße, rauf aufs Fahrrad, und in wilder Fahrt radelte ich auf Schleichwegen zurück zum Versteck. Der Fahrtwind ließ meine Perückenhaare hochstehen. Mit einer Punker-Frisur stürmte ich auf der Rückseite des Hauses zur Hoftür, wo ich zwischen Tür und Angel dem Hauswart begegnete. Er blieb wie angewurzelt stehen und schaute mir mit entgleisten Gesichtszügen hinterher, wie ich die Treppe hochhastete.

Bericht
Am Donnerstag, dem 29.9.92, fuhren die Beamten des LKA mit den vom Erpresser geforderten Zügen, um bei Ertönen des vereinbarten Signals das geforderte Geld abzuwerfen. Gegen 14.30 Uhr befindet sich der Zug unmittelbar vor dem Bahnhof Potsdam-West.
Durch die zugbegleitenden Kräfte wird ein Signal

wahrgenommen, welches kurze Zeit später als Abwurfsignal des Täters gedeutet wird. Durch die verspätete Erkennung des Signals wird nicht abgeworfen. Nach dem Passieren der Stelle durch den Zug wurde eine Person gesehen, welche auf die Gleise ging und dem Zug hinterherschaute. Die Person verhielt sich ruhig auf den Gleisen und ging zurück.

Die dort vor Ort bei der Streckenverpostung anwesenden Kräfte hatten zunächst irrtümlich den Ort verlassen und waren dann wenige Minuten später zurückgekehrt. Über Funk erhielten wir davon Kenntnis, daß sich am Hauptbahnhof in Berlin mehrere Pressevertreter aufhalten sollten und auf uns warteten. Wir entschieden uns deshalb nach Rücksprache mit dem Polizeiführer, den Zug bereits am Bahnhof Zoo zu verlassen.

Ich zog mich in meiner Kammer schnell um und hatte wieder ein normales Aussehen, als ich zur Straße runterging.

In 500 Meter Entfernung kreiste schwerfällig ein dunkelgrüner Hubschrauber des BGS über den Gleisen. Offensichtlich war mein Signal empfangen worden. Einige Bereitschaftspolizisten liefen durch die Straßen. Ich fuhr mit dem Rad durch Potsdam. An einer Kreuzung hielt ich hinter einem russischen Soldaten an. Dem Anschein nach sollte er Militärtransporte einweisen. Ich stieg vom Rad und bückte mich dabei etwas zu tief. Klappernd fiel meine Pistole auf die Straße und berührte um ein Haar die Stiefel des Soldaten. Blitzschnell griff ich zu und ließ das Schießeisen wieder in meiner Jacke verschwinden. Die Ampel zeigte Grün. Eilig schob ich mein Rad über die Kreuzung. Gott sei Dank, keiner hatte etwas gemerkt.

An meinem Auto angekommen, schraubte ich eilig das Vorderrad meines Velos ab und verstaute alles im Kofferraum. Weiter ging die Fahrt in die Innenstadt von Berlin.

Zwei Strecken hatte ich bei meinem Telefonat mit der Kripo für die Geldübergabe angegeben: Hannover–Berlin und Berlin–Hamburg. Aber ich hatte geplant, die Aktion auf der ersten Strecke durchzuführen. Nur für den Fall, daß etwas schiefging, wollte ich auf die zweite zurückgreifen. Da ich nicht damit rechnete, daß es dazu kommen könnte, hatte ich die zweite Variante auch nicht vorbereitet.

Ich wußte natürlich durch meine wochenlangen Recherchen, wo und wann der Zug Berlin–Hamburg durch die Stadt fahren würde, und überlegte, ob ich mir das ansehen sollte. Ich war außer mir, als ich über die Avus stadteinwärts fuhr.

Ich lenkte meinen Wagen durch die Innenstadt, immer entlang der Bahngleise. Es regnete. Die Scheibenwischer arbeiteten auf höchster Stufe. Ich stellte mein Auto ab und überlegte, ob ich auf die Schnelle etwas versuchen sollte. Der Gedanke, daß in zwei Stunden der Zug mit dem Geld durch die Stadt rollte und ich dabei zusehen müßte, war mir fast unerträglich.

Es wurde dunkel, und ich stellte mein Auto in einem Parkhaus am Bahnhof Zoo ab, schraubte mein Fahrrad zusammen, setzte meine Hornbrille auf und zog eine hellblaue Windjacke über meinen schwarzen Lederblouson. Ich radelte zur nächsten Imbißbude, um meinen rebellierenden Magen zu besänftigen. Bei Bier und Currywurst überlegte ich, was zu tun wäre. Der Regen tröpfelte nur noch, und die Straßen glänzten wie lackiert. Ich bestellte ein zweites Bier, lehnte mich an eine Hauswand und beobachtete weiter den Straßenverkehr. Nach dem dritten radelte ich weiter zur Wilmersdorfer Straße. Im Blouson hielt ich das Funkgerät versteckt. Es war Donnerstag, und die Geschäfte waren bis 20.30 Uhr geöffnet. Die Fußgängerzone quoll über von Menschen, die die längere Öffnungszeit für ihre Einkäufe nutzten. Die Nebenstraßen waren mit Autos verstopft. Es herrschte ein wüstes Gedränge, und gestreßte Autofahrer rutschten unruhig auf ihren Sitzen hin und her. Ich schlängelte mich an ihnen vorbei zur Gerviniusstraße und stellte mein Rad an einem Laternenpfahl ab. Vorsichtshalber stellte ich die Pedale so, daß ich bei einer raschen Flucht sofort hineintreten konnte.

Ich schaute mir den Bahndamm an, auf dem der Zug jeden Moment erscheinen müßte. Ich begutachtete den Zaun, der den direkten Zugang zu den Gleisen verhinderte. Immer wieder mußte ich an das Geld denken, an das ich so liebend gern kommen würde. Das Bier hatte mich wirklich entspannt. Immer noch leicht benebelt, lief ich auf dem an den Zaun grenzenden Grünstreifen und schaute sehnsüchtig auf die Gleise. Ich dachte an die vielen Menschen in der Einkaufsstraße und daß ich dort vielleicht untertauchen könnte.

»Ach, ist doch alles Quatsch! Du kannst doch hier nicht über den Zaun springen! Laß es!« versuchte ich mich selbst zur Ordnung zu rufen.

Im gleichen Augenblick kam auch schon der Zug. Er fuhr sehr langsam, fast Schrittempo. Gleisarbeiten zwangen ihn zu dieser Schleichfahrt. Waggon für Waggon rollte an mir in zwei Metern Abstand vorüber.

Der letzte Wagen fuhr vorbei, und ich drückte automatisch, fast wie unter Zwang, auf die Sendetaste meines Funkgeräts. Vielleicht war es Neugier, vielleicht hatte das Bier mich leichtsinnig gemacht.

»Raus! Raus!« brüllte jemand in dem Waggon. Sofort wurde mir bewußt, was ich mit meinem Signal verbockt hatte, und ich rannte augenblicklich zurück zum Fahrrad. Auf der anderen Seite der Straße sah ich im Schein der Straßenlaternen eine Gestalt hinter parkenden Autos entlanghuschen. Um mich von allem Ballast zu befreien, warf ich das Funkgerät weg. Ich rannte, was meine Beine hergaben. Die Gestalt sprang aus ihrer Deckung und stürzte auf mich zu.

»Halt, stehenbleiben! Polizei!« schrie der Mann und zog seine Waffe. Ich tat ihm den Gefallen nicht. Beide waren wir nun etwa gleich weit von meinem Rad entfernt. Wir rannten aufeinander zu, aber ich bekam das Fahrrad eher zu fassen, sprang auf und trat mit aller Kraft in die Pedale. Daß ich diese vorher richtig eingestellt hatte, brachte mir jetzt die entscheidenden Zehntelsekunden. Der Beamte mußte hinter mir einen Haken schlagen, geriet auf den Rasen und rutschte aus. Zu meinem Entsetzen sah ich nun einen zweiten Beamten vor mir zwischen den Autos hervorspringen. Sein Kollege hinter mir schrie: »Das ist er! Das ist er!«

Ich ahnte den Punkt voraus, an dem ich mit dem zweiten Beamten zusammentreffen mußte. Inzwischen war ich gut in Fahrt gekommen. Die Hand des Polizisten schnellte vor wie bei einem Footballspieler, der seinen Gegner niederreißen will. Für den Bruchteil einer Sekunde bekam er mich am Ärmel zu fassen. Ich strauchelte kurz, verlor aber nicht die Gewalt über das Rad, und weg war ich.

Ich verschwand im Verkehrsgewühl der Seitenstraßen. Nach ca. 800 Metern flitzte ich mit meinem Fahrrad in den Hausflur eines der vielen Altbauten. Auf dem Hof stellte ich es ab, rannte in ein Treppenhaus und stürzte die Stufen hoch bis zum Dachboden. Dort setzte ich mich vor eine Tür.

Ich mußte mir eingestehen, daß ich sehr leichtsinnig gewesen und nur mit einer Portion Glück entkommen war. Ich wartete. Plötzlich hörte ich Schritte im Treppenhaus und das Trappeln von Hundepfoten. O Gott, jetzt kommen sie! dachte ich, zog meine Pistole und setzte sie an meine Schläfe. Ich glaubte, gleich entdeckt zu werden. Ruhig und gefaßt erwartete ich die Polizei. Doch dann klapperte ein Schlüsselbund, eine Tür wurde aufgeschlossen, und ein Hausbewohner verschwand mit dem Hund in seiner Wohnung. Ich nahm die Pistole von meiner Schläfe. Also weiterleben. Mein Kopf war leer.

Bericht
Gegen 17 Uhr bezogen wir gemäß Auftrag »Streckenverpostung« Aufstellung im Bereich Gerviniusstr. 6. Gegen 17.50 Uhr kommt ein Radfahrer von der Wilmersdorfer Straße. In Höhe Gerviniusstr. 7 stellt er das Rad an eine Laterne und läuft in Richtung Bahndamm. Unmittelbar am Bahndamm befindet sich eine breitere Rasenfläche, die in erster Linie zum Ausführen von Hunden von den dortigen Anwohnern genutzt wird und auf der sich sehr viel Hundekot befindet. Ich verlasse unser Fahrzeug, um ihn besser beobachten zu können. Zu diesem Zweck stelle ich mich in den Hausflur Gerviniusstr. 7. Auf dem Weg dorthin verliere ich ihn in der dunklen Böschung aus den Augen und sehe erstmal nur sein abgestelltes Fahrrad. Zeitgleich mit dem Eintreffen des Zuges sehe ich ihn wieder, diesmal im unteren Bereich der Böschung. Als der Zug ihn erreicht, läuft er erst ein paar Meter nach rechts, dem Zug entgegen, um dann, als der Zug an

ihm vorbei ist, ein paar Meter nach links hinterher zu laufen. Aber nach ein paar Metern dreht er ab und rennt zu seinem Fahrrad, ohne ein Behältnis aufzunehmen, das abgeworfen worden war und auf dem Bahndamm lag. Als er auf sein Fahrrad springt, bin ich bei ihm, rutsche aber auf dem nassen Laub aus und kriege ihn nicht mehr.

Die Zeit verging, und ich zog mich langsam um. Nachdem ich zwei Stunden gewartet hatte, ging ich hinunter, über den Hof und warf meine hellblaue Windjacke mitsamt Hornbrille in eine Mülltonne. Auf der Straße liefen die Menschen immer noch geschäftig umher, als wäre nichts gewesen. Ich marschierte in Richtung Parkhaus. Als ich um eine Straßenecke bog, kamen mir zwei Kripobeamte entgegen, die ich leicht an ihrem Erscheinungsbild und an den aus ihren Lederblousons ragenden Antennenspitzen ihrer Funkgeräte erkennen konnte. Sie musterten mich im Vorbeigehen, aber ich paßte wohl nicht mehr zur Täterbeschreibung.

Eine Stunde später war ich zu Hause. Ich schloß meine Wohnungstür auf und ging in die Küche, um Malu zu begrüßen. Wie vom Schlag getroffen stand meine Frau da, als sie mich erblickte. Ihre Augen waren so groß wie zwei Teller. Blitzschnell griff sie zum Küchenmesser.

»Halt! Ich bin kein Einbrecher!« versuchte ich sie zu beruhigen. Sie fragte mich etwas verwirrt, warum ich mir den Bart abrasiert hatte.

»Du wolltest doch schon immer mal wissen, wie ich ohne aussehe.« Ich zuckte verlegen mit den Schultern, ging ins Bad und schaute in den Spiegel. Malu kam hinterher und beobachtete mich mißtrauisch.

Wie schön war es doch, nach so einem Tag wieder zu Hause zu sein. Ich genoß den Essenduft, den Geruch der Babycreme in Wolfgangs Zimmer und meine nörgelnde Frau. Nach all dem Steß, nach all dem Adrenalin, das meinen Körper durchflutet hatte, drangen für einen kurzen Moment verschüttet geglaubte Empfindungen durch meinen seelischen Dunstschleier.

Am nächsten Tag war die Presse wieder aus dem Häuschen. Es wurde behauptet, ein Polizist sei auf Hundekot ausgerutscht. Ich hatte das bei meiner Flucht nicht sehen können, aber wenn es denn stimmen sollte, stünde ich wohl auf ewig in der Schuld der kleinen »Tretminenverteiler«.

Aufgrund der vielen aufgeregten Berichte wurde mir allmählich klar, daß ich zu einer bekannten Person geworden war und für meine Familie mehr tun konnte, wenn ich mich im Falle einer Verhaftung nicht erschießen würde. Also verzichtete ich seit diesem Tage auf meine Pistole.

Funke legte müde und erschöpft den Bleistift beiseite. Er reckte sich, um seine Verkrampfungen zu lösen. Daß er sich nach konzentriertem Arbeiten wie besoffen fühlte, hatte in all den Jahren nicht nachgelassen.

Der Prozeß nahm seinen Lauf. Zwei Prozeßtage mußten auf fünf Minuten reduziert werden, weil ihm ein heftiges Magenbluten die Kräfte raubte. Nach 15 Verhandlungstagen wurde am 14. März 1995, an seinem 45. Geburtstag, das Urteil gesprochen. Unter Berücksichtigung verminderter Schuldfähigkeit, hervorgerufen durch eine chronische Lösungsmittelvergiftung, wurde Arno Funke zu sieben Jahren und neun Monaten Haft verurteilt.

Die Staatsanwaltschaft schäumte und legte Revision gegen das Urteil ein.

Einige Monate später. Der Sommer war heiß und trocken. Am frühen Morgen erwachte Funke in seiner Zelle mit heftiger Übelkeit. Gase drückten in seinem Magen. Ein kräftiger Rülpser brachte etwas Erleichterung und einen widerlichen Geschmack im Mund. Er stürzte zum Toilettenbecken und erbrach eine schwarzbraune Masse, wie Kaffeesatz. Er vermutete, daß die Masse Blut war, und schrieb einen Arztvormelder: »Hiermit bitte ich um die Vorstellung beim Arzt. Ich habe heute morgen Blut erbrochen.«

Drei Stunden später brachte ihn der Wachtmeister zur Arztgeschäftsstelle. Er fühlte sich schwach, und in seinen Ohren war ein tosendes Rauschen. Eine etwas griesgrämige ältere Ärztin begrüßte ihn: »Was gibt's?«

»Guten Morgen, Frau Doktor.« Funke setzte sich auf einen Stuhl. »Ich habe heute morgen eine größere Menge Blut erbrochen.«

»Wieviel Blut glauben Sie denn, erbrochen zu haben?«

»Ich will nicht lügen, aber es kann ein halber Liter gewesen sein.«

»Ach, Quatsch! Dann wären Sie jetzt tot«, wiegelte sie ab, »aber wir werden die Sache im Auge behalten. Ich gebe Ihnen für heute Magentee und Zwieback, und morgen machen wir eine Blutuntersuchung.«

»Wie Sie meinen.« Funke nahm sich Tee und Zwieback und schlich zurück zu seiner Zelle. Er überlegte kurz, ob er mehr Theater hätte machen sollen. Aber das war nun mal nicht seine Art. Auch wenn es ihm dreckig ging, konnte er nicht den »sterbenden Schwan« tanzen.

Den ganzen Tag lag er im Bett und fühlte sich elend. Gegen Mitternacht erwachte er wieder mit einem üblen Geschmack im Mund. Das Licht war schon ausgeschaltet. Im Dunkeln wankte er zum Klobecken. Für einen kurzen Moment verlor er die Besinnung und fand sich vor dem Becken liegend wieder. Als er sich übergeben mußte, sah er im schwachen Schein der Hofbeleuchtung, daß es die gleiche schwarze Masse war wie am Morgen.

Nun drückte es am anderen Ende. Er setzte sich auf das Becken, und ein entsetzlicher Gestank erfüllte die kleine Zelle.

Auf allen vieren kroch er zu seinem Bett und blieb davor liegen ... Sollte er Hilfe holen? Genausogut könnte er sich ins Bett legen und wäre vielleicht am nächsten Tag tot. Einmalige Gelegenheit!

Funke stemmte sich auf seine Schlafstätte ... »Ich hab' doch alles erledigt, was zu erledigen war«, sagte er sich. »Zwar hab' ich versprochen, mit meinem Abgang zu warten, aber ich bin so müde. Kann mir doch keiner übelnehmen, wenn ich endlich Schluß mache. Komm Junge, die Party ist für dich zu Ende. Mögen die anderen weiterfeiern. Ich gehe ja nicht im Zorn. Keine Selbstvorwürfe, keine Anklagen! Ich will nur schlafen, für immer schlafen.«

Kinderlachen! Er hörte Kinderlachen. Leise, wie von weither. Er erinnerte sich, wie er Wolfgang früher auf dem Arm getragen hatte, wie sein Sohn sich an seiner Jacke festgekrallt hatte aus Angst vor einem riesigen Stoffgorilla auf einem Jahrmarkt. Er fühlte den Druck der Ärmchen, als wollten sie ihn zurückhalten.

Funke hörte Schritte auf dem Gang, hangelte sich hoch und wankte zum Notsignal. Sekunden später öffneten zwei Beamte, die gerade auf einem Kontrollgang waren. Er schilderte kurz seinen Zustand, und die Beamten versprachen, Hilfe zu holen.

Nach zehn Minuten kam die Krankenschwester und schaute sich das blutverschmierte Becken an.

»Der muß sofort ins Krankenhaus!« sagte sie zu den Wärtern.

Funke ging mit unsicheren Schritten die Treppe hinunter. Es war wie ein Traum. Alles sah aus wie ein empfangsgestörtes Fernsehbild. Noch 100 Meter bis zur Krankenstation. Funke brach zusammen. Kreislaufkollaps. Atemnot.

»Schnell auf die Bahre und Füße hoch!« rief der diensthabende Arzt. Nach kurzer Untersuchung entschied er, Funke auf die Intensivstation des Moabiter Krankenhauses zu verlegen. 15 Minuten später kam der Rettungswagen der Feuerwehr. Die Wachmänner legten ihm schwere Fußfesseln an, die Feuerwehrmänner schüttelten darüber verständnislos die Köpfe.

»Anweisung von oben!« versuchte ein Wachmann die Maßnahme zu entschuldigen. »Der Anstaltsleiter wird sicher eine unruhige Nacht haben bei dem Gedanken, daß Herr Funke außerhalb der Gefängnismauern weilt.«

Mit Blaulicht und Martinshorn ging die Fahrt ins »Moabiter«. Dort wurde er untersucht und ärztlich versorgt. Am nächsten Tag wurde entschieden, ihn wieder ins Haftkrankenhaus zu bringen. Dort erlitt er in der Nacht erneut einen Kreislaufkollaps, weil er weiter Blut verloren hatte. Folglich verfrachtete man ihn mit Blaulicht zurück ins »Moabiter«. Nach Magenspiegelung, Spritzen und Bluttransfusionen ging es ihm allmählich besser.

Der Chefarzt verweigerte die Fußfesseln am Krankenbett und ließ sich nicht davon beeindrucken, daß der junge

Wachmann energisch protestierte. Den zweiten Wachmann interessierte das ganze Theater nicht. Er versuchte, auf dem Stuhl neben Funkes Krankenbett eine möglichst bequeme Haltung zu finden.

»Ha, ha, sechs Vollzugsbeamte pro Tag nur für meine Überwachung. Das ist ein Aufwand«, versuchte Funke ein Gespräch zu beginnen.

»Jaa, für unseren prominentesten Gefangenen ist uns nichts zu teuer«, antwortete der Beamte und holte eine Thermoskanne mit Kaffee aus seiner Aktentasche. Den Kaffee hatte er offensichtlich auch dringend nötig, denn er machte den Eindruck, als wäre er letzte Nacht versackt.

Den anderen Beamten drückte seine Blase, und er verschwand.

Der auf dem Stuhl neben Funkes Bett schlürfte genüßlich seinen Kaffee und fragte: »Ich habe gehört, daß die Staatsanwaltschaft in Revision gegangen ist. Stimmt das?«

»Ja leider, die wollen auf Teufel-komm-raus ein Strafmaß über zehn Jahre. Man streitet sich jetzt darüber, wie oft ich nun Karstadt erpreßt habe. Die Staatsanwaltschaft kommt da mit juristischen Spitzfindigkeiten. Jeder juristisch unverbildete Mensch würde in seiner Naivität annehmen, daß ich den Kaufhauskonzern einmal erpreßt habe. Die Tat hat sich zwar über zwei Jahre hingezogen, aber ich hatte meine Forderung ja nur an die eine Firma gerichtet. Und die Forderung wurde nie erfüllt. Die ganze Tat stand in einem engen ursächlichen und zeitlichen Zusammenhang. Die Juristen dagegen sehen das anders. Die zerbechen sich nun den Kopf, ob zum Beispiel mit dem Erhalt der 4 000 Mark in Reinbek eine Erpressung vollendet war und danach ein neuer Versuch begann oder ob nach jedem Bombenanschlag ein neuer Erpressungsversuch begann, oder nach jeder gescheiterten Übergabe, oder mit jeder Erhöhung der Geldforderung. Die Staatsanwaltschaft möchte meinen Fall in möglichst viele einzelne Handlungen zerstückeln. Ich meine, es klingt auch für mich erschreckend, wenn der Staatsanwalt von 16 Straftaten spricht ... Ein Bankräuber sollte in Zukunft aufpassen, wenn er in die Bank stürmt und ›Geld her!‹ brüllt. Denn legt man ihm etwas Geld hin, und er fordert mehr, und der Kassierer legt noch einen Schein dazu, dann hat er schon zwei Banküberfälle begangen. Wenn er noch mehr fordern würde, schon drei. So wäre es, wenn die Staatsanwaltschaft bei ihm mit den gleichen Argumenten wie bei mir operieren würde.«

»Mein Gott, was für ein Theater! Warum belassen die es nicht bei dem Urteil, schließlich haben Sie niemanden verletzt oder getötet«, sagte der Wachmann und gähnte.

»Nun ja, ich habe mich an Sachwerten vergriffen, und das wird in Deutschland nun mal hart bestraft. Güter stehen höher in der juristischen Bewertung als die Unversehrtheit eines Menschen«, erwiderte Funke.

»Im Moment ist es jedenfalls noch so. Man redet ja seit Jahren davon, die Gesetze diesbezüglich zu ändern. Das Strafgesetzbuch ist ja immerhin schon 125 Jahre alt. Da ist noch immer der versuchte Diebstahl eines Kinderwagens strafbar, während der versuchte Diebstahl eines Säuglings ungesühnt bleibt. Versucht also jemand, einen Kinderwagen mit dem darin liegenden Baby zu stehlen, wird er nur für den Diebstahl des Wagens zur Verantwortung gezogen. Das Gefühl dafür, was Recht und was Unrecht ist, hat sich im Laufe der Zeit immer wieder verändert. Im Mittelalter konnte man sich auch bei Mord von seiner Schuld freikaufen. Wer allerdings kein Geld oder andere Werte hatte, konnte seine Schuld nur mit dem Tod begleichen.«

»Na Gott sei Dank sind diese Zeiten vorüber, aber manche Irrtümer sind anscheinend schwer auszurotten. In meinem Fall will der Staatsanwalt eine möglichst hohe Strafe, weil er sich davon eine große Abschreckung verspricht, nach dem Motto: Hohe Strafen gleich weniger Kriminalität. Ich finde, das ist genauso unsinnig, als würde ich fordern, daß die Ärzte mehr und stärkere Medikamente verabeichen sollen, um den Krankheiten den Garaus zu machen ... Nur die richtige Dosierung der Medikamente ist entscheidend, genauso wie Vorsorge und Nachsorge. Aber trotzdem wird man Verbrechen und Krankheiten nicht ausrotten können. Sie sind ein Teil unseres Lebens. Leider. Was mich immer wieder verblüfft, ist die Absurdität des Lebens. Ich hab' vor kurzem darüber nachgedacht, was wohl den Unterschied ausmacht zwischen einem Mörder und dem, der die Todesstrafe fordert ... Der, der die Todesstrafe will, würde bei einer Hinrichtung womöglich Genugtuung, Befriedigung oder sogar Freude empfinden. Daß das den Angehörigen der Opfer so geht, kann ich nachvollziehen. Mir würde es wahrscheinlich nicht anders ergehen. Was mich dabei erschreckt, ist, daß das möglicherweise die gleichen Gefühle sind, die auch den Täter getrieben haben. Aber wenn ich Gleiches mit Gleichem vergelte, dann bin ich nicht besser als jeder Mörder. Ich mußte deshalb daran denken, weil in letzter Zeit wieder Leute mit der Rübe-ab-Parole in der Öffentlichkeit aufgetreten sind. Ich finde, der Staat kann sich nicht zu deren Erfüllungsgehilfen machen. Ist doch so, oder?«

Ein leises Röcheln drang an Funkes Ohr. Er schaute zum Wachmann, der trotz des unbequemen Stuhls eingeschlafen war. Auch gut, dachte er sich und schloß ebenfalls seine Augen. Über ihm piepste leise das Überwachungsgerät im Rhythmus seines Herzschlages. Durch die Fenster der Intensivstation drangen die ersten Strahlen der aufgehenden Sonne und kündigten einen weiteren heißen Sommertag an. Seine Gedanken machten eine Exkursion in die Vergangenheit, bis kurz vor die Jahreswende 92/93. Damals war es kalt in Berlin, verdammt kalt.

Zwei Monate lang hatte ich nach dem Mißerfolg in Potsdam nach einer neuen Übergabemöglichkeit gesucht. Ich hatte mich dazu durchgerungen, ein weiteres Abwurfgerät zu bauen. Das Gerät enthielt diesmal keine Schaltuhren, weil ich es kurz nach der Abfahrt des Zuges vom Bahnhof Berlin-Lichtenberg auslösen wollte.

Die Strecke hatte ich in den Wochen zuvor eingehend studiert. Immer wieder war ich mit der S-Bahn unterwegs gewesen, deren Gleise parallel zu denen der Fernbahn verliefen. Ich hatte versucht, mich von dem inspirieren zu lassen, was ich sah. So ließ ich die Berliner Stadtlandschaft an mir vorüberziehen, starrte aus dem Fenster und wartete auf eine Eingebung. Ich kam durch Pankow, vorbei an Altberliner Mietshäusern, die mit ihren Rückseiten an die Bahntrasse grenzten und so eine 15 Meter hohe Wand bildeten. Im Vorbeifahren entdeckte ich einen kleinen Mauerdurchbruch in der Größe eines Fensters, der direkt zu den Fernverkehrsschienen führte.

Daraufhin nahm ich die Gegend etwas genauer unter die Lupe. Ich wanderte durch die Schönhauser Allee und durch ihre Seitenstraßen. In der Kopenhagener Straße fand ich dann das Haus, zu dem der Mauerdruchbruch gehörte. Nachdem das geklärt war, machte ich mich auf die Suche nach einem geeigneten Unterschlupf. Zu meiner Überraschung fand ich innerhalb von wenigen Stunden ein halbes Dutzend leerstehender Wohnungen, die für mich in Frage kamen. Ich entschied mich dann für eine, die ich schnell auf Schleichwegen erreichen konnte.

5.1.93. Berlin fror. Dick eingemummte Menschen eilten durch die Straßen. Wie kleine Dampfmaschinen stießen sie ihren Atem in die klirrende Kälte. Die Stadt hatte ihre Farbe verloren. Nur die bunten Leuchtreklamen strahlten gegen die Melancholie an.

Das Abwurfgerät hatte ich schon am Tage zuvor im Schließfach des Bahnhofs Lichtenberg deponiert. Ich ärgerte mich ein wenig, daß ich die Geldübergabe im tiefsten Winter durchziehen wollte. Ich haßte den Winter und wäre lieber mit den Zugvögeln mitgezogen. Bekleidet mit mehreren Pullovern unter einer schwarzen Lederjacke und mit zwei übereinandergezogenen Hosen machte ich mich auf den Weg, die Kripo anzurufen.

Die Nachricht war schnell übermittelt, und kurze Zeit später stellte ich meinen Wagen an der Gethsemane-Kirche ab. Ich überquerte die Schönhauser Allee, lief vorbei an den illegalen Zigarettenhändlern, die frierend von einem Bein auf das andere traten. Als West-Berliner war für mich, auch drei Jahre nach der Maueröffnung, der Ostteil der Stadt immer noch eigentümlich fremd und vertraut zugleich. Die alten maroden Fassaden und die dunklen Hinterhöfe erinnerten mich an die Westbezirke Wedding und Kreuzberg, die vor 30 Jahren einen ähnlich baufälligen Eindruck gemacht hatten.

Ich lief durch die Kopenhagener Straße. Überall auf den

leicht verschneiten Straßen lagen noch die Reste der Silvesterknallerei, und Luftschlangen flatterten in den Bäumen. Nach einem Kilometer Fußmarsch hatte ich mein Ziel erreicht. Es war ein verlassener dunkler Keller. Ein eisiger Lufthauch wehte durch das Gewölbe. Auf dem Boden lagen Metallteile verstreut. Offensichtlich war in den Kellerräumen früher einmal eine Schlosserei gewesen. Aus einem der hinteren Räume drang das Plätschern eines geplatzten Abwasserrohres.

Ich stellte mich an den Mauerdurchbruch, starrte auf die Gleise und wünschte mir sehnlichst, daß der Tag nur endlich vorüber wäre. Das kalte Licht der Straßenlaternen beleuchtete den mit Schnee bepuderten Bahndamm. Zwölf Grad minus zwickten in meine Nase, und meine Wangen begannen taub zu werden. Ich fummelte meine Funkfernsteuerung aus meiner Umhängetasche und machte mich bereit. Ich war ruhig und gelassen, denn ich fühlte mich in meinem dunklen Keller relativ sicher.

Da sah ich auch schon die Scheinwerfer der Lokomotive. Schnell schaltete ich meine Fernsteuerung ein. Die Waggons huschten an mir vorüber, und ich betätigte mehrmals den Auslösehebel. Als der letzte Wagen auf meiner Höhe war, hörte ich das »ZZING!« der Federn, die den Geldbehälter absprengten. Ein schwarzer Schatten huschte an der Waggonwand nach unten. Aber ich hörte keinen Aufschlag.

Verdammt noch mal, hatten diese Idioten die Tasche wieder festgebunden? schoß es mir durch den Kopf. Ich sprang auf die Gleise und lief dem entschwindenden Zug ein kurzes Stück hinterher. Meine Augen suchten fieberhaft nach der Tasche, aber es war nichts zu sehen. Nach 100 Metern reichte es mir. Ich konnte nicht weiterlaufen, ohne mich dabei zu gefährden. Also zurück zum Mauerdurchbruch. Ab durch den Keller, über den Hof, durch den Hausflur auf die Straße. Hastig blickte ich mich um, aber es gab nichts Verdächtiges zu sehen. Also weiter. Über den Hof einer Schule, über die nächste Straße und in das Haus, wo ich mein Versteck hatte. Am Klingelknopf der leerstehenden Wohnung hatte ich sogar einen Namen angebracht. In den Wochen zwischen den Übergabeversuchen hatte ich kaum Alkohol getrunken. Aber der Streß, den so ein Versuch verursachte, verlangte förmlich danach, mit einem kräftigen Schluck aus der Flasche beruhigt zu werden. In weiser Voraussicht hatte ich vorgesorgt. Ich saß auf einem zurückgelassenen Tisch, fluchte und trank meinen Pflaumenlikör. Nach Bremen und Hannover versuchten die mich also weiter auf die Rolle zu schieben. War ich am Ende mit meinem Latein? Was mußte ich noch anstellen, um endlich zu dem Geld zu kommen?

Bericht
Nach Eingang des Täteranrufes suchten wir im Bahnhof Lichtenberg den Bahnseig B auf, wo planmäßig um 18.17 Uhr der D-Zug 2112 Berlin-Stralsund einlief.
Wie im Erpresserschreiben gefordert, brachte der PHM R. das Abwurfgerät an der Rückwand des letzten Waggons an. Zusätzlich band er einen Nähgarnfaden an die Geldtasche und führte diesen durch die rückwärtige Tür in das Innere des Waggons, wo der Faden von einem zugbegleitenden Polizeibeamten gehalten wurde, um das vom Täter veranlaßte Abfallen der Geldtasche feststellen zu können.
Um 18.37 Uhr bemerkte dieser Beamte zwischen

Schönhauser Allee und Bornholmer Straße, daß der Ablösemechanismus in Funktion gesetzt wurde und die Tasche in das dortige Gleisbett fiel.

Da der Täter die Geldtasche um 19.22 Uhr immer noch nicht aufgenommen hatte, wurden die bestehenden verdeckten Maßnahmen aufgehoben. Über die hier von den operativen Kräften durchgeführten Maßnahmen und über den Verbleib der Geldtasche wird an dieser Stelle aus kriminaltaktischen Gründen nicht berichtet. Die abgesprengte Tasche wurde beim Entsorgen und Aufnehmen weitestgehend vernichtet.

Zwei Stunden später machte ich mich auf den Heimweg.

Der Streß und der Alkohol forderten ihren Tribut. Ich wälzte mich unruhig in meinem Bett. Es war das alte Gefühl, das ich von früher kannte, als wollte eine eiskalte Hand mir das Herz aus dem Leibe pressen. Ich krümmte mich vor Schmerzen. Meine Frau war verzweifelt bei meinem Anblick und schaute mir hilflos, mit Tränen in den Augen, zu. Ich hätte auch heulen können. Vielleicht hätte ich mich dann besser gefühlt. Aber es ging nicht. Es war ein trockener Seelenschmerz.

21.1.93. Mein Wagen war wegen einer dringenden Reparatur in der Werkstatt. Ohne fahrbaren Untersatz fühlte ich mich wie ein Vogel, dem die Flügel gestutzt worden waren.

Ich marschierte durch Rudow und suchte eine Telefonzelle. Wie immer beobachtete ich erst die Umgebung, denn im Hinterkopf hatte ich die Geschichte dieses Kidnappers, der geschnappt worden war, weil die Polizei an allen öffentlichen Telefonzellen gelauert hatte und zum verabredeten Zeitpunkt des Anrufs dann zugriff.

Im Zentrum von Rudow, direkt am Dorfweiher, stand ein Telefonhäuschen. Ehe ich es erreicht hatte, kam ein Streifenwagen angefahren und bog in die Grünanlage dicht bei der Zelle ein. Ich schaute mir das mit wachsendem Unbehagen an. Die Polizisten schienen auf irgend etwas zu warten. Sie blieben in ihrem Fahrzeug sitzen und machten keine Anstalten auszusteigen. Also lief ich weiter und suchte nach einem anderen öffentlichen Telefon. Aber alle, die ich fand, waren mir nicht geheuer. Nachdem ich fast eine Stunde gesucht hatte, spielte ich mit dem Gedanken, auf meinen Anruf zu verzichten. Eigentlich wollte ich von der Kripo in Hamburg nur eine Erklärung hören, warum die Geldübergabe vor zwei Wochen gescheitert war. Ich hatte nicht die geringste Lust, wieder mit einem Bombenanschlag auf den mißglückten Versuch zu reagieren. Abgesehen davon hatte ich alle Materialien dafür schon längst weggeworfen, weil ich nicht mehr damit gerechnet hatte, daß ich sie noch mal brauchen würde.

Ich lief durch die Gropiusstadt, erblickte von weitem eine Telefonzelle und beschloß, daß das mein letzter Versuch werden sollte. Ich konnte nichts beobachten, das meinen Verdacht erregte, also rief ich an. Die Kripo verlas eine vorbereitete Erklärung und vermutete, daß Luftverwirbelungen die Geldtasche verzögert auf das Gleisbett hatten fallen lassen. An den Wiederholungen und leeren Floskeln merkte ich, daß man wieder Zeit zu schinden versuchte. Ich legte auf. Einige Minuten später stand ich an einer Bushaltestelle. Ein Zivilwagen der Polizei raste mit Geheul und Blaulicht an mir vorüber. Ich schaute ihnen amüsiert hinterher, stieg in den Bus und fuhr nach Hause.

Am nächsten Tag bekam ich dann noch nachträglich einen Schreck, als ich die Zeitung las. »2 300 Polizisten jagten Dagobert! Die meisten Telefonzellen wurden von der Polizei überwacht, und er ist trotzdem entwischt!«

»Sie jagten Dagobert«, wiederholte ich laut die Schlagzeile und überlegte, daß ich am Tag zuvor nicht das Gefühl gehabt hatte, gejagt zu werden. Durch die Presse erfuhr ich auch, daß ich pikanterweise die Telefonzelle vor der Walt-Disney-Grundschule für meinen Anruf benutzt hatte. Ich legte die Zeitung beiseite und nahm mir vor, in Zukunft lieber Telefonleitungen anzuzapfen, wenn ich der Polizei etwas mitzuteilen hatte.

Ich wußte, daß ich meine Taktik bezüglich der Geldübergabe ändern mußte. Ich brauchte dringend eine neue Idee, denn die Eisenbahn war ausgereizt. Etwas völlig Neues mußte her. Etwas, das die Polizei auf dem linken Fuß erwischte.

In den letzten Monaten hatte das Ringen mit den Gesetzeshütern mein ganzes Denken und Handeln in Anspruch genommen. Auch meine Gedanken befanden sich auf Schienen, genau wie die Züge, die mir das Geld bringen sollten. Die Zeit drängte, denn mein noch vorhandenes Geld zerrann mir zwischen den Fingern. Es mußte etwas geschehen. Und das bald!

Zuerst wollte ich meinen Kopf freibekommen. Ein paar neue Eindrücke sammeln. Mich inspirieren lassen von dem, was um mich herum geschah.

Einige Tage später spazierte ich mit Lothar durch den Berliner Zoo. Es war ein trockener, aber doch recht kühler Tag. Die Pinguine und Eisbären hatten keine Schwierigkeiten mit dem Wetter. Es gab nur wenige Besucher: einige Touristen und etliche Omis, die in Gespräche mit Papageien und Affen vertieft waren. Wir wärmten uns im Nachttierhaus auf, standen im Schummerlicht vor den Fledermäusen und drückten unsere Nasen an der Glasscheibe platt.

»Du hast bald Geburtstag«, sagte Lothar. »Mein Gott, du wirst ja schon 43.«

Ich dachte mit Unbehagen an meinen Geburtstag. »Mag sein, daß ich 43 werde. Ich fühle mich allerdings wie 83. Meine Frau behauptet, ich benehme mich wie ein Zwölfjähriger, und wenn ich in den Spiegel schaue, finde ich, daß ich wie 33 aussehe. Mein Arzt sagt, ich hätte die körperliche Fitness eines 35jährigen. Wie alt bin ich nun wirklich?«

»Wirklich? Was ist schon wirklich.« Lothar klopfte leise mit einem Finger an die Scheibe, um bei den Fledermäusen eine Reaktion zu provozieren. Dann fuhr er fort: »Ich habe gerade einen Bericht gelesen, daß 50 Prozent aller Zeugenaussagen, die vor Gericht gemacht werden, falsch sind. Nicht weil die Zeugen absichtlich schwindeln, sondern weil sie es eben anders wahrgenommen haben und weil ihnen die Erinnerung einen Streich spielt. Manchmal auch, weil sie unbewußt Erwartungshaltungen erfüllen, sowohl eigene wie fremde. Sie glauben, was sie sagen. Sie glauben, es sei wahr.«

»Ich weiß. Die meisten Menschen glauben, nur weil sie etwas sehen, riechen, schmecken, hören oder fühlen können, existiert es auch wirklich. So merken sie nicht, daß sie gelegentlich von ihren Sinnen getäuscht werden. Zwar hat ein jeder schon von Sinnestäuschungen gehört, glaubt aber, daß so etwas nur die anderen betrifft. Man selbst läßt sich nicht täuschen. Unsere Sinne liefern uns ohnehin nur eine Interpretation der Umwelt und nicht die Wirklichkeit. Wer weiß schon, außer den Wissenschaftlern, die sich damit beschäftigen, daß zum Beispiel Farbe ein psychisches Phänomen ist und real gar nicht existiert. Daß also der Regenbogen, den wir bewundern, so farbenfroh nur in unserem Gehirn existiert. Es gibt Menschen, ich glaube, unter einer Million sind es zehn, bei denen vermischen sich die Sinneseindrücke. Man nennt das Synästhesie. Die hören Farben, sehen Töne und schmecken Formen. Das zeigt, daß die Wirklichkeit vom Gehirn geschaffen wird. Schau dir doch nur die Fledermäuse an, wie sie in dem kleinen Raum umherfliegen, ohne gegen die Glasscheibe zu stoßen, weil Glas für ihre Ultraschallortung ein undurchsichtiges Hindernis ist. Manche Schlangen sehen die Körperwärme ihrer Opfer, und Zugvögel spüren das Magnetfeld der Erde. Unsere Sinne registrieren nur einen Bruchteil möglicher Informationen. Sie reduzieren die Wirklichkeit auf das, was zum Überleben unbedingt notwendig ist.«

Lothar kicherte leise. »Es gibt Leute, die leben davon, die Wirklichkeit zu manipulieren: zum Beispiel Politiker, Schauspieler, Heiratsschwindler, Schönheitschirurgen und Zauberkünstler. Täuschung und Illusion sind deren Geschäft.«

Ich mußte unwillkürlich daran denken, wie die Polizei probiert hatte, mich zu täuschen. Und wie ich das gleiche mit ihr versucht hatte. Der Trick mit der Schaltuhrattrappe war nicht schlecht. Ich sollte versuchen, bei der nächsten Übergabe wie ein Zauberkünstler zu arbeiten.

Lothar philosophierte weiter: »Politiker und Heiratsschwindler nutzen dabei eine Eigentümlichkeit der menschlichen Wahrnehmung. Nämlich, daß die meisten nur das sehen, was sie sehen wollen, das hören, was sie hören wollen, und nur das glauben, was sie glauben wollen. Die Wirklichkeit wird dabei geflissentlich ausgeblendet. So bleibt das Leben nur eine Illusion. Nur wenn das Schicksal uns eines Tages knallhart vors Schienbein tritt, wird uns vielleicht für einen kurzen Augenblick bewußt, daß wir uns selbst und andere getäuscht haben und daß der Eindruck, den wir von der Wirklichkeit hatten, falsch war.«

Dem konnte ich nur zustimmen. In den folgenden Tagen ließ mich der Gedanke an den Zauberkünstler nicht mehr los. Langsam dämmerte es mir, wie ich die Beamten überraschen könnte. Genauso wie ein Illusionist wollte ich mit doppeltem Boden arbeiten. Ich versuchte, die Situation, in der ich mich befand, zu analysieren. Die Polizei auf der einen Seite, ich auf der anderen. Der Moment der Geldübergabe war immer der Punkt, wo sich unsere Wege berührten. Wie konnte ich nun verhindern, daß die Polizei merkte, wann dieser Punkt erreicht war. Wenn unsere Wege wie Linien waren, die sich kreuzten, dann müßte etwas dazwischen sein, das den Schnittpunkt unkenntlich machte. Wenn unsere Wege nun auf verschiedenen Ebenen verliefen? Die Polizei oben, ich unten? Wie ein Zauberer mit einer Kiste, die einen doppelten Boden hatte. Ich erinnerte mich an die Bau-Kisten, die bei Bauarbeiten auf den Straßen standen und in denen sich Werkzeuge oder Sand befanden.

Ja genau, das war es! Das war der Geistesblitz, auf den ich gehofft hatte. Eine Streusandkiste! Für die Polizisten müßte sie stinknormal aussehen, wenn sie das Geld hineinlegten. Ich würde es so arrangieren müssen, daß sie keine Zeit hätten, länger darüber nachzudenken. Und während sie oben irgendwo warteten, würde ich durch die Kanalisation kommen und mich von unten zu dem Geldpaket durcharbeiten.

Ich war wie elektrisiert von meiner Idee. Nur hatte ich jetzt das Problem, den geeigneten Ort für meine Unternehmung zu finden. Als erstes informierte ich mich in Büchereien über die Kanalisation Berlins. Ich erfuhr, daß es Regenwasser-,

Mischwasser- und Abwasserkanäle gab. Ich sah Fotos von Kammern, Überläufen und Dükern. Ich las über die Anfänge der Berliner Kanalisation und von gefährlichen Gasen, die bei Kanalarbeiten die Arbeiter bedrohen.

Dann kam der Zeitpunkt, wo ich mir das alles im Original ansehen wollte. Ich lief durch die Straßen der Innenstadt, nahe dem Nollendorfplatz. Meine Füße steckten in Gummistiefeln, und mit meinem dunkelblauen Arbeitsanzug und dem roten Bauhelm auf dem Kopf hätte man mich ohne weiteres für einen Kanalarbeiter halten können. Vor einer großen Klappe, die im Seitenstreifen des Gehweges eingelassen war, blieb ich stehen und zückte meinen selbstgefertigten Schlüssel. Nach kurzem Rütteln öffnete sich die Klappe. Aus meinen Büchern hatte ich erfahren, daß hier ein Zugang zu einem Mischwasserkanal sein mußte. Passanten liefen gedankenverloren an mir vorüber. Niemand achtete auf mich, als ich auf einer Steintreppe in die Gedärme der Stadt hinabstieg. Ein feuchtschwüler Geruch von parfümierten Fäkalien raubte mir fast den Atem. Ich stand am Ende der Stufen in einer Nische und leuchtete mit meinem Handscheinwerfer in den finsteren Tunnel. Der Kanal war groß. Man hätte sich darin bequem mit einem Boot bewegen können. Träge floß eine schmutziggraue Brühe an mir vorüber. Ein Rudel wildgewordener Ratten rannte über meine Stiefel, und ich bekam eine Gänsehaut, daß sich selbst meine Nasenhaare sträubten. Das, was ich sah, war für mich ein Ort des Grauens. Bloß weg hier! Und ich stürmte wieder auf die Straße. Es war mir nun klar, daß ich meine Aktion nur in einem Regenwasserkanal durchführen konnte, denn die sind, wenn nicht gerade Wasser vom Himmel kommt, trocken und riechen nur nach Erde.

Auf einem Stadtplan fand ich in der Gropiusstadt ein Regenwasserbecken eingezeichnet. Also machte ich mich auf den Weg dorthin.

Eine große, zu einer Senke geformte Wiese sollte bei starken Regenfällen das Wasser überlaufender Kanäle auffangen. Ich betrachtete die vergitterten Betonröhren, die in die Senke mündeten, und suchte nach einem Zugang. Ich streifte zwischen den an die Wiese grenzenden Neubauten umher und öffnete einen vom Rasen verdeckten Kanaldeckel. Das Betonrohr, das ich erblickte, war groß genug, um darin zu laufen, und so steckte ich Stangen in den Boden und spannte ein rot-weißes Absperrband, damit niemand, während ich im Kanal war, hineinfallen konnte. In leicht gebückter Haltung lief ich durch die enge Röhre. Aber schon nach 500 Metern endete meine Besichtigungstour in einer Kammer. »Mist! Ein Düker!« fluchte ich. Denn hier unterquerte der Kanal einen U-Bahntunnel. Zwei wassergefüllte Röhren führten in die Tiefe, um irgendwo hinter der U-Bahn wieder aufzutauchen. Also marschierte ich zurück, um oberirdisch nach der Weiterführung des Regenwasserkanals zu suchen. Ich wanderte durch die Grünanlagen der Neubausiedlung und hob bei meiner Suche mal den einen, mal den anderen Kanaldeckel hoch.

Am Rande eines kleinen begrünten Parkplatzes wurde ich dann fündig. In einer Nische von der Größe einer Streusandkiste war in den Betonboden ein Kanaldeckel eingebettet, und die dazugehörige Röhre mündete nach 100 Metern in einen großen gemauerten Tunnel, in dem ich aufreht gehen konnte. Ich war begeistert. Das war genau das, was ich mir vorgestellt hatte. Und ein wenig fühlte ich mich wie ein Zauberlehrling, der ein neues Kunststück vorbereitete.

In den folgenden zehn Tagen war ich mit der Planung beschäftigt. Die Polizei ließ ich weiter in dem Glauben, daß ein Geldabwurf aus der Bahn stattfinden würde.

Am 16. April kaufte ich frühmorgens in einem Baumarkt Schubkarre, Fertigbeton, Schaufel, Eimer und Besen. In meiner Arbeitskluft sah ich aus wie ein Bauarbeiter. Die drei Kilometer bis zu meinem Kanaldeckel legte ich zu Fuß zurück. Die vollgeladene Schubkarre schob ich vor mir her, bis mir Arme und Hände von der ungewohnten Anstrengung schmerzten. Auf dem Parkplatz war alles ruhig. Es gab nur wenige Autos, die in den Parkhäfen standen. Bäume und Sträucher schützten mich vor neugierigen Blicken. Nur 50 Meter entfernt befand sich eine Baustelle, und so fiel ich nicht weiter auf, als ich mir Wasser für meinen Beton holte. Als ich diesen angerührt hatte, entfernte ich den Kanaldeckel und ersetzte ihn durch eine selbstgefertigte Holzplatte, die ich später von unten problemlos entfernen konnte. Anschließend wurde noch etwas Granulat in die entstandene Vertiefung geschüttet, um so einen Ausgleich zum Boden zu schaffen. Ich goß den vorbereiteten Beton darüber und strich ihn sorgfältig glatt. Damit niemand auf dem frischen Beton herumtrampeln konnte, riegelte ich die Stelle mit Absperrband ab, und Schaufel und Besen legte ich als Kreuz darüber. Zu guter Letzt schickte ich ein kleines Stoßgebet gen Himmel, daß niemand auf die hirnrissige Idee kommen möge, trotz der Absperrung auf dem frischen Beton herumzuhüpfen. In dem Fall hätte es mit ihm ziemlich schnell abwärts gehen können.

Zeugenaussage
Ich bin der Meinung, daß ich am Freitag oder am Sonnabend vor der Tat, an den genauen Zeitpunkt kann ich mich nicht erinnern, auf dem Parkplatz gesehen habe, daß hinten in der Ecke, in der Einbuchtung, ein Spaten und eine Harke quer in der Ausrichtung standen, so als ob damit die Ausbuchtung abgesperrt werden sollte. Ich habe mich noch gewundert, daß der Spaten völlig neu war und daß das Werkzeug dort so herrenlos herumstand, und ich war zunächst sogar geneigt, mir den Spaten anzueignen.

Dabei fiel mir noch insbesondere auf, daß das Loch, wo sonst der Sieldeckel drauflag, mit hellerem Beton verschmiert war und nicht, wie der Form des Deckels nach, etwas erhaben war. Der Beton war zu der Zeit mit Sicherheit hart und ich wollte noch hingehen und drauftreten, habe es jedoch gelassen.

Das Betonieren hatte höchstens eine halbe Stunde gedauert. Es war Freitag nachmittag. Die meisten Anwohner waren noch zur Arbeit und die Kinder in der Schule. Ich hatte nur wenige Menschen auf der Straße gesehen. Anscheinend war meine Tätigkeit unbeobachtet geblieben. Keine kleinen Kinder waren gekommen, um mit Fragen wie »Was machst du da, Onkel?« zu nerven. Kein seniler Rentner hatte sich neben mich gestellt und behauptet, er habe in seiner Jugend jahrelang Kanaldeckel zubetoniert, um dann etliche kluge Ratschläge abzusondern.

Ich mußte nur noch den überflüssig gewordenen Deckel entsorgen. Mit Ächzen und Stöhnen hievte ich das 80 Kilo schwere Teil auf die Karre und machte mich auf den Weg.

Zeugenaussage

Mir wurde von meinem Balkon aus die Stelle gezeigt, wo die Kiste stand. Zu dem Ort kann ich sagen, daß ich dort am Sonnabend eine Person gesehen habe. Die Person hatte einen Spaten in der Hand und irgend etwas im Erdboden zwischen Betonkante und Buschwerk getan. Ich bin höchstens in einer Entfernung von etwa 5 Metern an der Person vorbeigegangen. Als ich die Person dort passierte, war es so gegen 11 Uhr, ich ging zum Markt. Die Person war ganz allein. Etwa in der Zeit von 12 Uhr kam ich vom Markt zurück und passierte erneut die Stelle. Die Person war jetzt nicht mehr da und ich konnte sehen, wie an dieser Stelle nur noch die Geräte geordnet lagen. Es handelte sich dabei um Spaten, Plastikeimer und Besen. Ich ging nach oben und dachte mir noch, man läßt doch seine Sachen nicht so liegen. Etwa um 12.45 Uhr befand ich mich auf meinem Balkon und hing Wäsche auf. Dabei sah ich die Person wieder. Die Person kam, eine Schubkarre schiebend, aus Richtung des Parkplatzes und schob die Karre in Richtung des Sportplatzes, vorbei an den dortigen Bänken, hinein in das angrenzende Gebüsch. Ich dachte mir noch, daß dies ja ein Ding sei, da ich vermutete, daß die Person den Unrat dort hineinfährt.

Zu der Person kann ich sagen, daß es sich vermutlich um keinen Deutschen gehandelt hat. Die Haare und der Bart waren sehr schwarz. Der Teint war auch dunkler. Da ich über Lebenserfahrung mit Ausländern verfüge, bin ich der Meinung, daß diese Person ein ausländischer Typ war.

Ich freute mich nach getaner Arbeit auf ein langes Wochenende mit meiner Familie und nahm mir vor, mit Frau und Kind etwas zu unternehmen. Vielleicht ein Museumsbesuch, vielleicht ein Jahrmarktsvergnügen, vielleicht eine Fahrradtour ins Umland. Oder essen gehen? Am besten alles!

Montag, 19. April, frühmorgens. Ich erwachte und hatte einen Fuß meines Sohnes im Gesicht. Offensichtlich war er in der Nacht, trotz Gitter, aus seinem Kinderbett geklettert und beanspruchte nun das ganze Ehebett für sich. Wie jeden Morgen quälte ich mich mit dem Wachwerden. Mein Gehirn war wie verkleistert, und meine Gedanken zogen Fäden. Aber darauf konnte ich diesmal keine Rücksicht nehmen, denn zuviel mußte vorbereitet werden. Eilig trank ich meinen Kaffee und verabschiedete mich mit einem flüchtigen Kuß von Malu. Schon am Vorabend hatte ich in einem Schließfach am Bahnhof Zoo eine Nachricht für den Geldboten hinterlegt. Ich steckte mir noch einen Bauplan für die Streusandkiste ein und machte mich auf den Weg, um einen kleinen Transporter zu mieten.

Dann fuhr ich zum Baumarkt. Geleitet von einer Einkaufsliste, packte ich den Einkaufswagen voll mit all den Materialien, die ich für die Kiste benötigte.

Nachdem sich beim Bezahlen an der Kasse wieder einmal mein Herz zusammengekrampft hatte, belud ich den Transporter mit Brettern, Säcken voll Streugranulat, Dachpappe, Farbe und Beschlägen. Anschließend fuhr ich umher und hielt Ausschau nach einem geeigneten Platz, auf dem ich die Kiste ungestört zusammenzimmern konnte. Auf einer abgelegenen Wiese, nahe einem Schiffahrtskanal, wo noch vor drei Jahren der Todesstreifen Ost- von West-Berlin getrennt hatte, hielt ich an und begann zu sägen, zu schrauben und zu hämmern. Nach zwei Stunden war ich fertig. Mit einer stark verdünnten dunkelbraunen Dispersionsfarbe wurde die Kiste auf alt getrimmt.

Es war etwa 11 Uhr, als ich mit meinem Transporter auf dem Parkplatz eintraf. Der neue Beton, den ich über den Zugang zum Kanal gestrichen hatte, war etwas heller als der Betonboden des Parkplatzes. Aber mit etwas feuchter Erde, die ich mit dem Besen darüberfegte, war das Problem schnell behoben. Ich zog eilig meine Streusandkiste von der Ladefläche und schob sie in die Nische. Sie paßte genau hinein. Dann legte ich noch sechs Säcke mit Granulat hinein und verschloß die Klappe. Die ganze Aktion hatte nur wenige Minuten gedauert, und niemand hatte etwas bemerkt. Ich fuhr mit meinem Transporter vom Parkplatz und stellte ihn eine Straßenecke weiter ab. Bisher war alles reibungslos abgelaufen, und was jetzt noch kam, waren Kleinigkeiten. Die Granulatsäcke mußten aufgerissen und ein Mikrofon mit Sender installiert werden.

Als auch das getan war, trat ich ein paar Meter zurück, um mir meine Arbeit aus der Entfernung anzusehen. Ich war zufrieden. Die Kiste sah aus, als hätte sie dort schon immer gestanden. Jetzt mußte ich nur noch den Zettel mit der Aufforderung »Geld reinlegen, Klappe verschließen und verschwinden!« hineinlegen und den Transporter zurückbringen. Danach würde mir noch ausreichend Zeit bleiben, mich mental auf die Übergabe einzustimmen.

Am Nachmittag ging ich in der Nähe des Parkplatzes spazieren. Ich schlenderte durch die Grünanlagen der aufgelockerten modernen Bebauung und beobachtete die Menschen, die von ihrer Arbeit heimkehrten. Es herrschte ein feierabendliches Treiben auf allen Wegen ... Hunde führten ihre Besitzer Gassi und verteilten dabei ihre Duftmarken auf den Bürgersteigen ... Ein Liebespaar genoß, ineinander verknotet, die letzten wärmenden Strahlen der Frühlingssonne. Ein großer dicker Mann mit ausgebeulter Jogginghose und Feinrippunterhemd wienerte hingebungsvoll sein Auto. Fasziniert betrachtete ich seinen üppigen Bauch, der im Rhythmus des Polierens schwabbelte. Ich ließ mich auf einer Parkbank nieder. Kinder spielten unbekümmert auf einer Wiese. Sie fühlten sich frei im Augenblick ihres Spiels. Sie folgten nur ihrer Eingebung und tobten über den Rasen und lachten. Ich kam mir bei ihrem Anblick vor wie ein alter Esel, der mit verbundenen Augen um einen Drehbrunnen trottete. Der endlos, Runde für Runde, auf eingetretener Bahn lief. Gefangen in für ihn undurchschaubaren Zwängen. Was hätte ich darum gegeben, am Morgen mit einem klaren Kopf aufzuwachen, und alles wäre nur ein elendiger Traum.

Ein Blick auf meine Uhr zeigte mir, daß es Zeit wurde, die Kripo in Hamburg anzurufen. Ich mußte meinem Herzen einen Stoß geben, um mich von der Idylle loszureißen. Die Telefonzelle, die ich mir für den Anruf gewählt hatte, war nicht weit entfernt, in einer ruhigen, von Buschwerk und Bäumen gesäumten Straße. Ich stand auf und machte mich auf den Weg.

Bevor ich die Geheimnummer wählte, schaute ich mich noch einmal um. Nach endlosen Sekunden meldete sich jemand, und ich begann sofort mit der Übermittlung meiner Nachricht, daß die nächste Information in dem Schließfach im Bahnhof Zoo zu finden sei. Genau in dem Moment fuhr in 200 Meter Entfernung ein Polizeiauto um eine Straßenecke und auf mich zu. Der Anblick elektrisierte mich wie ein Stromschlag. Erschrocken legte ich Telefonhörer und Diktiergerät so auf den Telefonapparat, daß das Band ungestört weiterlaufen konnte, und machte mich schleunigst aus dem Staub. Nach einem Fußmarsch von einem Kilometer quer durch die Grünanlagen setzte ich mich in mein Auto und versuchte, mich von dem Schock zu erholen. Ich lehnte mich zurück und wartete. Nach meinen Berechnungen würde der Geldbote erst in einer Stunde an der Kiste eintreffen. Abgesehen davon mußte ich die Dunkelheit abwarten, um unbeobachtet in den Kanal steigen zu können. Der Zugang zum Regenwasserkanal war anderthalb Kilometer von der Kiste entfernt und befand sich ebenfalls am Rande eines Parkplatzes, der zwischen neugebauten Mietskasernen lag.

Es war 21 Uhr, als ich mir meinen kleinen Rucksack griff und durch die Wohnanlage stiefelte. Die meisten Fenster in den Wohnblöcken waren erleuchtet. Viele der Bewohner genossen ihren Feierabend vor den Fernsehern, die mir mit ihrem bläulich flackernden Schein etwas von Geborgenheit und Normalität zu signalisieren schienen.

Als ich am Kanaldeckel ankam, prüfte ich noch mal, ob die Luft rein war, und zog ihn dann mit einem Ruck zur Seite. Ein paar Sträucher, die um die Öffnung gruppiert waren, gaben mir Sichtschutz, als ich in die Lichtlosigkeit der Unterwelt hinabstieg. Feuchte Wärme hüllte mich ein. Und ein modriger Geruch. Ein dünnes Rinnsal umspülte meine Gummistiefel. Der Lichtkegel meiner Handlampe verlor sich im Schwarz des Tunnels. Leises Plätschern wurde immer wieder von einem rhythmischen Krachen unterbrochen, verursacht von Autos, die über kippelnde Kanaldeckel fuhren. Der Schall wurde in dem mit roten Klinkersteinen gemauerten Tunnel tausendfach gebrochen und erzeugte dadurch eine unheimliche Stimmung. Für ein sensibles Gemüt, so mutterseelenallein, war dies sicher ein Ort, der einen das Fürchten lehrte.

Ich ging los. Unter meinen Schritten spritzte das Wasser zur Seite. Ein kleiner Frosch saß am Boden. Er schaute mich mit starren Augen an. Ich ging durch Kammern, vorbei an einmündenden Röhren und hatte nach 15 Minuten mein Ziel erreicht: Ich stand unter meiner Streusandkiste. Anderthalb Stunden waren seit meinem Telefonanruf vergangen. Eigentlich genug Zeit für die Polizei, das Geld in der Kiste abzulegen. Ich zog einen kleinen Funkempfänger aus meinem Rucksack und horchte, was mir mein Mikrofon in der Kiste an Geräuschen übermittelte. Aus dem Minilautsprecher tönten nur das Rauschen vorbeifahrender Autos und die Schritte vereinzelter Fußgänger. Ich beschloß abzuwarten und öffnete mir eine von drei Büchsen Bier. So stand ich unter der Kiste, in der einen Hand das Bier, und mit der anderen hielt ich das Funkgerät ans Ohr. Nach einer Viertelstunde glaubte ich, lange genug gewartet zu haben. Also hangelte ich an den Sprossen nach oben und entfernte den runden Holzdeckel. Das Granulat, das die Vertiefung ausgefüllt hatte, ergoß sich über meinen Kopf. Nun hatte ich die zwei Zentimeter starke Betonschicht über mir. Von unten sah sie so massiv aus, daß ich Befürchtungen bekam, sie nicht entfernen zu können. Ich nahm einen Hammer, holte weit aus und schlug zu. »BOOOMM!« Es klang, als hätte ich mit aller Kraft auf eine Kesselpauke geschlagen. Erschrocken ließ ich den Hammer fallen und sprang nach unten, um mir schnell den Empfänger zu greifen. Ich lauschte angestrengt in das Gerät. Hatte irgendwer etwas bemerkt? Plötzlich wühlte jemand wie wild in dem Streugranulat. Verdammt noch mal, das durfte nicht wahr sein, die standen ja immer noch an der Kiste und hatten das Geld gar nicht hineingelegt! Der Schreck fuhr in meine Beine, und ich rannte los. Flink wie eine Kanalratte flitzte ich durch die Röhre. Nur an einer Stelle, wo die Röhre leicht versetzt nach unten weiterging, knallte ich mit dem Kopf gegen eine Kante. Aber mein Bauhelm dämpfte den Schlag, der mich für Sekunden in die Knie zwang, erheblich ab. Es ging doch nichts über vernünftige Arbeitskleidung. Ich rappelte mich auf, machte noch ein paar Schritte, bis ich in den großen Tunnel gelangte, und blieb stehen. Ich löschte das Licht meiner Lampe, denn es war zu befürchten, daß die Polizei ahnte, was hier gespielt wurde. Also lauschte ich in der Dunkelheit auf verdächtige Geräusche. Ich war bis in jede Faser gespannt, um sofort weiterzurennen, wenn die Polizei den Kanal öffnen sollte. Aber alles blieb ruhig. Langsam schlich ich wieder zurück zur Kiste und öffnete mir auf den Schreck hin eine weitere Büchse Bier. Ich drückte wieder meinen Empfänger ans Ohr und horchte, was sich vor der Kiste ereignete. Etwa nach zehn Minuten ertönte die Stimme des Geldboten, der über Funk seine Kollegen informierte: »Ich bin jetzt fertig!«

Ich wollte noch weitere zehn Minuten verstreichen lassen. Die Zeit verging quälend langsam. Dann machte ich mich bereit. Diesmal stemmte ich mich mit Kopf und Schultern gegen den Beton, bis er mit einem leisen Knacken zerbrach. Vorsichtig ließ ich die Betonteile nach unten fallen. Nun hatte ich den Boden der Kiste vor mir. Um mich leicht zu dem Geld vorarbeiten zu können, hatte ich eine Bodenklappe eingebaut, die mit wenigen Schrauben befestigt war. Nach ein paar Drehungen mit dem Schraubenzieher ergoß sich abermals Streugut über meinen Kopf. Ich spürte, wie das braune Granulat in jede Öffnung meiner Kleidung rieselte. Am ganzen Körper kribbelten die kleinen Körner. Im Schein meiner Mini-Taschenlampe erblickte ich eine weißblaue Plastiktüte, in der sich das Paket befand. Ich griff hinein und fühlte, daß das Paket zu eckig und zu steif war. Sofort kam mir der Verdacht, daß man mich wieder mit Papierschnipseln abspeisen wollte. Ich hielt meine kleine Taschenlampe mit dem Mund, nahm das Päckchen aus der Tüte heraus und sah nur weißes Papier. Nachdem ich es wieder zurückgelegt hatte, stieg ich nach unten. Verdattert stand ich unter der Kiste und schaute nach oben. Es wollte mir nicht in den Kopf, daß sie wieder ohne Geld gekommen waren. Ich zweifelte schon an meinen Sinnen und stieg erneut zu der Kiste hoch. Ich stach mit meinem Schraubenzieher in das Paket hinein. Tatsächlich, nur weißes Papier!

Der Wut und Enttäuschung, die ich anfangs verspürt hatte, folgte eine tiefe Niedergeschlagenheit. In dieser Stimmung trat ich den Heimweg an.

Bericht des LKA/MEK

Um 21.10 Uhr verlegten wir gemäß Tätervorgabe zur Fritz-Erler-Allee/Grüner Weg. Hier fanden wir, wie die Täterskizze verzeichnet, eine durch Vorhängeschloß gesicherte Streugutkiste.

Die Absuche des Innern der Kiste ergibt keine Auffälligkeit oder Beschädigung des Bodens. Dies geschah durch Verschieben des Sandes im Rahmen der Möglichkeiten per Hand. Die Kiste steht fest und stabil, sie ist nur mit erheblichem Kraftaufwand innerhalb der Begrenzung ca. 5–6 cm zu bewegen, dann ist sie in der Nische verkantet.

Um 22.09 Uhr wurde auf Weisung des Polizeiführers

ein mit operativer Technik präpariertes Paket abge-
legt.

Um 22.07 Uhr wurde durch die Technik Bewegung am
Paket gemeldet. Observationskräfte melden keine Auf-
fälligkeiten im Bereich der Ablage nach Zugriffsfrei-
gabe durch den Abschnittsführer. Als Geldüberbringer
überprüften wir legendengerecht die Ablagekiste und
stellten gegen 22.15 Uhr folgendes fest: im Boden der
Kiste ist ein rechteckiges Loch (ca. 40 x 25 cm).
*(Eine Anmerkung zu dem Bericht der Kripo: Die Zeit-
angaben standen wirklich so in den Akten.)*

Ich saß noch lange vor meiner Wohnung im Auto, hörte Musik und grübelte. Was mußte ich noch alles anstellen, bis die
Polizei das Geld rausrückte? Erwartete man von mir erst ein
Blutbad? Wut stieg in mir hoch, daß die Polizei, wie es
schien, wenig Rücksicht auf die Unversehrtheit von Kunden
und Angestellten nahm. Da ich aber nicht bereit war, Menschen in die Luft zu sprengen, hatte ich eigentlich verloren.
Es war der Zeitpunkt gekommen, alles hinzuschmeißen. Der
Gedanke, das irdische Jammertal durch den Notausgang zu
verlassen, war verlockender denn je. Aber es regte sich auch
Neugier. Was würde noch auf mich zukommen, was könnte
ich noch alles ertragen? Die Möglichkeit des Suizids blieb
mir erhalten, die konnte mir keiner nehmen. Eigentlich war
es paradox, daß die Möglichkeit, dem Dasein ein Ende zu
machen, mir half, meine Lebensgeister wieder zu mobilisie-
ren. Sie gab mir ein Gefühl von Freiheit. Was sollte mich
schrecken? Wenn es wirklich unerträglich würde, bräuchte
ich nur diesen kleinen Schritt zu tun und wäre weg. Der Tod
ist nur schrecklich für den, der zurückbleibt.

Nach drei Tagen auf der Intensivstation wurde Funke wieder ins Haftkrankenhaus gebracht. Er lag im Krankenbett und öffnete seine Augen. Neben ihm stand eine junge Ärztin mit einer braunen gelockten Löwenmähne und hantierte mit einer Spritze.

»Ich werde Ihnen Eisen spritzen«, sagte sie.

»Wieso, bin ich schwanger?« versuchte Funke zu scherzen.

»Bei der großen Menge Blut, die Sie verloren haben, ist das auch für Sie gut«, erwiderte sie.

Funke versuchte an ihrer Nasenspitze zu erkennen, ob sie lächelte; denn mehr war durch die üppige Mähne von ihrem Gesicht nicht zu sehen. »Ich kann ja an den Gitterstäben lutschen«, versuchte er sie erneut zum Lachen zu reizen.

»Sie sind wohl ein Witzbold, was?« drang ihre Stimme durch die Lockenpracht, während sie die schwarzbraune Flüssigkeit ganz langsam in seine Armvene drückte.

Eine Woche später war er wieder in seiner Zelle. Es war wie eine Erlösung, sich in den eigenen vier Zellenwänden zu befinden, denn das Haftkrankenhaus mit den Mehrbettzellen war für ihn wirklich eine Strafe. Endlich kein Fernsehapparat, der den ganzen Tag Soap-Operas in den Raum spuckte. Keine dem Wahnsinn nahen Suchtkranken, keine nervenden Unterhaltungen.

Die Monate vergingen, ohne daß er am Knastalltag teilnahm. Zum einen aus gesundheitlichen Gründen, zum anderen, weil er die Mauer, die ihn umgab, aus eigenem Antrieb um einige Meter erhöht hatte. Später, in seiner Erinnerung, erschien ihm diese Zeit wie ein unendlich langer Tag. Es war für ihn eine Zeit ohne Wetter, ohne Jahreszeiten, ohne besondere Erinnerung.

In der Revisionsverhandlung am 15.6.96 wurde er zu neun

Jahren Haft verurteilt. Der Staatsanwalt hatte wie im ersten Prozeß zehneinhalb Jahre gefordert.

Funke war zufrieden, daß endlich ein rechtskräftiges Urteil gefällt worden war. Aber er verspürte auch Furcht, denn man würde ihn nun in eine andere Haftanstalt verlegen. Er hatte Angst vor der Veränderung. In der Untersuchungshaft hatte er einen Lebensrhythmus gefunden, der ihn am wenigsten belastete. Und das ohne Antidepressiva.

Zum tausendsten Mal schreckten ihn das Rasseln der schweren Schlüssel und das Krachen des Türschlosses hoch.

»Mitkommen!« sagte der Beamte mit dem Schlüssel, während zwei weitere Wachleute bereitstanden, die Zelle zu durchsuchen. Funke lächelte nur und trat aus seinem Haftraum heraus. Die Beamten wirkten etwas betreten. Funke marschierte mit einem der Wachleute zur Leibesvisitation.

Vor dem Untersuchungszimmer wartete er auf seine wöchentliche Vorführung. Die Tür ging auf, und ein durchsuchter Neuankömmling verließ das Zimmer. Ein Beamter mit weißer Latzhose trat ebenfalls durch die Tür. Er blickte dem Neuankömmling kopfschüttelnd hinterher. Dann fiel sein Blick auf Funke. »Nein, nicht schon wieder!« stieß er genervt hervor und klatschte sich mit der flachen Hand vor die Stirn, verdrehte die Augen und zog hastig die Tür hinter sich zu. Einen Augenblick später öffnete sie sich wieder einen Spalt, der Kopf des Beamten lugte hervor, und er fragte den Kollegen, der Funke zur Untersuchung gebracht hatte: »Was soll der Quatsch?« Der zuckte wortlos mit den Schultern. »Na gut, komm rein! Laß aber bitte die Tür offen, wir hatten hier gerade einen Fuchs. Der war zwar nicht so schlau, aber er hat genauso gestunken.«

Im Untersuchungsraum hing zäh ein atemberaubender Geruch nach Fuß- und Körperschweiß. Der Beamte bemühte sich redlich um Lüftung. »Mein Gott, was soll denn der ganze Zirkus, das muß doch mal ein Ende haben!« sagte er zu Funke.

»Soweit ich weiß, ist das eine Anweisung von der Senatsverwaltung. Ich habe nämlich in einem Fernsehinterview gesagt, daß ich während der Untersuchungshaft schon mal die Gelegenheit gehabt hätte zu fliehen, aber darauf verzichtet habe, weil es für mich keinen Sinn macht«, erklärte Funke.

»Und deshalb muß ich Sie jede Woche durchsuchen? Weil Sie nicht flüchten wollen? Wo bleibt da die Logik?«

»Kommen Sie mir doch nicht mit Logik, wir sind hier bei der Justiz und nicht beim Schachturnier«, lachte Funke.

»Wem sagen sie das.« Der Beamte schloß das Fenster und die Türen. »Also, dann auf zu ihrer 80. Leibesvisitation. Sie wissen ja, was Sie zu tun haben.«

»Sie sollten sich bei Fernsehen für ›Wetten daß‹ melden«, versuchte Funke der Situation etwas Komisches abzugewinnen. »Sie können ja wetten, daß sie hundert Personen an ihren Arschlöchern erkennen.« Er zog sich die Hose runter.

»Ha, ha«, lachte der Beamte, »ich kann auch zum heiteren Beruferaten gehen!«

»Und was wäre Ihre typische Handbewegung?«

»Die Nase zuhalten!«

Einen Monat später wurde Funke in die JVA Berlin-Tegel verlegt. Über 1 500 Gefangene werden dort verwahrt.

Die erste Nacht. Ein Uhr. Funke war gerade eingenickt, da klopfte es an der Tür.

Funke: »Ja!?«

Klopfer: »Gut!«

Schritte entfernten sich. Funke war nun wach und überlegte, was das Klopfen zu bedeuten hatte. Dann kam ihm der Verdacht, daß aus Moabit der rote Punkt übernommen worden war, der eine besondere Überwachung suizidgefährdeter Gefangener bedeutete. Nun war das in den zwei Jahren in Moabit für ihn kein Problem gewesen, wenn alle zwei Stunden in seiner Zelle kurz das Licht anging und der Wachmann durch den Türspion linste, um zu sehen, ob Funke im Bett lag oder am Fensterkreuz hing. Hier aber gab es kein Gucklock in der Tür. Also klopfte der Beamte so lange, bis er eine Antwort bekam. Wollen die mich in den Wahnsinn treiben mit dieser Maßnahme? fragte sich Funke und lauerte schon auf den nächsten Rundgang des Wachmannes.

Es krachte das Schloß, die Tür wurde geöffnet und die Klospülung gedrückt. In der nächtlichen Stille war das wie ein donnerndes Tosen.

»Jaaa!«

»Gut!«

Funke grübelte, was das nun wieder sollte, und kam zu dem Schluß, daß er wohl eingeschlafen sein mußte. Weil er sich nach dem Klopfen nicht sofort gemeldet hatte, wurde die Spülung gedrückt. Wut stieg in ihm hoch.

»Verdammt noch mal, wollen Sie mich jetzt jede Nacht am Schlafen hindern?« fragte er am nächsten Morgen verärgert den Stationsbeamten. Der sagte, daß für den roten Punkt der Arzt zuständig sei.

»Wann ist der Arzt zu sprechen?«

»In zwei Tagen.«

Zwei weitere Nächte vergingen ohne Schlaf. Der Schlafentzug und das Gefühl der Hilflosigkeit, des Ausgeliefertseins, ließen die Depressionen wieder ausbrechen.

Endlich beim Arzt. Funke kam ins Behandlungszimmer. Hinter einem Schreibtisch saß ein junger Mann und studierte eine Krankenakte. Er schaute auf, und Funke reichte ihm die Hand. Erschrocken, als hätte er eine heiße Herdplatte berührt, zog der Arzt seine Hand zurück.

»Ich gebe nie die Hand!« sagte er fast verlegen. »Ich muß mir sonst so oft die Hände desinfizieren!«

»Ich werd's mir merken.« Funke setzte sich. »Ich komme wegen des roten Punktes. Seit drei Nächten habe ich nicht mehr geschlafen, und ich frage mich, ob die Anstalt mich mit dieser Maßnahme in den Suizid treiben will. Jedenfalls würde mir zwischen den einzelnen Kontrollgängen genügend Zeit dafür bleiben. Was hier geschieht, grenzt ja schon an Psychoterror!« Funke rutschte unruhig auf dem Stuhl hin und her, man konnte ihm seine Erregung deutlich ansehen.

Der Arzt antwortete bedächtig: »Ich versteh' Sie ja, Herr Funke, aber ich kann den roten Punkt nicht wegnehmen. Das muß der Professor von der psychiatrisch-neurologischen Abteilung machen. Ich werde veranlassen, daß Sie in einer Woche zu ihm kommen.«

»Sie müssen doch zugeben, daß es ein Wahnsinn ist, mich am Schlafen zu hindern«, sagte Funke aufgebracht.

Der Arzt nickte. »Das hat eigentlich nur eine Alibifunktion für die Anstalt. Wenn Ihnen etwas passiert, können die immer sagen, daß sie alles getan haben, um es zu verhindern.«

»Aber man treibt mich doch durch diese Maßnahme erst in die Depression und in den Suizid, da gibt es doch keine Logik!«

Der Arzt zuckte hilflos mit den Schultern. »Ich werde Ihnen ein Antidepressivum und ein Schlafmittel geben.«

»Danke!«

Eine Woche später marschierten fünf Mann, unter ihnen Funke, zur Psychiatrisch-neurologischen Abteilung (PN). Ihr Weg führte sie über das Anstaltsgelände, vorbei an hundertjährigen roten Backsteinbauten. In der PN ließ sich die kleine Gruppe im Flur des Erdgeschosses auf einer Bank nieder und wartete auf die Vorstellung beim Professor. Die Wände des Flures waren lindgrün gestrichen und die Bürotüren aus massivem Holz, wie die Tore einer Festung.

Funke beobachtete das Treiben auf dem Flur und fragte dann seinen dickbäuchigen Nachbarn: »Warum bist du hier?«

»Klaustrophobie!« antwortete dieser, während er sich mit seinem Zeigefinger seine schiefsitzende Brille hochschob.

»Na, damit bist du ja im Knast goldrichtig«, erwiderte Funke ironisch.

Ein Insasse der PN, bekleidet mit einem Schlafanzug, kam langsam den Flur entlanggeschlurft. Auf seinem Kopf hatte er eine selbstgebastelte Krone aus zerknittertem Goldpapier. Er steuerte auf den mit der schiefsitzenden Brille zu und begann, auf ihn einzureden: »Kannst du mir was schenken?«

»Nee!«

»Los, komm schon, schenk mir was! Irgendwas! Deine Ohrringe!« Der »Gekrönte« betrachtete mit sichtlicher Begeisterung die Ohrringe seines Gegenübers. Der wehrte aber ab: »Nee nee, laß man!«

»Hast du ein Feuerzeug? Los, schenk mir dein Feuerzeug!« Der King ließ nicht locker und begann, in den Taschen des anderen zu fummeln.

Eine große, kräftige Krankenschwester kam aus einem der Büros und machte sich auf den Weg ins wohlverdiente Wochenende.

Der Gekrönte ließ von seinem Opfer ab. Er blickte der Schwester hinterher, und seine Augen verengten sich. »Schönen Feierabend!« rief er ihr nach, als sie hinter einer Ecke entschwand. Dann etwas lauter: »Schöne Alpträume!« Nun holte er tief Luft und brüllte: »Und 'nen geilen Fick!« Stille.

Wie eine Furie kam die Schwester wieder um die Ecke gefegt. Sie stand da, hatte ihre Fäuste in die Seiten gestemmt und herrschte den Gekrönten an: »Geht das schon wieder los?«

»Nein, nein, nein. War nur Spaß, wirklich nur Spaß!« wehrte dieser ab. Die Schwester ließ es dabei bewenden, stürmte hinaus und gab die Bühne frei für einen kleinen Russen, der den Flur in kurzen schnellen Schritten auf und ab lief, als hätte er Angst, eine Verabredung zu verpassen. Hin und wieder blieb er stehen und übte Schattenboxen. Eigentlich sah er aus wie ein Kind, war kaum größer als 1,60 Meter. Plötzlich ging er auf einen ebenfalls schmächtigen Mitgefangenen zu und verpaßte ihm einen Kinnhaken. Der Geschlagene lag am Boden und streckte alle viere von sich. Man half ihm wieder vorsichtig auf die Beine.

»Was ist los? Was ist passiert?« fragte er sichtlich verwirrt.

»Nichts weiter, du hast nur eine gepellt bekommen!« wurde er aufgeklärt. Ein Pfleger kam hinzu und fragte, wer das getan hatte.

»Der Kleine da drüben!« sagte der mit der schiefen Brille und zeigte auf den Russen, der sich am anderen Ende des Flures auf einen Stuhl gesetzt hatte. Der Pfleger ging hin und redete auf ihn ein. Dann kam er mit dem Übeltäter zurück und stellte sich mit ihm vor den Geschlagenen hin.

Der Pfleger zum Russen: »Na, was ist los? Sag schon!«

Der Kleine scharrte verlegen mit einem Fuß. »Entschuldigung!« kam es leise aus seinem Mund. Anschließend flitzte er schnell zu seinem Stuhl zurück. Er sah erleichtert und befriedigt aus.

»Der Nächste bitte!«

Funke ging in das Sprechzimmer. Der Professor war Anfang Vierzig und machte einen sachlich-freundlichen Eindruck. Lächelnd forderte er Funke mit einer Handbewegung auf, sich zu setzen.

»Na, hier ist vielleicht was los!« sagte Funke lachend.

»Das ist eben die Psychiatrie!« antwortete der Professor fast entschuldigend.

Funke erzählte von seinem roten Punkt. »Ich verspreche Ihnen, wenn ich Suizid begehen will, sage ich vorher Bescheid. Dann geben Sie mir wieder einen roten Punkt, und ich kann mich dann in aller Ruhe umbringen. Und Sie wären aus dem Schneider.«

»Sie sind sarkastisch, Herr Funke! Also gut. Sie versprechen mir, mich vorher über Ihre Suizidabsichten zu informieren. Sie nehmen weiter ihre Medikamente. Der rote Punkt kommt weg, und wir sehen uns nächste Woche wieder.«

Am folgenden Tag wurde die Beobachtung beendet, und Funke konnte auch ohne Schlaftabletten wieder durchschlafen.

Die Wochen im Zugangshaus der JVA Tegel bedeuteten für ihn eine große Umstellung. In der JVA Moabit hatte er nur wenig Kontakt gehabt zu den anderen Gefangenen. Meist war er 24 Stunden in seiner Zelle gewesen. Doch nun war der Haftraum, außer sonntags, sieben Stunden geöffnet. Ausreichend Zeit, die Mithäftlinge kennenzulernen.

Abends auf der Station C 2. Einige Häftlinge kochten in der Küche, andere hatten sich Tische vor die Tür gestellt und spielten Karten. Funke saß zusammen mit dem ältesten Häftling der Station an einem Tisch und las Zeitung.

Ein junger Mann mit Bürstenhaarschnitt kam aus seiner Zelle und steuerte auf den Alten zu. »Eh, alter Brummbär, haste mal 'ne Zwiebel für mich?« fragte er Funkes mürrischen Tischnachbarn, der wegen Betruges und Unterschlagung einsaß.

»Was willst du mit einer Zwiebel, Zuhälter?« erkundigte sich der Alte unwillig.

»Erzähl nich so'n Scheiß, ick bin keen Zuhälter«, protestierte der Junge und lachte dabei. »Zuhälter verprügeln ihre Alte für'n Fünfer. Ick hab zwar mein Jeld im Rotlichtmilieu verdient, aber ick bin keen Zuhälter!« Breitbeinig bewegte er sich von einem Bein aufs andere, als suchte er noch einen sicheren Stand. Seine Arme hielt er leicht abgespreizt wegen der Muskelberge – die allerdings nur in seiner Phantasie existierten. Er griff sich zwischen seine Beine, rückte sein Gemächt zurecht und erzählte weiter: »Ick hab immer uff Stil jeachtet. Mir haste meinen Job nich anjesehen. Ick hab immer allet uff de Ruhige jemacht. Nur nich uffregen ... Eenmal, meene Kleene stand uff der Straße, da hat se so'n Piepel anjemacht. Da bin ick uff'n Fahrrad jekommen. Vastehste. Einfach uff'n Fahrrad. Janz dezent hab ick den Typen gefragt: ›Jib's Streß, Alter?‹ Ick hab jelächelt. Janz cool, janz uff de Ruhige. ›Wat willst du denn‹, hatta jesagt. Und: ›Verpiß dich‹, hatta jesagt. Ick hab nur jelächelt und ihm eens vor de Glocke jehaun. Da hatta nüscht mehr jesagt. Da hatta nur noch langjelegen. Ooch in mein Lokal, Alter, wenn eener Streß jemacht hat, hab ick mir det uff de Ruhige erst ma 'ne

Weile anjekiekt. Dann bin ick hinjejangen, mit 'nem Lächeln und janz freundlich hab ick ihm erklärt, dassa jetzt zu jehn hat. Ick hab immer uff Stil Wert jelegt. Nur kleene Bewegungen, een kleenet Kopfnicken, een kleener Fingerzeig. Ooch meener Kleidung haste det nich anjesehen, dasse teuer is. Meene Jeans ham uff'n ersten Blick janz normal ausjesehen, aber wennste jenau hinjesehen hast, konnteste erkennen, dasse richtig Jeld jekostet haben. Qualität, verstehste Alter. Echt geil, Alter. Den meisten aus dem Rotlichtmilieu siehste det nich an, dasse Kohle haben. Immer janz dezent. Und wie die sich bewegen. Da jibs keene überflüssigen Bewegungen. Die machen immer allet mit Stil. Echt geil, Alter!«

Funkes Tischnachbar holte eine Zwiebel, als Dank für den aufschlußreichen Vortrag über das Rotlichtmilieu. Der Alte war etwa 60 Jahre alt und mußte als junger Bursche ein Gesicht wie ein Engel gehabt haben. Jetzt, im Alter, mit seinen weißen Haaren und seiner enormen Leibesfülle, ähnelte er eher einem netten Mütterchen. Aber sein Aussehen täuschte. Unter den Beamten und Gefangenen war er als Querulant und Choleriker verrufen. Nachdem er sich wieder an den Tisch gesetzt hatte, zückte er eine Rechnung, die er überprüfen wollte. Mit seinen knubbeligen Fingern hämmerte er auf seinem Taschenrechner herum. Er fluchte: »Verdammte Idioten! Diese Blödmänner vom Radiogeschäft können nicht rechnen! Das Radio, das ich gekauft habe, sollte ohne Mehrwertsteuer 200 DM kosten. Nun haben mir diese Hirnis eine Rechnung über 230 DM inclusive Mehrwertsteuer geschickt. Wenn ich aber 15 Prozent Mehrwertsteuer von 230 DM abziehe, komme ich auf 195,50 DM. Die Schwachköpfe haben sich auch noch zu ihrem Nachteil verrechnet!«

Funke hörte sich sein Gezeter eine Weile an. Dann versuchte

er ganz vorsichtig einzuwenden, daß man möglicherweise die 15 Prozent nicht von der Endsumme abziehen kann. Mit dieser Bemerkung hatte er einen Volltreffer gelandet.

»Waaas?! ... Waaas!!« brüllte der Alte und sprang auf. »Davon hast du keine Ahnung!« Seine Augen quollen hervor, und vor Aufregung begann er zu sabbern. Er fuchtelte mit seinem Zeigefinger vor Funkes Nase herum, und seine Spucke spritzte, als er weiter schrie: »Was warst du denn?! Was hast du früher gemacht? Du warst Anstreicher! Aber ich war Geschäftsführer!!« Dabei schlug er sich mit der Faust auf seine Brust. »Und da willst du mir erzählen, was falsch und was richtig ist? Erzähl mir doch nicht so einen Scheiß!« Er schnappte sich mit einer heftigen Bewegung die Rechnung und stürzte in seine Zelle.

Funke wischte sich die Spucke aus seinem Gesicht, stützte seinen Ellenbogen auf den Tisch und das Kinn in seine Hand. Es sah ganz so aus, als hätte der alte Betrüger nicht nur seine Geldanleger betrogen, sondern auch sich selbst. Betrügen konnte er nun nicht mehr, sich belügen schon. Das tat auch der Junge aus dem Rotlichtmilieu, der dünn wie ein Spargel war, dessen ungeachtet aber herumlief, als habe er die Muskelberge eines ausgewachsenen Berggorillas, und der sich obendrein noch für stilvoll hielt.

Funke beschäftigte die Frage, mit welchem Selbstbetrug oder welcher Lebenslüge er sich sein Dasein erleichterte. War es überhaupt möglich, sich selbst richtig einzuschätzen? War es überhaupt sinnvoll? Offensichtlich konnten die meisten Menschen gut mit ihren kleinen Lebenslügen leben. Im Gegenteil: je größer die Lüge, desto größer ihre Unbeirrbarkeit. Lebenslügen gegen Lebensangst und Selbstbetrug für das Selbstbewußtsein. Das war im Knast nicht anders als in

Freiheit. Nur war es ihm im Knast besonders bewußt geworden. Ihm kam der Verdacht, daß viele der Straftaten letztendlich das Ergebnis einer falschen Selbsteinschätzung waren. Er war einigen begegnet, die sich für ganz gerissene Hunde hielten, die auf alles eine Antwort hatten, sich aber nie darüber wunderten, warum sie ständig scheiterten. Wenn etwas schiefgegangen war, waren nur die anderen schuld, denn man selbst hatte alles vorzüglich geplant, das eigene Versagen und die eigene Schuld nicht zur Kenntnis genommen. Aber das war wohl der am weitesten verbreitete Selbstbetrug, zu glauben, daß immer nur die anderen schuld haben.

Funke erinnerte sich an einen besonders krassen Fall, als ihn im Wartezimmer der Arztgeschäftsstelle ein Häftling ungefragt mit seiner Lebensgeschichte gequält hatte. Breitbeinig stand er da, 170 Zentimeter groß, 20 Jahre alt, Babyspeck, und seine Brille hatte Gläser wie Flaschenböden. Er machte den Eindruck, als hielte er sich für die Inkarnation des Terminators. »Eh, Alter, hatte ick gesagt. Alter, nimm die Flossen hoch! Und wat hatta gemacht, er greift zu seiner Wumme. Da mußte ick ihm doch det Jehirn wegblasen! Eh, Alter, der war doch selber schuld!«

Nun geht es im Alltag meistens nicht um so schwerwiegende Verfehlungen, aber dennoch tun wir uns schwer, uns selbst, und erst recht anderen, unsere Schuld einzugestehen. Es ist nicht die Angst vor Strafe, die uns daran hindert, sondern die Angst vor dem Urteil. Strafe ohne Urteil, das wäre noch zu ertragen.

Determiniert wie das Leben nun mal ist, läßt sich schnell jemand finden, auf den wir mit gestrecktem Finger weisen können, an den wir unsere Schuldzuweisung weiterreichen.

Der schiebt sie einem anderen zu, bis sie bei demjenigen hängenbleibt, der am Ende der Kette steht, und das ist dann in der Regel der Schwächste. Deshalb sieht so mancher Politiker die Schuld für leere Staatskassen nur bei Sozialhilfeempfängern, Kranken, Arbeitslosen, Ausländern und anderen Randgruppen. Die Vertreter des Volkes verweisen auf Sachzwänge und verlangen Unverantwortlichkeit. Kriegsverbrecher verweisen auf Befehlsnotstand und fordern Freispruch. Der gewöhnliche Gesetzesbrecher verweist auf die Umstände und hofft auf Milde.

Vielleicht sollten sich unsere Politiker zur Mahnung einen symbolischen Sündenbock ins Parlamentsgebäude stellen. Eine kleine Figur, die sich an die eigene Nase faßt, mit dem Namen: Niemand. Denn wenn diese Welt eines Tages den Bach heruntergeht, dann war mit Sicherheit Niemand daran schuld, überlegte sich Funke, stand vom Tisch auf und ging in seine Zelle. Er wollte an seiner Geschichte weiterschreiben.

Nachdem meine schöne Idee mit der Streusandkiste nicht zu dem gewünschten Erfolg geführt hatte, stand ich wieder einmal unter dem Druck, eine originelle Übergabetechnik austüfteln zu müssen. Ich dachte an meinen allerersten Versuch 1988, als ich unter Wasser eine Seilwinde installiert hatte, und überlegte, wie ich diese Idee verbessern könnte. Nach langem Nachdenken über die Vorzüge einer Übergabe über oder unter Wasser kam mir die Erleuchtung: ein kleines, selbststeuerndes U-Boot, das sich in der Tiefe eines Gewässers seinen vorprogrammierten Weg bahnt. Am Ende einer Fahrt sollte es dann auf den Grund sinken und dort liegenbleiben, bis es zwei oder drei Tage später kleine

Bojen mit Funk- und Infrarotsender absetzte, um mir das Wiederfinden zu erleichtern. Da die Sichttiefe in den Seen und Flüssen in Berlin kaum mehr als 20 Zentimeter beträgt, würde die Polizei das Gerät nicht verfolgen können.

Ich begann, Baupläne zu zeichnen und Materiallisten aufzustellen. Über den genauen Ablauf der Aktion hatte ich noch keine Vorstellung.

An einem warmen, sonnigen Samstag Anfang Mai machte ich mich auf den Weg, verschiedene Teile für mein U-Boot zu kaufen. Wie immer, wenn ich in Sachen Erpressung unterwegs war, ließ ich besondere Vorsicht walten. Aus diesem Grund hatte ich mein Auto nicht auf dem Parkplatz des Elektronik-Kaufhauses abgestellt, sondern 200 Meter entfernt.

In dem Elektronik-Tempel, in dem ich schon viele meiner elektronischen Spielereien gekauft hatte, war Hochbetrieb. Die Kunden, vornehmlich Männer, befingerten alles, was nicht niet- und nagelfest war. Einige wühlten mit glänzenden Augen im Elektronikschrott, andere gerieten bei Autoradios und CB-Funk in Verzückung. Mein Ziel war die Modellbauabteilung. Um mich herum Väter mit ihren Söhnen, die beim Anblick der Schätze gemeinschaftlich in Ekstase gerieten. Ich registrierte es mit einem gewissen Neid, während ich mir meinen Einkaufskorb mit den Materialien für mein U-Boot vollud. Bei mir würde es noch eine Weile dauern, bis ich diese Art von Vaterfreuden genießen könnte.

Zum Schluß meiner Einkaufsorgie fehlte mir noch eine kleine Schaltuhr, die mir nur der Verkäufer aushändigen konnte. Also ging ich zum Verkaufstresen und gab meinen Wunsch bekannt. Der Verkäufer verschwand im Lager. Nach zwei Minuten kam er zurück und überreichte mir die Uhr mit der Frage, ob er mir dazu noch etwas erklären solle.

Er schaute mich dabei interessiert an. Seine Hände hatte er flach auf den Tresen gestützt. Ich verneinte. In diesem Augenblick hob sich der Zeigefinger seiner rechten Hand. Es war nur eine kleine Bewegung, eigentlich völlig unauffällig, aber in meinem Kopf schrillten die Alarmglocken. Vielleicht hatte mich auch seine Frage stutzig gemacht, denn soviel Zuwendung zum Kunden findet man nicht oft. Gewöhnlich wandten sich die Verkäufer gleich ab, nachdem sie die Ware ausgehändigt hatten, um nicht mit unqualifizierten Fragen belästigt zu werden. Mir fiel auch auf, daß er diesmal ins Lager gegangen war, wo er sonst nur hinter sich ins Regal gegriffen hatte. Das alles machte mich sehr mißtrauisch. Obendrein war mir natürlich bekannt, daß die Polizei gern Geschäfte observierte, wenn sie damit rechnete, daß eine gesuchte Person irgendwann auftauchen und eine für sie typische Ware kaufen würde. Die Uhr, die ich verlangt hatte, wurde bestimmt nicht oft gekauft. Und ich hatte sie früher schon in meine Abwurfgeräte eingebaut. Mir wurde fast schlecht vor Aufregung, jedoch durfte ich mir nichts anmerken lassen, und deshalb lief ich weiter zwischen den Regalen umher. Ich schaute mir die Waren an, aber mein wirkliches Interesse galt dem Geschehen in meiner Umgebung. Ich achtete auf alle Leute, die sich im Verkaufsraum aufhielten. Und weil ich dabei nicht durch ängstliches Umherblicken auffallen durfte, benutzte ich auch spiegelnde Flächen für meine Beobachtungen. Schon kurz darauf bemerkte ich zwei Herren, die mich aus vier Metern Entfernung musterten. Es war, als bekäme ich einen Messerstich in den Magen. Fast verzweifelt bemühte ich mich um ein entspanntes Aussehen. Die beiden begaben sich langsam zum Ausgang, der von den Kassen versperrt war. Eine Menschenschlange davor behinderte das Fortkommen der Männer. Darum nahm der jüngere einen Anlauf und sprang seitlich über eine Absperrung. Mit dieser Aktion zog er sich den Unmut des Kaufhaus-Wachpersonals zu, das erst einmal aufgeklärt und eingeweiht werden mußte. Ich lief schnell in eine Abteilung neben den Kassen, von wo ich durch ein Schaufenster auf die Straße spähte. Dort sah ich die beiden Kripoleute, wie sie mit zwei großen, durchtrainierten Burschen sprachen. Die Jungs vom SEK! durchzuckte es mich. Eilig stieg ich die Stufen hoch in die erste Etage. Fieberhaft suchte ich nach einem Notausgang und entdeckte eine offene Tür zu einem Treppenhaus. Ruhig ging ich darauf zu. Ein Verkäufer rief mir zu, daß dies kein Ausgang für Kunden sei. Also ging ich mit einem entschuldigenden Lächeln zurück in den Verkaufsraum. Dort sah ich auch schon den älteren der beiden Beamten die Treppe hochhetzen. Aufgeregt suchten seine Augen nach meiner Person. Als er mich dann wieder im Visier hatte, beruhigte er sich, stellte sich an ein Regal mit Fachliteratur, nahm sich ein Buch, blätterte darin, hielt es in Augenhöhe und blinzelte immer wieder unauffällig über die Seiten. Auch ich durfte mir trotz Aufregung nichts anmerken lassen. Auch ich griff irgend etwas Handliches aus dem Regal und legte es nach kurzer Betrachtung in meinen Korb. Beide spielten wir die Rolle des interessierten Kunden. Lässig tänzelte ich wieder die Stufen runter ins Erdgeschoß. Er hinterher. Ich schaute mal hier, mal dort in die Regale. Er tat desgleichen. Ich ging langsam in die äußerste Ecke des Verkaufsraumes, er blieb in der Nähe der Kassen und griff sich einen Einkaufskorb, um noch unauffälliger zu wirken; schließlich hatten viele Kunden einen Korb. Zu meiner Erleichterung erblickte ich eine Tür, die ins Warenlager führte, und stellte mich wenige Meter davon entfernt hinter ein anderthalb Meter hohes Regal. Der Beamte beobachtete mich vom anderen Ende des Geschäftes aus. Immer wieder bückte ich mich, als würde ich mir Sachen aus dem unteren Regalbereich ansehen. Für diese kurzen Momente war ich für ihn nicht sichtbar und hoffte, daß er sich daran gewöhnen würde. Außerdem wartete ich darauf, daß auch er mal für einen Augenblick in eine andere Richtung schaute. Nur drei Schritte waren es bis zu der Tür, die mir Erlösung aus meiner Zwangslage versprach. Endlich kam der Augenblick, auf den ich sehnlichst gewartet hatte. Der Beamte bückte sich, und mit einem Satz war ich durch die Tür verschwunden. Ich stürmte durch den nächstbesten Notausgang und lief über eine Laderampe zum hauseigenen Parkplatz. Nun gab es für mich nur ein Problem. Auf der Straße stand die Polizei, also war mir dieser Weg versperrt, und ich befand mich auf einem von einer hohen Mauer umgebenen Hof inmitten von Altberliner Mietshäusern.

Ich lief zwischen den geparkten Auto hindurch und suchte nach einer Möglichkeit, die Mauer zu überwinden. In der äußersten Ecke des Platzes wucherte ein Baum. Die Äste hingen bis zum Boden hinunter und gaben mir Sichtschutz. Ein an die Mauer gelehntes Brett diente mir als Leiter. Jeder Griff, jeder Tritt mußte stimmen. Ich hangelte mich hoch, ohne dabei in Hektik zu verfallen. Nachdem ich die Mauerkrone überwunden hatte, plumpste ich auf der anderen Seite in einen Hinterhof mit kleinen Gemüsebeeten. Ich rüttelte am Hoftor, doch es war verschlossen, aber nur mit einem billigen Vorhängeschloß. Also warf ich mich dagegen, bis das Tor mit einem lauten Krachen aufflog. Glück gehabt. Mit schnellen Schritten lief ich durch die Toreinfahrt. Weitere

Höfe folgten und weitere Türen, die aber unverschlossen waren. In einem Blumenbeet stand ein alter Mann und harkte. »Was machen Sie hier!?« rief er mir hinterher. Doch ich entschwand schnell durch die nächste Tür und war schon auf der Straße. Und wie es sonst nur im Film geschieht, kam im gleichen Augenblick ein freies Taxi angefahren. Ich winkte, es hielt, und ich sprang hinein. »Erst mal geradeaus!« sagte ich zum Fahrer. Erleichtert ließ ich mich zurückfallen. Jetzt mußte ich nur noch mein Auto holen. Auch wenn es 200 Meter vom Elektronikgeschäft entfernt abgestellt war, würde es auffallen, wenn es nach Ladenschluß dort stehenblieb. Mit meinem jetzigen Aussehen durfte ich mich dort jedoch nicht blicken lassen, denn man hielt wahrscheinlich Ausschau nach mir. So ließ ich mich in das nächste Kaufhaus fahren, legte mir neue Kleidung zu, veränderte etwas mein Aussehen und machte mich auf den Weg zu meinem Auto. Ich schlich mich von der Rückseite des Parkplatzes heran, überwand Zäune und kam so, ohne aufzufallen, zu meinem Wagen. Als ich vom Parkplatz fuhr, sah ich noch einen Beamten, der auf der anderen Seite der Straße stand und sehnsüchtig nach mir Ausschau hielt. Ich erinnerte mich an meinen Traum, den ich mit schöner Regelmäßigkeit immer wieder geträumt hatte und der genau diese Situation mit der Polizei, den Höfen, Türen und der Mauer vorweggenommen hatte. Auch wenn man nicht an die Vorsehung glaubt, gab einem so etwas zu denken.

In den folgenden Tagen ließ die bange Anspannung nicht nach. Ich befürchtete, die Polizei könnte Videoaufnahmen von mir haben oder zumindest ein besseres Phantombild. Eine Woche lang lebte ich mit dem Gefühl, ich könnte jeden Moment verhaftet werden. Zu meiner großen Überraschung geschah nichts.

Also begann ich, an meinem U-Boot zu basteln. Doch ich benötigte dringend noch ein paar elektronische Bauteile. In Berlin wollte ich sie aus naheliegenden Gründen nicht kaufen. Ich entschloß mich, dazu nach Bielefeld zu fahren und bei dieser Gelegenheit auf die letzte gescheiterte Geldübergabe zu antworten. Denn durch die Papierschnipsel war ich in Zugzwang geraten. Ich mußte darauf reagieren.

Es war der 18.5., als ich im Zentrum Bielefelds mein Auto abstellte. Ich hatte eine besondere Beziehung zu dieser Stadt, denn ich hatte hier als Zwanzigjähriger anderthalb Jahre gewohnt und gearbeitet. Das war nun 23 Jahre her. Damals hatte ich ein unglaubliches Gefühl von Freiheit und Lust am Leben gehabt. Die ganze Welt schien mir ein riesiger Abenteuerspielplatz zu sein. Jetzt war alles dumpf. Es gab kaum noch etwas, das die Nebelwand, von der ich mich umgeben fühlte, durchdringen konnte. Wut und Trauer stiegen in mir hoch über diesen Verlust an Lebensqualität. Nur eine Erinnerung an meine Zeit in Bielefeld hatte etwas Tröstliches.

Mir fiel ein, wie ich einmal frühmorgens am Fenster meines möblierten Zimmers in der August-Bebel-Straße gestanden und zugesehen hatte, wie der Herbstnebel die Konturen der Stadt auflöste. Es war, als würde der schmutziggraue Nebel auch jedwede Freude in sich aufsaugen. Alles wirkte auf mich trostlos. Ich fuhr zur Arbeit: eine Getränkefirma, die eine dunkelbraune Brause herstellte und in der ich unter anderem für die Werbung zuständig war. Mißmutig hatte ich meinen kleinen Transporter mit Werbematerial für Kunden in Sennestadt beladen. Auf dem Weg dorthin mußte ich ein paar Anhöhen überwinden. Als ich den höchsten Punkt erreicht hatte, riß der vorher so unvergänglich scheinende Nebel plötzlich auf. Über mir leuchtete der blaue Himmel, völlig wolkenlos, und die Sonne strahlte. Ich hielt an, schaute zurück und sah Bielefeld unter einer weißen dampfenden Decke verborgen. Schlagartig erhellte sich meine Stimmung. Ich fuhr weiter, um meine Arbeit im sonnigen Sennestadt zu verrichten. Als ich später über dieselbe Straße zurückkam und wieder in den Nebel eintauchte, nahm ich das Gefühl und das Wissen mit, daß über mir die Sonne schien. Auch wenn ich sie nicht sehen konnte, wärmte sie mich in Gedanken für den restlichen Tag.

Ich ging in ein Kaufhaus. In meiner Hand hielt ich eine Einkaufstüte, in der sich ein Benzinkanister mit einem schaltuhrgesteuerten Zünder befand. Wie in Bremen wollte ich den Brandsatz zwischen die Motoröle in der Autozubehörabteilung stellen. Aber ich suchte vergeblich nach einer solchen Abteilung. Es gab keine. Wohin also mit meinem Brandsatz? Etwas ratlos lief ich durch das Haus. Die Campingausstellung auf dem Dach erschien mir zwar geeignet, um unauffällig einen Brandsatz zu verstecken, aber mir kamen Bedenken, daß durch die Explosion des Zünders Sachen auf die Straße fliegen und womöglich Passanten verletzen könnten. Schließlich stellte ich meine Tüte mit dem Kanister hinter einen Fernsehapparat, um sie endlich loszuwerden. In einem Elektronikgeschäft besorgte ich mir dann noch ein paar Teile für mein U-Boot.

Am folgenden Tag erfuhr ich aus der Presse, daß der Schaden, den mein Brandsatz angerichtet hatte, sehr gering war, weil das Benzin im Kanister nicht gezündet hatte. Glück gehabt, dachte ich und vermutete, daß der Grund für das Versagen des Brandsatzes mit meiner Unlust zu tun hatte.

Ich baute weiter an meinem Miniatur-U-Boot. Die Wochen vergingen mit Sägen, Löten und Schrauben. Die ganze

Konstruktion erwies sich als schwierig, da ich nur im Handel erhältliche Materialien verwenden konnte. Auch war mein Werkzeug nicht das beste. Irgendwann im Sommer testete ich das Boot zum ersten Mal im Wasser. Nicht weit von meiner Werkstatt entfernt war der Müggelsee, Berlins größtes Gewässer. Es gab eine dicht bewachsene Uferregion mit kleinen, vom Schilf verdeckten Wasserflächen, in denen ich mein Gerät ungestört erproben konnte. Bei den ersten Versuchen sprang es wie ein Delphin immer wieder aus dem Wasser, weil die Ruderausschläge, die das Gerät in der Horizontalen halten sollten, zu heftig waren. Die Einstellarbeiten an der Elektronik zogen sich endlos hin, denn das Gerät mußte jedesmal in der Werkstatt auseinandergenommen werden. Bei der ganzen Bastelei hätte ich alle meine Sorgen vergessen können, wenn nicht der Zeitdruck gewesen wäre.

Nach drei Monaten fuhr das Boot dann endlich so, wie ich es mir vorgestellt hatte. Ich stand im Wasser, inmitten der Natur, und beobachtete, wie das Gerät einem Torpedo gleich unter der Wasseroberfläche seine Bahnen zog. Nur die Antennenspitze ragte aus dem Wasser. Für die Testfahrten benutzte ich eine Funksteuerung, die beim späteren Einsatz nicht eingebaut sein sollte. Enten schwammen in der Nähe des Ufers umher, bis mein Torpedo angerauscht kam und die Antenne ihnen den Bauch kitzelte. Mit lautem Geschnatter flogen sie davon.

Als ich dann mein U-Boot dem letzten großen Test unterziehen wollte, verschlechterte sich das Wetter dauerhaft. Bei strömendem Regen ging ich mit meinem Gerät an die Havel. Schräg gegenüber vom Strandbad Wannsee setzte ich mich in eine verwaiste Rettungsstation der Wasserwacht. Die große Reisetasche mit dem Boot hatte ich zwischen den Beinen und schaute über die weite Wasserfläche, die sich mit dem Grau des Himmels vereinte. Der Fluß dampfte unter dem prasselnden Regen. Ich ließ die Stimmung auf mich wirken und ging in Gedanken meinen Plan noch mal durch. Eigentlich hätte ich das U-Boot zwei oder drei Tage nach der Geldübergabe bergen müssen. Aber wie lange würde die Polizei danach die Gegend observieren? 1988 hatten sie, versteckt in einem Kleinbus, noch wochenlang auf dem Industriegelände gestanden. Bei schlechtem Wetter wäre ich der einzige, der mit einem Ruderboot auf dem Wasser umherschippern würde. Da könnte ich gleich »Dagobert« ans Boot schreiben. Nur wenn viel Betrieb auf dem Wasser war, hatte ich eine Chance, unauffällig an das Geld zu gelangen. Ich versuchte, mich in die Lage der Polizei zu versetzen, und kam zu dem Schluß, daß sie sich vermutlich nicht an meine Anweisungen hielt. Die nehmen einfach das U-Boot mit und behaupten später, es habe nicht funktioniert, überlegte ich mir. Ich begann zu begreifen, daß ich mich wieder einmal in eine Sackgasse manövriert hatte. Ich hätte mir das alles vorher überlegen sollen.

Ich war zu verliebt in diese Idee gewesen und hatte Geld und Zeit verschwendet. Vielleicht war es auch eine Flucht vor der Realität gewesen. Ich hatte Tag für Tag vor mich hin gebastelt und mir zu wenig Gedanken darüber gemacht, wie die Polizei reagieren würde. »Das wird schon!« hatte ich mir immer gesagt und die ganze Planung der Aktion vor mir hergeschoben.

Der Regen peitschte gegen das Stationshäuschen, in dem ich Schutz gesucht hatte. Die Blätter der Bäume rauschten, und das Wasser schlug Blasen. In jedem Tropfen war Melancholie. Es war eine wohlige Schwermut. Ich versuchte, dieses Gefühl zu halten und zu drücken wie einen lange vermißten

Freund. Jede Stimmung, die langsam in mir zurückkehrte, wurde freudig begrüßt. Nach zwei Stunden nahm ich meine große Reisetasche, lud sie auf mein Fahrrad und schob es auf aufgeweichten Waldwegen zurück. Ich überlegte jetzt, ob die Möglichkeit bestand, den Abwurf des Geldes aus dem Zug mit der Flucht durch den Regenwasserkanal zu verbinden.

Erst einmal begann wieder der angenehmere Teil der Geldübergabeplanung: ausgedehnte Spaziergänge entlang von S-Bahnstrecken, die durch Berlin führten. Das Ausspähen von Fluchtwegen und Verstecken glich Entdeckungstouren, bei denen ich immer wieder feststellen mußte, was ich alles von Berlin noch nicht gesehen hatte, obwohl ich in dieser Stadt aufgewachsen war. Nach Wochen des Herumstöberns fand ich in Steglitz nahe dem Rathaus das, was ich gesucht hatte: einen etwa drei Meter hohen Bahndamm, dicht bewachsen mit Büschen und Bäumen und direkt angrenzend an die Vegetation einen Zugang zu einem Regenwasserkanal.

Ich begann alles so herzurichten, daß ich, verdeckt durch das Laub der Büsche, den Bahndamm wie auf einer Rutschbahn herunterrutschen konnte bis in den Kanalschacht hinein. Über die Öffnung zum Kanal hatte ich einen großen Berg aus Laub und Zweigen geschichtet, so daß sie für einen Ahnungslosen nicht sichtbar war.

Ich verabredete mit der Polizei einen neuen Übergabetermin für den Abend. Die Dunkelheit sollte mich zusätzlich schützen. Am Tage meiner Verabredung mit der Polizei ging über Berlin ein Gewitter nieder, daß ich fürchtete, im Kanal abzusaufen. Aber ich hatte alles vorbereitet und wollte nicht aufgeben, was ich so mühselig aufgebaut hatte. Andererseits konnte ich den Laubhaufen über der Kanalöffnung nicht längere Zeit liegenlassen, ohne befürchten zu müssen, daß er entdeckt wird. Ich befand mich in einer Zwangslage.

Ich wollte die Übergabe um zwei Tage verschieben und das der Polizei am Telefon mitteilen. Bisher hatte ich immer meinen Computer sprechen lassen, aber es blieb keine Zeit, um den Text auf meinem Diktiergerät zu ändern. Also entschloß ich mich, mit meiner Livestimme zu sprechen. Ich wählte die Geheimnummer und verschob mit hoher Kastratenstimme die Geldübergabe um 48 Stunden.

Zwei Tage später lief ich wieder einmal verkleidet und maskiert durch die abendlichen Straßen in der Nähe des Messegeländes am Funkturm. Das Wetter war trocken, und ich konnte hoffen, daß es mit der Übergabe diesmal klappen würde. Ein paar betrunkene Besucher einer Messe kreuzten torkelnd meinen Weg. Sie waren beladen mit Tüten voller Informationsmaterial. Auch ich hielt eine Plastiktüte in meiner Hand. Zielstrebig marschierte ich auf eine Apotheke zu, die mit einer modernen dunklen Aluminiumfassade verkleidet war. Fast im Vorbeigehen holte ich einen Briefkasten aus meiner Tüte und befestigte ihn mit einem doppelseitigen Klebeband. Er sah aus, als hätte er schon immer da gehangen. In seinem Innern befanden sich Materialien und eine Nachricht für den Geldboten. Die einzelnen Schritte waren knapp geplant. Schnell ging ich zurück zu meinem Fahrzeug und raste über die Stadtautobahn meinem nächsten Handlungsort entgegen. Ich hatte die Absicht, aus einem Ausflugslokal am Wannsee zu telefonieren. Ich glaubte, daß sie dort bestimmt nicht auf mich warten würden. Immer saß mir die Angst im Nacken, daß die Polizei beim Telefonieren zuschnappen könnte.

In einer dunklen Seitenstraße stellte ich mein Auto ab und

lief zu dem Lokal. Ich drängelte mich durch eine Meute angeheiterter, lärmender Menschen, die die Theke belagerten, und ging zum Münzfernsprecher, der im Treppenhaus an der Wand hing. Stimmengewirr und Musik drang durch die geschlossene Gaststubentür, als ich die Nummer der Kripo Hamburg wählte. Eine angetrunkene Dame wankte kichernd und glucksend an mir vorbei. »Na, Kleiner, klapp's denn mit der Verbindung?« rief sie mir noch zu, bevor sie lachend und torkelnd in der Damentoilette verschwand. Endlich hob jemand ab. Ich meldete mich und begann sofort mit der Übermittlung meiner Tonkonserve vom Diktiergerät. Zwischendurch hörte ich die aufgeregte Stimme eines Kripobeamten aus dem Telefonhörer: »Schalten sie das Band ab! Also hören sie, das hat jetzt keinen Sinn! Hören sie mir bitte zu! Legen sie nicht auf! Hören sie mir bitte zu! Hören sie mir zu?« Ich schwieg und hörte zu. »Also, wir sind heute nicht auf eine Geldübergabe vorbereitet. Wir waren nicht sicher, daß Sie es waren, der am Montag angerufen hat, weil es nicht Ihre typische Stimme war. Außerdem fehlte das Codewort. Aber Sie können wirklich sicher sein, daß wir zahlungsbereit sind.«

Wütend schmiß ich den Hörer auf die Gabel. Hatten die es wirklich gewagt, von sich aus abzusagen. Ich fragte mich, was das wieder zu bedeuten hatte. Wer sollte sonst zu einer verabredeten Zeit unter einer Geheimnummer anrufen? Die hatten doch auch jetzt auf meinen Anruf gewartet. Da hätten sie genausogut das Geld bereitlegen können. Ich ärgerte mich darüber, daß ich die Nachricht überspielt hatte, wo der Briefkasten zu finden war, und daß sie nun bald wissen würden, wie der Ablauf der Aktion geplant war. Die ganze Vorbereitung war wieder einmal für die Katz. Eigentlich müßte ich noch eine Bombe hochgehen lassen. Ich hätte kotzen können vor Wut. »Mein Gott, ich bräuchte einen Betonmischer, um den ganzen Sprengstoff zu mischen, den ich brauche, um auf alle Konfrontationen der Polizei zu reagieren!« fluchte ich vor mich hin. Statt dessen verwendete ich meine Energie auf die Planung der nächsten Übergabe.

Die verschiedenen Zeitungen überboten sich wieder mal, als sie von meinem Telefonanruf aus einem Ausflugslokal berichteten. Man fand das sehr witzig. Nur ich wußte nicht, ob ich über das ganze Medieninteresse weinen oder lachen sollte.

Vor drei Jahren hatte mein alter Kumpel Heiner seine Autowerkstatt aus gesundheitlichen Gründen aufgegeben und widmete sich jetzt nur noch seinen Windhunden. Er war in einem Verein tätig, der eine Hunderennbahn am Rande Berlins hatte. Eines Tages fragte er mich, ob ich Lust hätte, zum Hunderennen zu kommen. Ich glaubte, daß das eine gute Gelegenheit war, um vom ganzen Ärger mit der Polizei Abstand zu gewinnen. Also schnappte ich mir meine Familie und fuhr los.

Die Hundebesitzer waren aus ganz Deutschland angereist. Auf dem großen Parkplatz am Rande der Rieselfelder standen dichtgedrängt die Wohnmobile. Zwischen den Wagen liefen oder schliefen Windhunde aller Rassen. Vom Windspiel bis zum Greyhound. Der angrenzende Bauernhof und die weite Landschaft ließen in mir Urlaubsstimmung aufkommen. Eigentlich war ich kein großer Hundefreund, weil ich mit Katzen aufgewachsen war, aber besonders der dunkelgraue Whippet von Heiner mochte mich anscheinend. Jedesmal, wenn ich kam, freute er sich bei meinem Anblick, als hätte er einen Sack Hundekuchen gewonnen. Gerührt durch soviel Zuneigung, ließ ich mich schon mal dazu hinreißen, ihn durchzuknuddeln.

Ich stand auf der kleinen Tribüne und beobachtete die Windhunde, die mit ihrem ungestümen Bewegungsdrang und ihrer Lust am Hetzen dem »Hasen« hinterherstürmten. Irgendwie erinnerte mich das Hunderennen an meine eigene Situation. Immer mit der Schnauze dicht am Objekt der Begierde und doch kaum eine Chance, die Beute zu fassen.

Der »Hase« genannte Stoffetzen wurde von einem mit einem Elektromotor betriebenen Schienenfahrzeug um die Rennbahn gezogen. Vielleicht war es der Anblick des mit ca. 60 km/h dahinzischenden Gerätes, der mich auf den Gedanken brachte, so etwas für eine Geldübergabe zu benutzen. Ich überlegte mir, ob so ein Maschinchen auch auf einer Eisenbahnschiene fahren könnte. Der Einfall war verlockend, denn die Polizei konnte ja nicht mitfahren. Und ich konnte stillgelegte Strecken benutzen, von denen ich bei meinen Wanderungen entlang der Gleise schon einige entdeckt hatte.

Wenige Tage später untersuchte ich die Eisenbahnschienen auf ihre Beschaffenheit und notierte mir die Maße für die Konstruktion eines kleinen Schienenfahrzeuges. Der Bau des Fahrzeuges war eine Sache von einer Woche. Ich schlachtete dafür mein U-Boot aus.

Die Suche nach geeigneten Gleisen dauerte länger. Einige der stillgelegten Bahntrassen und Bahnhöfe waren von wuchernden Pflanzen so zugewachsen, daß ich mich in einem verzauberten Garten wähnte. Ich fühlte mich oftmals in das Märchen von Dornröschen versetzt, wenn ich an verfallenen Gebäuden, die von Efeu und wildem Wein überwuchert waren, vorüberwanderte. Manchmal war ich traurig darüber, daß ich diese Eindrücke mit niemandem teilen konnte.

Nach einigen Wochen hatte ich mich dann endlich für eine stillgelegte S-Bahnstrecke entschieden. Die Gleise führten durch ein großes unübersichtliches Eisenbahn- und Kleingartengelände. Wer sich in dem Gebiet zwischen Schloßpark, Güterbahnhof, Spreewiesen und Spree nicht auskannte, verlor schnell die Übersicht.

Feiner Nieselregen befeuchtete die Gartenzwerge in den Schrebergärten. Nur vereinzelt waren Menschen zu sehen, die sich der Pflege ihrer Pflanzen widmeten, als ich nahe der Spree begann, einen Schienenstrang von Gestrüpp und allem, was die Fahrt meines Schienenfahrzeuges behindern konnte, zu befreien. Ich ging in gebückter Haltung, Meter für Meter. Mit meiner Gartenschere beschnitt ich die Zweige, die von den Büschen über die Schiene hingen. Vom Fluß her kam ein rhythmisches Stampfen von Schiffsmotoren. Mein Rücken schmerzte. Immer wieder mußte ich mich aufrichten, um meine Wirbelsäule zu entlasten. Ich war so sehr in meine Arbeit vertieft, daß ich nicht bemerkt hatte, wie ein älterer Mann aus einem der angrenzenden Kleingärten an die Gleise trat.

»Was machen Sie da?«

Ich zuckte zusammen. »Was, ich?« Innerhalb einer Sekunde wirbelten mir alle möglichen Erklärungen durch den Kopf. »Die Bahnstrecke muß vermessen werden!« Ich war stolz auf meine Antwort.

»Was, schon wieder!?« entgegnete der Mann, »die haben doch letztes Jahr alles vermessen!«

Ich war erstaunt, daß ich mit meiner Erklärung gar nicht so verkehrt gelegen hatte. »Naja«, sagte ich, »es stimmte etwas nicht mit dem Ergebnis. Deshalb wollen wir das Ganze noch mal nachmessen!«

Der alte Mann: »Ja, ja, wer keine Arbeit hat, der macht sich welche!«

»Ja, genau! Es wird so lange gemessen, bis das Ergebnis stimmt!« entgegnete ich lachend und arbeitete weiter. Er gab sich mit meiner Antwort zufrieden und erzählte noch, daß in den Gärten soviel eingebrochen würde und daß er deshalb aufmerksam beobachtete, was in der Nachbarschaft geschah.

Zwei Tage brauchte ich, um einen Kilometer Schiene von allen Hindernissen zu befreien. Im Anschluß daran machte ich ein paar Testläufe mit meiner Mini-Lore. Zischend wie eine Silvesterrakete schoß das Gerät zwischen Büschen und unter überhängenden Zweigen dahin. Mit einer Fernsteuerung konnte ich es starten und stoppen. Für einen Moment empfand ich bei dem Anblick der auf der Schiene dahinrasenden Lore so etwas wie kindliche Freude.

Es wäre unmöglich gewesen, dem Fahrzeug hinterherzurennen, da das Gestrüpp und das Laub der Zweige auf der kurvenreichen Strecke die Sicht versperrten. In einer weitgezogenen Kurve, 30 Meter vor dem Endpunkt der rasanten Fahrt, stürzte das Gerät bei einer Probefahrt von der Schiene, weil das Profil zu stark abgefahren war. Mit einem dicken Klebeband versuchte ich die Schwachstelle auszugleichen. Als die weiteren Versuche keine Probleme mehr bereiteten, teilte ich der Polizei den nächsten Übergabetermin mit.

Früh am Morgen, es war noch dunkel, hörte ich ein leises Tap-Tap-Tap. Es waren die Füßchen meines Sohnes. Langsam kroch er in unser Bett, verschaffte sich Platz und schlief zufrieden weiter. Sein leises Schnarchen klang wie das Schnurren einer Katze. Es erinnerte mich an meine Kindheit, wenn mein Kater nach seinen nächtlichen Streifzügen durch das offene Fenster gesprungen kam und vorsichtig über mein Bett lief, um sich schnurrend an meinen Kopf zu legen. Gelegentlich war ich damals mit feuchten Haaren erwacht, weil der Kater sie mit Insbrunst geleckt hatte. Die Schlafgeräusche meines Sohnes brachten mir für einen kurzen Augenblick die Erinnerung an Glück.

Langsam stieg die Sonne über den Horizont. Ihr roter Schein zeichnete das Muster der Gardine an die Schlafzimmerwand. »Milch trinken!« sagte mein Sohn. Die Aufforderung war heute an mich gerichtet, und zehn Minuten später saßen wir, er mit Milch, ich mit Milchkaffee, im Bett und sahen Frühstücksfernsehen, während meine Frau noch tief und fest schlief. Die Ungewißheit, ob ich abends wieder heimkehren oder im Gefängnis sitzen würde, schnürte mir die Kehle zu. Der Gedanke, daß ich meinen Sohn womöglich zum letzten Mal sah, war schwer zu ertragen. Ich griff ihn mir und schaute ihn genau an, als könnte ich so seinen Anblick, sein Gesicht über den Tod hinaus in mir bewahren. Aber schnell verschwamm sein Bild durch Tränen.

Es wurde Zeit, daß ich mich wieder meiner Arbeit widmete. Ich wollte eine Kiste mit der Lore an den Gleisen aufstellen und eine Leitung verlegen, die vom Ausgangspunkt der Lore bis zu ihrem Endpunkt reichte. Ich hatte nämlich die Absicht, ein Mikrofon zu installieren, um die Vorgänge an der Kiste belauschen zu können.

Zweimal mußte ich mit einer Reisetasche voller Materialien von meinem Auto zu meinem Versteck unter einer morschen Eisenbahnbrücke marschieren, bis ich alles beisammen hatte. Das waren zweimal anderthalb Kilometer hin und anderthalb zurück, quer durch das Kleingartengelände.

Der Bau der Kiste dauerte mit den vorbereiteten Brettern

nur eine halbe Stunde, das Verlegen der Leitung wesentlich länger. War ich in den Tagen und Wochen zuvor allein auf dem verwilderten Bahngelände gewesen, so war nun durch das unerwartet sonnige Wetter ein reges Treiben zwischen den Gleisen. Ständig wurde ich bei meinen Vorbereitungen gestört. Spielende Kinder verhedderten sich in meiner soeben verlegten Leitung aus Klingeldraht. Bei meinem Anblick stürmten sie davon, weil sie genau wußten, daß das Spielen auf dem Bahngelände verboten war. Aber dieses Verbot schien niemanden zu interessieren. Ich sah zugedröhnte Fixer, die vom nahen Schloßpark gekommen waren und nun im hohen Gras lagen und in der Sonne dösten. Ich sah Liebespaare, die auf den stillgelegten Gleisen lustwandelten. Angler standen auf der Eisenbahnbrücke und versuchten ihr Glück in der Spree. Gleisarbeiter schauten sich die Schienen der Regionalbahn an. Immer wieder mußte ich meine Arbeit unterbrechen und kam dadurch in Zeitverzug. Fluchend streifte ich durch die Vegetation und verwünschte das schöne Wetter. Es fing an zu dämmern, und mir drehte sich vor Ärger der Magen um. Plötzlich sah ich zwei dunkel gekleidete Herren auf den Gleisen spazieren. Das gab mir den Rest. Paranoia ergriff mich, und bald sah ich überall nur noch Kripobeamte herumlaufen. Es hätte nicht viel gefehlt, und ich hätte auch die Wildkaninchen verdächtigt, für die Kripo zu arbeiten. Meine Nerven lagen blank, und ich merkte, daß es keinen Sinn machte, die Übergabe auf Teufelkomm-raus durchzuziehen. So ließ ich meine Verabredung mit dem Geldboten sausen.

Die Kripo hat sich bestimmt oft gewundert, warum ich am Tage einer angekündigten Geldübergabe nicht anrief und so den Termin platzen ließ. Der Frust bei den Beamten mußte manchmal riesengroß gewesen sein, wenn sie ihren ganzen Apparat in Bewegung gesetzt hatten und dann alles vergebens war. Aber auch ich war immer wieder erstaunt, was so bei der Vorbereitung zu einer Übergabe schiefgehen konnte.

Die Polizei hoffte auf den Kommissar Zufall, für mich war er der größte Feind. In Kriminal- und Abenteuerfilmen ging meist alles relativ reibungslos über die Bühne: Planung, Ausführung, kleines Problem, fertig. Die Wirklichkeit sah anders aus. Mal war es ein Wasserrohrbruch, der meine Planungen durcheinanderbrachte, mal war es eine Hauswartsfrau, die in einem Anfall von Reinlichkeitswahn just an dem Nachmittag, an dem die Übergabe stattfinden sollte, mein Kellerversteck unter Wasser setzte. Alles verschwand in den Fluten der Seifenlauge. Selbst vor dem Bürgersteig machte sie nicht halt. Ich stand fassungslos auf der anderen Straßenseite und beobachtete ihr Treiben. Damit das Haus wieder trocknen konnte, waren alle Türen und Fenster weit geöffnet. Ein anderes mal traf ich am geplanten Übergabeort einen alten Bekannten, den ich 20 Jahre nicht mehr gesehen hatte. Dann spielte das Wetter mir Streiche. Oder Kinder zerstörten, was ich am Tage zuvor aufgebaut hatte. Vor Kindern mußte ich mich fast am meisten in acht nehmen, denn die rannten immer gerade dort umher, wo es verboten war. Einmal war ich den ganzen Tag an einer seit über 25 Jahren stillgelegten Bahntrasse mit Vorbereitungen für eine am selben Abend geplante Übergabe beschäftigt gewesen, als ich eine Stunde vor Abschluß meiner Arbeit in 500 Meter Entfernung drei Männer mit roten Warnwesten sah, die gerade mein neuverlegtes Kabel begutachteten. Der Schreck fuhr mir in die Glieder, denn ich mußte befürchten, entdeckt worden zu sein. Natürlich brach ich meine Vorbereitungen ab.

Eine Woche später wußte ich, was die Männer auf dem stillgelegten Gleis zu suchen gehabt hatten. Es waren Ingenieure, die an der Wiedereröffnung der Strecke arbeiteten. Kurz darauf standen Baumaschinen auf den Gleisen und holzten die in über 25 Jahren gewachsenen Bäume und Sträucher ab.

Kaum jemand kann sich vorstellen, wie schwierig es war, beim einfachen Auskundschaften einer Örtlichkeit nicht aufzufallen. Zum Glück für die Polizei gibt es eine Menge Bürger, die jede Veränderung in ihrer Umgebung, jedes unbekannte Auto, jede fremde Person sofort bemerken. Deshalb war es oft kompliziert, sich in der Öffentlichkeit unauffällig zu bewegen. Nicht selten wurde ich gerade in solchen Augenblicken von Leuten angesprochen und nach Sehenswürdigkeiten und Straßen gefragt, wenn ich ganz besonders unauffällig sein wollte. Aber manchmal war ich selbst einfach nicht gut drauf. So hatte ich mich einmal auf der Toilette eines Restaurants umgezogen, mir eine grauhaarige Perücke aufgesetzt, meinen Schnurrbart angemalt und war zu meinem Auto gegangen. Es war Sommer, die Sonne hatte mein Fahrzeug in einen Backofen verwandelt. Ich stieg ein und versuchte zu starten, aber der Motor wollte nicht. Erst kurz bevor die Batterie vor Schwäche ihren Dienst quittierte, sprang der Motor mit Husten und Stottern an. Auf der Ausfahrt vom Parkplatz stieß ich fast mit einem anderen Fahrzeug zusammen, und auf der nächsten Kreuzung versagte der Motor erneut, diesmal durch einen Defekt am Zündschloß. Ich bückte mich und fummelte hektisch an den Kabelenden. Dabei verbrannte ich mir die Finger. Die anderen Autos hupten, weil ich den Verkehr behinderte. Ein Fahrer fragte, ob er mir helfen könne. Ich lehnte dankend ab und stürzte zum Kofferraum, in dem das Werkzeug lag. In den

Autoscheiben sah ich mein Spiegelbild: Die Haare meiner Perücke standen hoch, als hätte ich in eine Steckdose gefaßt. Ich betete, daß keine Polizei käme. Der Schweiß lief mir in Strömen übers Gesicht, denn so eine Perücke wärmt noch besser als eine Pudelmütze. Endlich, nach vielen bangen Minuten, sprang der Motor wieder an. Ich fuhr sofort zurück nach Hause.

Es gab Tage, da wäre es besser gewesen, im Bett liegenzubleiben. Auch meine Gesundheit war ein kritischer Punkt. Das ständige Überwinden des depressiven Gefühls, die Schwierigkeit, mich längere Zeit zu konzentrieren, führten zu Lustlosigkeit und Erschöpfung. Und dadurch passierten Schlampereien. Meiner akuten Geldnot war es geschuldet, daß ich meine Vorbereitungen nicht mehr so gründlich betreiben konnte, wie es nötig gewesen wäre. So kam es zu Nachlässigkeiten und Fehlern und in der Folge zu Verzögerungen, die mich weiter unter Druck setzten. Ich war plötzlich gefangen in einem Teufelskreis aus Zeitnot, Vorbereitungen, Ankündigungen, Abbrüchen und Absagen der angekündigten Geldübergaben. Worauf ich mich ganz sicher verlassen konnte, waren meine Depressionen.

Ich wußte nicht, wie ich meine Familie ernähren sollte. Der anhaltende Streß wirkte sich auch auf meine Ehe aus. Meine Frau machte mir Vorwürfe, daß ich nichts tun würde, die desolate finanzielle Situation zu ändern. Malu mißt vom Scheitel bis zur Sohle nur 150 Zentimeter, aber wenn sie wütend wurde, wurden daraus zwei Meter. Dann gab es für mich nur eines: Flucht. Sie fühlte sich übergangen und unverstanden, weil ich meine Probleme nicht mit ihr besprach.

Aber was hätte ich ihr sagen sollen? Vielleicht: »Liebling, ich erpresse gerade Deutschlands größten Kaufhauskonzern, du mußt dich noch etwas gedulden!?« Ich mußte mich sehr zusammenreißen, um nicht durchzudrehen und mir eine Kugel in den Kopf zu jagen. Die Polizei wurde ungeduldig, weil der organisatorische Aufwand, den die Beamten für eine angekündigte Geldübergabe trieben, jedesmal groß, aber vergeblich war. Wenn ich wieder einmal einen angekündigten Termin verschieben wollte, weigerten sie sich, den neuen zu akzeptieren. Als Beispiel ein Telefongespräch mit der Kripo. Es war der 6.10.93.

Anrufer: »Guten Tag, hier ist Onkel Dagobert. Die nächste Übergabe ist morgen, Donnerstag den siebenten. Ich rufe Sie zwischen 15.00 und 18.00 Uhr an.«
Sprecher: »Also, wir haben jetzt wirklich Probleme. Sie haben jetzt am Montag verschoben, am Dienstag verschoben und am Mittwoch. Sie haben angekündigt, das soll die letzte Übergabe sein ... Und, ja, sagen Sie doch mal ehrlich, daß Sie das Geld überhaupt noch haben wollen.«
Anrufer: »Doch, ich will das Geld haben. Es ist etwas problematisch, ich wurde gestört, es war nicht Ihre Schuld, aber ich wurde gestört und deshalb mußte ich abbrechen.«
Sprecher: »Also, wir lassen die Geldübergabe nicht platzen und wir wissen ja auch, daß Sie uns unter Druck setzen können. Aber es ist doch nicht unsere Schuld, daß es bisher nicht geklappt hat. Sie haben bisher immer verschoben.«
Anrufer: »Ich habe verschoben, das ist klar, es war nicht anders möglich.«
Sprecher: »Ja, der Geldbote läuft ja immer mit dieser

großen Summe rum, der möchte das Geld natürlich auch irgendwann loswerden.«

Anrufer: »Ich bin mir ziemlich sicher, daß morgen die Geldübergabe stattfinden wird.«

Sprecher: »Ja, wir wollen jetzt also, daß jetzt endlich mal Schluß ist damit. Die Medien, die fangen ja auch langsam an zu fantasieren, in der Presse standen ja die wildesten Dinge.«

Anrufer: »Ich weiß.«

Sprecher: »Ja, nicht, haben Sie auch gelesen? Ja, und unsere Kunden und Angestellten, die sind auch verunsichert, da müßten Sie auch Verständnis dafür haben.«

Anrufer: »Ich habe volles Verständnis dafür, aber Sie müssen auch mich verstehen, für mich ist das auch sehr schwierig.«

Sprecher: »Ja, also, wir werden das morgen nicht machen können. Sie müssen aber erst die BZ lesen.«

Anrufer: »Doch!!«

Sprecher: »Wir haben ja die BZ, Sie wissen ja die Kennworte.«

Anrufer: »Ja, ja, wir machen die Geldüberabe morgen, Donnerstag.«

Sprecher: »Nein, die Stichworte wissen Sie ja für die BZ und dann müßten wir weitersehen. Ich kann das jetzt also nicht entscheiden und wir wollen doch beide, daß diese Sache endlich beendet wird, oder?«

Anrufer: »Ja, ich möchte auch, daß sie beendet wird.«

Sprecher: »Sie scheinen mir ja ziemlich mißtrauisch zu sein.«

Anrufer: »Ich habe auch Grund dafür.« (Unterdrücktes Lachen)

Sprecher: »Ja?? Warum, hat's irgendwie schlechte Erfahrungen gegeben bisher? Bei den Übergabeversuchen?« (Zwischendurch unterdrücktes Lachen, wechselseitiges Unterbrechen)

Anrufer: »O.k., wann ist die Geldübergabe?«

Sprecher: »Ja, am Freitag wird in der BZ die Annonce erscheinen, die Kleinanzeige. Wissen Sie die Kennworte?«

Anrufer: »Ja, ja, Vanessa, Maximilian.«

Sprecher: »Ja, genau, ja. Am Freitag wird das dann erscheinen und dann wollen wir sehen. Wir wollen doch wohl beide, daß die Sache endlich zu Ende geht, oder?«

Anrufer: »Sagen wir Freitag ist die Geldübergabe. Das muß möglich sein.«

Sprecher: »Nein, am Freitag wird die Kleinanzeige in der BZ erscheinen, und dann müssen wir weitersehen.«

Anrufer: (aufgelegt)

Gesprächsdauer: 3 Minuten und 9 Sekunden.

Am Freitag, dem 8.10., erschien folgende Annonce:

Vanessa, ich liebe dich immer noch, aber unser Gespräch hat mich völlig verwirrt! Ich bin am Dienstag, 12. Oktober, zwischen 12.00 und 14.00 Uhr zu Hause. Maximilian.

Die unbezahlten Rechnungen türmten sich auf meinem Schreibtisch. Jeder Gang zum Briefkasten war ein kleiner Horrortrip. Ich lebte in ständiger Angst vor neuen finanziellen Hiobsbotschaften. Meine Frau war redlich bemüht, die Haushaltskasse durch einen Job als Putzfrau aufzubessern. Aber der karge Verdienst wurde durch die nun notwendig gewordene Betreuung meines Sohnes und die Fahrtkosten so reduziert, daß nur wenige Mark übrigblieben. Da aber ihr verdientes Geld wiederum die Sozialhilfe verringerte, kam eigentlich unterm Strich durch ihre Arbeit weniger Geld in die Kasse, als wenn sie nichts getan hätte. Aber ich sagte ihr das nicht, denn sie freute sich so, endlich Arbeit zu haben und eigenes Geld zu verdienen.

Mein erster Gang zum Sozialamt fiel mir sehr schwer. Es war wie das Eingeständnis, gescheitert zu sein. Ich hatte gehört, daß der Umgangston dort mitunter recht rauh sein sollte, und meine Erwartungen wurden schon beim ersten Besuch erfüllt.

»Ick will dat Jeld, du Arsch!« hallte es durch den Flur des Amtes.

»Bring'se erst ma alle Papiere!« schimpfte ein Sachbearbeiter und knallte die Tür zu. Ich war »begeistert« und wunderte mich, daß ich beim Betreten des Amtes nicht auf Waffen durchsucht worden war. Die Atmosphäre war bedrückend. Ich setzte mich auf einen Stuhl und starrte auf den Fußboden, bis ich vom Sachbearbeiter aufgerufen wurde. Er war noch jung und wirkte nicht wie ein Beamter. Eher hätte man in ihm den Besucher einer Avantgarde-Kunstgalerie vermutet, denn er war durchgestylt und wirkte leicht exzentrisch. Sachlich stellte er seine Fragen. Ich antwortete. Zwischendurch betrachtete ich mir das Büro und entdeckte an der Wand eine Comic-Zeichnung von Donald und Dagobert. Donald war wütend und schrie: »Was soll ich mit Arbeit, ich will Geld!« Dagoberts Kommentar: »Immer diese raffgierige Jugend!«

Am Ende der Befragung überreichte er mir einen Zahlschein, den ich an der Kasse einlösen sollte. Nun hatte ich es amtlich. Ich war arm. Ich stand auf der untersten Stufe der sozialen Leiter. Für jemanden, der sein Leben lang problemlos seinen Unterhalt verdient, immer gut gelebt und nie einen Pfennig vom Staat gefordert hatte, war diese Situation niederschmetternd. Sollte dies meine Zukunft sein? fragte ich mich, stand auf und ging, um mir das Geld zu holen. Ich war aufgewühlt, und die Gedanken stürmten auf mich ein. Warum hatte ich bei einer Erpressung weniger Skrupel als beim Empfang der Sozialhilfe? Ich suchte nach Rechtfertigungen und Erklärungen. War es vielleicht ein Rachebedürfnis gegenüber der Gesellschaft, gegenüber dem Leben, dem Schicksal, das tief in meinem Innern nach Befriedigung verlangte? Vielleicht machte mich auch die Borniertheit derer wütend, die im Wohlstand lebten und Sozialhilfeempfänger generell als asozial, arbeitsscheu und als Wohnstandsmüll bezeichneten. Aber war ich nicht tatsächlich asozial, sprich: gemeinschaftsschädigend? Oder war das, was ich machte, nur eine andere Form von Notwehr? Was war mit den Volksvertretern und Moralaposteln, die Wasser predigten und Wein soffen und die damit für jeden sichtbar demonstrierten, daß der Ehrliche immer der Dumme war?

Unaufhaltsam und gnadenlos war die Zeit verronnen. Es war nun der zweite Winter seit dem Beginn der Erpressung. Der kalte Wind fegte durch die Straßen und ließ die Menschen in sich zusammenschrumpfen. Die Zuversicht, die ich 1992 gehabt hatte, war verschwunden. Aber dennoch machte ich weiter. Es wäre mir unmöglich gewesen umzukehren. Ich konnte nur noch weitermachen. Die Polizei weigerte sich immer öfter, meine Bedingungen zu akzeptieren. Und ich begann mich zu fragen, wer hier eigentlich wen erpreßte.

Ein letztes Mal wollte ich versuchen, die Polizei zu verunsichern. Bisher hatte ich nur dann mit Anschlägen reagiert, wenn das Scheitern einer Übergabe ganz eindeutig auf das Konto der Polizei ging. Doch diesmal wollte ich ohne triftigen Grund einen kleinen Sprengsatz zünden. Ich entschloß mich dazu, es noch einmal während der Geschäftszeit zu tun, und hoffte, daß man mich danach wieder etwas ernster nehmen würde. Aber es sollte anders sein als in Hannover, wo mich die Detonation nachhaltig geschockt hatte. Diesen Streß wollte ich nicht noch einmal erleben müssen. So suchte ich nach einer Möglichkeit, mit wenig Aufwand eine möglichst große Wirkung zu erzielen.

Bei Karstadt am Hermannplatz in Berlin hatte ich einen Fahrstuhl entdeckt, der mir für mein Vorhaben besonders geeignet schien. Wegen Bauarbeiten wurde er nur wenig benutzt, und so fuhr ich relativ ungestört zwischen den Stockwerken auf und ab, um die Fahrzeiten zu stoppen. Auch die Zeiten für das Öffnen und Schließen der Türen trug ich in ein Notizbuch ein. Mein Plan sah vor, eine kleine Bombe zu zünden, wenn sich niemand im Fahrstuhl befand. Es sollte so aussehen, als wäre es nur dem Zufall zu verdanken, daß niemand verletzt wurde. Da ich aber diesmal einen Kurzzeitzünder benutzen mußte, wollte ich sofort im Anschluß eine Geldübergabe organisieren, noch bevor es den Polizeitechnikern gelingen konnte, die Funktionsweise des Zünders zu entschlüsseln.

6.12.93. In einem dunklen Hausflur in der Nähe des Kaufhauses zog ich mich um. Bekleidet mit einem dunklen Trenchcoat, Baskenmütze und dicker Hornbrille betrat ich das Gebäude. Es war Vormittag. In den Verkaufsräumen waren nur wenige Kunden. Die Verkäufer dösten gelangweilt hinter ihren Kassen oder waren mit Sortierarbeiten beschäftigt. Die Kofferabteilung, von der aus ich den Fahrstuhl betreten wollte, war leer. Niemand achtete auf mich, als ich den leerstehenden Lift betrat. Ich war ruhig und gelassen. Da ich alles bis ins Detail durchdacht hatte, fühlte ich mich sicher. Die Türen schlossen sich. Ich stellte mich auf die Zehenspitzen, und mit gestrecktem Arm legte ich die kleine Rohrbombe hinter die Abdeckung der Fahrstuhllampe. Noch einmal ließ ich die Lifttüren sich öffnen, um zu sehen, ob jemand in der Nähe war, der den Fahrstuhl benutzen wollte. Ich hatte Glück, denn die Luft war rein. Mit einem schnellen Griff zum Schalter setzte ich den Zeitzünder in Gang. Nun blieben mir nur noch 18 Sekunden. Ich trat vor die Tür und wartete, bis sie sich hinter mir geschlossen hatte. Danach gab es nur eins: Nichts wie weg! Schon nach wenigen Metern hörte ich einen dumpfen Knall. Eigentlich hatte ich ihn wesentlich lauter erwartet, aber die geschlossenen Türen hatten die Druckwelle erheblich gedämpft. Auf der Straße überlegte ich, ob die Explosion überhaupt bemerkt worden war. Ich war verunsichert und beschloß, noch einmal nachzusehen. Die Rolltreppe brachte mich in die Kofferabeilung. Dort war alles ruhig. Nur ein Verkäufer stand hinter seiner Kasse und schaute nachdenklich zum Lift. Ich ging hin und drückte eine Taste, um die Türen zu öffnen, aber nichts rührte sich. Folglich mußte die Explosion etwas bewirkt haben. Allerdings hatte ich nicht den Eindruck, daß sie Aufmerksamkeit erregt hatte.

Etwas enttäuscht saß ich später in meiner Werkstatt und tippte einen Brief für die Kripo in die Schreibmaschine. Ich versuchte, besonders böse zu sein. Ich schrieb, daß ich die Schnauze gestrichen voll hätte und daß es mich einen Scheißdreck interessierte, wie risikoreich eine Geldübergabe für die

Polizei war. In Zukunft sollten sie gefälligst mit dem Geldpaket auf meinen Anruf warten und nicht herumnörgeln.

Als ich am nächsten Tag aus der Presse erfuhr, daß der Schaden erheblich größer war, als ich zunächst vermutet hatte, war ich doch etwas überrascht. Eigentlich hatte gleich im Anschluß die Geldübergabe stattfinden sollen, aber es war das alte Lied: Während ich es bei meinen Anschlägen immer geschafft hatte, mit besonderer Sorgfalt ans Werk zu gehen, ließen meine Vorbereitungen für eine Geldübergabe einiges an Genauigkeit und Timing zu wünschen übrig.

Ich verschob den Zeitpunkt wieder von einem Tag zum anderen und von einer Woche zur nächsten.

Funke legte seinen Bleistift beiseite und rieb sich die Augen. Die schnelle Ermüdung, die permanente Benommenheit und das depressive Gefühl waren in all den Jahren geblieben. Beim Lesen oder Schreiben begannen schon nach wenigen Seiten die Wörter ihren Sinn zu verlieren und lösten sich in bedeutungslose Zeichen auf. Und mit der Müdigkeit kehrte täglich das Gefühl wieder, das man gewöhnlich nach einer durchzechten Nacht hat. Zwar hatten sich in den letzten acht Jahren Konzentrationsfähigkeit und Gedächtnis schon gebessert, und Funke konnte auch wieder Stimmungen und Empfindungen wahrnehmen, doch war er noch weit von seiner alten Leistungsfähigkeit entfernt. Das tägliche Überwinden der Depressionen kostete Kraft. Und die holte er sich beim Zeichnen und indem er seine Geschichte aufschrieb. Das war seine Therapie, die ihm die Suizidgedanken vertrieb. Auch ohne Medikamente. Allerdings behinderte die eingeschränkte Arbeitsfähigkeit sein Vorankommen im

Strafvollzug. Um in den offenen Vollzug zu gelangen, mußte man arbeiten können. Schreiben und Zeichnen wurden von den Beamten eher mit Argwohn betrachtet; so etwas war doch keine Arbeit. Den Hof fegen war Arbeit, oder das Essen austeilen war Arbeit, die jedem erkennbar den Wiedereingliederungswillen in die Gesellschaft demonstrierte. Aber schreiben und zeichnen? Obwohl seine gesundheitlichen Probleme ärztlich anerkannt waren beziehungsweise gerade weil er Probleme mit der Gesundheit hatte, bestand nun die Gefahr, daß er nicht vorzeitig aus der Haft entlassen werden konnte. Er paßte nicht in die vorgegebenen Schablonen des Strafvollzuges. Zwar glaubte niemand, daß bei ihm eine Wiederholungsgefahr bestand, und resozialisiert mußte er auch nicht werden, aber man sagte ihm, daß er eine psychologische Betreuung benötige, um mit den Depressionen besser fertigzuwerden, und die konnte im Gefängnis nicht geleistet werden, da die wenigen Psychologen überlastet waren. Also bestand die Möglichkeit, daß jeder Kindesmörder, der zu einer höheren Strafe verurteilt worden war, eher aus dem Gefängnis entlassen wurde als er. Diese Aussicht trug wenig dazu bei, ihn aufzumuntern. Im Moment blieb ihm nur das Warten, aber das hatte er ja in zweieinhalb Jahren Haft gelernt.

In der kleinen Zelle drängten sich fünf Mann. Der Querulant saß auf dem heruntergeklappten Klodeckel. Ein alter Säufer – er war 50, sah aus wie 80 und hatte nicht einen einzigen Zahn im Mund – stand in der Ecke. Die Gespräche drehten sich wie immer um den Strafvollzug und das, was man in Freiheit so alles angestellt hatte.

Ein blondierter Jüngling kam zur offenen Tür hereingetänzelt. Er schaute zu Funke und fragte ihn: »Hi Daggi, haste ma 'ne Schwinge?«

Funke blickte ihn fragend an: »Was ist eine Schwinge?«

Die anderen lachten. »Mensch, das ist ein Pornoheft!« klärte ihn der Alte auf.

Funke grinste: »Nee, tut mir leid, so was habe ich nicht. Aus dem Alter bin ich raus. Als ich 20 war, habe ich beim Anblick solcher Bilder noch an Vergnügen gedacht. Wenn ich mir das heute anschaue, verbinde ich es nur noch mit Arbeit.«

»Schöne Arbeit. Da würde ich mit Freude Überstunden machen!« sagte der Alte und lachte zahnlos.

Kaum war der Blondierte gegangen, kam eine ausgemergelte Gestalt mit wirrem Haar und müden, geröteten Augen. »Will jemand eine Jeans kaufen? Nur 50 Mark. Oder wie wär's mit einer Armbanduhr?«

»Nein, wir brauchen nichts!« Der Querulant scheuchte ihn unwirsch aus der Zelle. »Das war einer von den Drogenabhängigen«, klärte er Funke auf. »Bei denen mußt du aufpassen, die klauen wie die Raben. Aber wenn du was brauchst wie Kaffee, Telefonkarten, Briefmarken und so weiter, kannst du alles bei ihnen bekommen. Das ist der reinste Basar. Die finanzieren so ihren Drogenkonsum.«

»Daß solche Leute hier landen, finde ich absurd«, sagte Funke, »denn eigentlich sind sie doch wie Alkoholkranke. Ich glaube, wenn Drogensucht ein persönliches Problem der Politiker wäre, dann würden die Gesetze schnell geändert werden, und die Abhängigen würden in ein Sanatorium kommen und nicht ins Gefängnis. Da aber die meisten Drogenabhängigen sozialen Randgruppen angehören, werden sie kriminalisiert. Das ist doch Sozialchauvinismus.«

Der zahnlose Alte, der zum x-ten Mal im Gefängnis einsaß, erzählte, daß es früher viel besser gewesen sei, weil es einen stärkeren Zusammenhalt unter den Gefangenen gegeben habe. Da war es üblich, daß man sich gegenseitig half, jetzt aber würde alles in kleine Grüppchen zerfallen. Die Hälfte der Gefangenen wären Ausländer, und jede Nationalität bliebe unter sich, selbst Ost- und Westdeutsche gingen getrennte Wege. Jeder würde jeden anschwärzen, um in den Genuß von Vollzugslockerungen zu gelangen. Der offene Vollzug sei die schärfste Waffe der Justiz, um die Gefangenen zu disziplinieren, denn schließlich kam er ja nur denjenigen zugute, die sich an die Regeln hielten.

Funke hörte von vielen Insassen, was für tolle Hirsche sie in Freiheit gewesen seien und wie sie früher mit Geld nur so um sich geworfen hätten. Anschließend zerflossen sie dann in Selbstmitleid, weil das Leben so ungerecht zu ihnen war und sie eigentlich im Sinne der Anklage unschuldig waren und mit einer viel zu hohen Strafe belegt.

Die Milieugeschädigten haben sich seit jeher von der Gesellschaft ausgestoßen gefühlt. Für sie war der Knast eine Gegenkultur mit eigener Sprache, Ritualen und Knastromantik. Sie träumten davon, daß Mauern zerbersten und Ketten gesprengt würden und daß sie sich wie Vögel in die Freiheit erhoben. Sie träumten von Stärke, von Freundschaft, Liebe und Kampf, und die Beamten sahen sie als ihre natürlichen Feinde. Es wurden Legitimationsstrategien entwickelt, warum man nicht umhin kam, auch in Zukunft kriminell zu sein. Dinge, die Kraft symbolisierten, standen bei diesen Gefangenen hoch im Kurs, und stundenlang fachsimpelten sie über Bodybuilding, Tätowierungen, Autos, Waffen, schwere Armbanduhren und teure Markenkleidung. Natürlich war auch die alles überwuchernde Bürokratie, die selbst die Beamten nicht durchschauten, ein Thema, das die Gemüter erhitzte.

Funke vernahm diese Knastgeschichten mit einem gewissen Unbehagen, weil er sich mit der Subkultur der Berufsknackis nicht anfreunden konnte, obwohl vieles von dem, was sie erzählten, durchaus nachvollziehbar war. Sie waren die geborenen Verlierer: schon als Kinder ungeliebt, von den Eltern vernachlässigt und verstoßen, der Straße überlassen, in Heime gesteckt und, als sie strafmündig wurden, in die Gefängnisse. Sie empfanden ihre Taten als gerecht, weil man sie ihr Leben lang ungerecht behandelt hatte, und waren voller Haß gegen einzelne, gegen Gruppen, gegen Institutionen oder gegen die Gesellschaft. Nur Opfer und Verlierer verlangen Gerechtigkeit. Und sie waren Verlierer, die andere zu Opfern machten. Sie spürten den Abscheu der Gesellschaft und erwiderten ihn mit Haß. Zwar konnte Funke ihre Beweggründe verstehen, aber im Gegensatz zu ihnen war er nicht stolz auf seine Tat. Schließlich empfand er auch keinen Haß gegen irgendwas oder irgend jemanden. Außerdem war ihm Gewalt zuwider, und daß er sie trotzdem angewendet hatte, war nichts, dessen er sich rühmen konnte. Er hatte gegen seine ureigenste Überzeugung gehandelt, und es tröstete ihn wenig, daß dies schon vielen Menschen passiert war.

Allerdings liefen nicht nur tumbe Berufsknackis durch das Gefängnis. Es gab auch den netten Totschläger von nebenan. Oder den sensiblen Kinderschänder, ein Muttersöhnchen, das sich, wenn es etwas grob angesprochen wurde, sofort übergeben mußte. Oder den kunstsinnigen Bankräuber, dem man eine solche Tat nie und nimmer zutrauen würde und der mit seinem exzentrischen Aussehen Salvador Dali als Spießer erscheinen ließ. Oder den esoterischen Scheckbetrüger, der nach seiner Indienreise verhaftet worden war und dessen Zelle nach Weihrauch roch. Wer auf interessante Lebensgeschichten aus ist, für den ist das Gefängnis der richtige Ort.

Die Tage vergingen in gewohnter Einförmigkeit. Nur der sonntägliche Gottesdienst setzte für Funke einen Markierungspunkt und teilte den Zeitfluß. Obwohl er kein Christ war, verfolgte er aufmerksam die Predigten des Paters, der weit über die Gefängnismauern hinaus bekannt war. Mit seiner eindrucksvollen Erscheinung, seiner Energie und seiner unorthodoxen Art war er eine Institution im Gefängnis. Bevor er mit dem Gottesdienst begann, sorgte er innerhalb von Sekunden für Ruhe in der Kirche. Nur allzu gern wollten einige Gefangene den Aufenthalt im Gotteshaus für Handel und Informationsaustausch nutzen. Wenn aber der Pater mit der Wucht seiner Autorität die Bibel zitierte und darauf hinwies, daß Jesus in den Tempel gegangen war und alle Händler und Schwätzer hinausgejagt und Tische und Stände der Geldwechsler umgeworfen hatte und daß er sich in guter Gesellschaft wähnte, wenn er jetzt Gleiches täte, dann glaubten sie ihm, daß er seine Drohung wahrmachen würde, und man konnte eine Stecknadel fallen hören. Dann saßen die schweren Jungs wie brave Erstkläßler auf ihren Bänken. Vielen erschien er als die Inkarnation von Don Camillo. Als zu Weihnachten aus 200 Kehlen »Mach hoch die Tür, die Tor' macht weit« gesungen wurde, hatte das schon etwas Ergreifendes.

Immer wieder wurde Funke gefragt, was er glaube falsch gemacht zu haben und wie er es hätte anstellen müssen, an das erpreßte Geld zu kommen. Er gab darauf nie eine Antwort. Denn was er getan hatte, war Unrecht, und darüber nachzudenken, was er hätte besser machen sollen, war sinnlos. Schließlich würde ihm diese Erkenntnis für seine Zukunft nicht helfen. Er hatte auch nie darüber nachgedacht, ob die Höhe seiner Strafe gerecht war oder nicht, denn auch diese Überlegungen würden zu nichts führen.

Über Weihnachten 1996 hatte er wieder einmal die Medikamente, die seine Depressionen in Schach hielten, abgesetzt. Der Entzug der Antidepressiva erzeugte lebhafte Träume in der Nacht.

Ist heute Sonntag? ist Funkes erster Gedanke, als er benommen von acht Stunden Schlaf aus der blaukarierten Anstaltsbettwäsche kriecht. Er wundert sich über die Stille. Die Zellentür ist nur angelehnt. Erstaunt darüber, daß er den Zellenaufschluß verschlafen hat, greift er sich die Thermoskanne und trottet mit vom Schlaf zerzaustem Haar in die Küche, um sich Kaffee zu brühen. Natürlich ist der Wasserboiler wieder einmal leer. Etwas verärgert darüber läßt er einen Liter Wasser ein und geht wieder zur Küchentür, um den 40 Meter langen Flur zu beobachten, während das Wasser langsam heiß wird. Der Flur ist leer. Der braune Linoleumfußboden glänzt aufdringlich. Irgendwie liegt da heute etwas in der Luft. Er kann seinen eigenen Atem hören. Leise beginnt der Boiler zu singen. Plötzlich ist Lachen, Gejohle und Getrappel zu hören, das langsam näher kommt. Zwei Stationsbeamte. Einer trägt den anderen Huckepack. Der untere scheint ein Pferd zu spielen, der obere mimt den Jockey. Er ist dürr, und seine starke Brille gibt seinen Augen ein eulenartiges Aussehen. »Hüü, hüü! Du alte Mähre! Schwing deine Hufe, wenn du nicht beim Abdecker landen willst!« Das merkwürdige Paar kommt auf Funke zugerannt. Der untere keucht schon und wankt, doch als der obere ihm einen gezielten Schlag auf sein Hinterteil verpaßt, macht er einen kleinen Satz nach vorn. Vor der Küchentür kommt er ins Straucheln und geht in die Knie. Der Jockey steigt ab und schaut sich kopfschüttelnd seinen am Boden liegenden Kollegen an. »Keine Kondition. Der kommt in die Wurst!« Er schaut zu Funke und sagt erstaunt: »Was machen Sie denn hier?«

»Was soll ich schon machen, ich koche Kaffee!« sagt Funke amüsiert.

»Na, dann sind Sie wohl der letzte Gefangene im Haus«, erwidert der Beamte und geht in sein Büro direkt neben der Küche.

Funke huscht hinterher. »Was soll das heißen: der letzte?«

»Na, wie ich es gesagt habe. Sie sind der letzte Häftling. Generalamnestie, verstehen Sie? Alle Türen wurden aufgeschlossen, und, husch husch, weg waren die Gefangenen. Wie Küchenschaben, wenn das Licht angeht.« Der Beamte nimmt seine Brille ab, reibt sich mit Zeigefinger und Daumen die Nasenwurzel, setzt die Brille wieder auf und starrt ins Leere. Dann beginnt er langsam in der Nase zu bohren. Er erzählt weiter: »Haben Sie denn nicht gehört, daß auf der ganzen Welt die Kriminalität abgeschafft wurde? Daß sich ab sofort alle Menschen an Recht und Gesetz halten? ... Es ist ein Sieg der Wissenschaft. Jeder bekommt eine kleine Spritze in den blanken Hintern und ist augenblicklich ehrlich und friedfertig und gesetzestreu. Kein Haß, kein Neid und keine Eifersucht mehr treiben den Menschen zu kriminellen Taten.«

Der Beamte wird in seiner Nase fündig, rollt etwas zwischen seinen Fingern und läßt das Klümpchen in ein kleines Aquarium fallen, das auf seinem Schreibtisch steht. Er schaut zu, wie der einzige Fisch im Aquarium danach schnappt. Langsam werden seine Augen wäßrig, und die Unterlippe beginnt zu zittern. Laut, mit weinerlicher Stimme klagt er: »Was soll nun aus mir werden!? Ich bin jetzt ohne Arbeit! ... Oh, mein Gott, die vielen Arbeitslosen! Die Polizei, Anwälte, die Richter und alle Justizangestellten. Die Zulieferbetriebe. Die Firmen, die die Sicherheitstechnik gebaut haben. Auch die Versicherungen haben Einbußen erlitten. Journalisten und Drehbuchautoren sind verzweifelt, weil sie nicht wissen, worüber sie schreiben sollen. Die Bauvorhaben mußten gestoppt werden, weil ohne Schwarzarbeit die Kalkulationen nicht mehr stimmten. Auch das Militär und die Rüstungsfirmen sind abgeschafft worden, weil sich selbst die Politiker an geschlossene Verträge halten und alles nur noch friedlich geregelt wird. Alle sind plötzlich ganz wild darauf, ihre Steuern zu bezahlen. Im Fernsehen gibt es nur noch Liebes- und Kinderfilme, denn Gewaltdarstellungen sind verboten ... Wo soll das alles hinführen ... Millionen Menschen stehen nun auf der Straße. Aber wir werden in einer Woche machtvoll demonstrieren, wir lassen uns das nicht so ohne weiteres gefallen. Die Politiker müssen dafür sorgen, daß die Gefängnisse wieder gefüllt werden, damit wir wieder Arbeit haben. Ich könnte mir vorstellen, daß man es so ähnlich wie beim ehemaligen Militärdienst macht. Jeder muß für ein Jahr ins Gefängnis. Man kann dann hier das Meditieren lernen und wie man zu sich selbst findet. Das wäre wie ein Jahr Kloster. Durch Verzicht lernen, sich wieder über die kleinen Dinge des Lebens zu freuen. Die Leute hätten endlich Zeit, die Bücher zu lesen, die sie schon immer mal lesen wollten. Das wäre doch was, oder?« Er schaut Funke hilfesuchend an.

Funke zuckt mit den Schultern. »Das regelt sich schon mit der Zeit. Machen Sie sich da mal keine Sorgen. Vielleicht könnte man das Gefängnis dem Tierheim anbieten.«

Der Beamte wehrt rigoros ab. »Um Gottes willen! Das

geht nicht. Einem deutschen Schäferhund stehen zwölf Quadratmeter zu, und die Zellen auf dieser Station haben zum Beispiel nur sechs Quadratmeter. Wenn wir dort Tiere einsperren, laufen die Tierschützer Amok. Ich möchte, daß Sie jetzt gehen, Herr Funke. Lassen sie mich bitte mit meinem Schmerz allein.« Traurig stützt er sein Kinn auf seine Handballen und starrt in das Aquarium, in dem der einzige Fisch nun leblos, mit dem Bauch nach oben, an der Wasseroberfläche treibt. Funke läßt sich das nicht zweimal sagen und geht hinaus in den sonnenbeschienenen Hof. Er breitet seine Arme aus und erhebt sich langsam in die Luft. Er schwebt hinweg über die Dächer der Anstalt. In einem Park mit lichten Wiesen und großen, ausladenden Bäumen landet er auf einem hohen Bahndamm. Die Gleise sind überwuchert mit Gestrüpp. Das sieht hier ja aus wie auf meinen früheren Streifzügen, stellt er erheitert fest. Sein Weg führt ihn über zerfallene Gleisanlagen in eine weiträumige Bahnhofshalle, die einem riesigen Gewächshaus mit zerbrochenen Glasscheiben gleicht. Auf den Bahnsteigen und zwischen den Schienen wächst Gras. Durch das zerbrochene Glas spritzen Regentropfen. Er fühlt sich glücklich und frei, spürt die Tropfen auf der Haut und beginnt, Regenlieder zu singen. Er läuft weiter, hinaus aus der Halle, bis an den Rand eines Abhanges. Es eröffnet sich ihm ein grandioser Blick auf eine sonnendurchflutete Landschaft mit glitzernden Seen und weiten Wäldern. Er fühlt sich hemmungslos frei.

Mit einem Mal beginnt sich etwas in seinem Bauch zu bewegen. Erschrocken befühlt er ihn und spürt, wie etwas gegen seine Bauchdecke tritt. Schnell öffnet er seine Jacke und sieht, wie ein Babyfüßchen aus seinem Leib ragt.

Ratsch! Das Krachen des Türschlosses riß ihn aus seinen

Träumen. 6.30 Uhr, Aufschluß und Lebendkontrolle. Noch vollkommen überwältigt von dem Gefühl der Freiheit, das er im Traum empfunden hatte, richtete Funke sich auf und ließ dieses Gefühl nachwirken. Es war schon merkwürdig, wie frei man sich fühlen konnte, obwohl man, umklammert von Morpheus Armen, in einer Zelle eingeschlossen war. Nur daß er sich schwanger gefühlt hatte, bereitete ihm etwas Kopfzerbrechen. Was hatte das zu bedeuten? Vielleicht hätte er daruf verzichten sollen, vor dem Schlafengehen noch ein Kilo Kartoffelsalat zu essen.

Schlaftrunken und leicht desorientiert zog er sich an. Wie jeden Morgen brauchte er erst einen Liter Kaffee, um auf Touren zu kommen. In der Küche stand schon ein anderer Häftling, der gerade Wasser in den Boiler einließ. »Ich werde ihn nur halb leer machen, damit es schneller geht«, murmelte er vor sich hin.

»Wenn du Wasser einfüllst, machst du ihn halb voll!« entgegnete ihm Funke.

»Egal, ob halb leer oder halb voll ... Das erinnert mich an eine Geschichte, die ich in meinem früheren Beruf als Versicherungsagent erlebt habe ... Eines Tages klingelte in meinem Büro das Telefon. Am anderen Ende erzählte eine aufgeregte Frau, daß ihr Mann vor Jahren eine Lebensversicherung abgeschlossen habe und daß er nun im Krankenhaus im Sterben liege. Ihre Frage war nun, ob man ihr die halbe Lebensversicherung auszahlen könne. Sie brauche dringend das Geld, und ihr Mann sei doch schließlich halb tot. Ich brauchte eine ganze Weile, um ihr klarzumachen, daß ihr Mann ganz tot sein muß, damit sie Geld von der Lebensversicherung erhält.«

Gelächter tönte aus der Küche.

»Na, schon soviel Heiterkeit am frühen Morgen? Darf man mitlachen?« Der Stationsbeamte war unbemerkt in die Küche gekommen und fügte noch grinsend hinzu: »Ihr seid hier zum Büßen und nicht zum Amüsieren.« Er winkte Funke zu sich. »Kommen Sie bitte ins Büro«, sagte er und ging voraus. Dort bot er Funke einen Stuhl und Kaffee an. »Ich habe eine Bitte«, kam er gleich zur Sache, »ein Bekannter von mir möchte ein Autogramm von Ihnen. Wäre das möglich bis morgen?«

»Ja, kein Problem«, antwortete Funke und erinnerte sich belustigt an den Traum der letzten Nacht. Es war der gleiche Beamte, von dem er geträumt hatte.

»Wenn alle Gefangenen so friedlich wären wie Sie, bräuchten wir hier keine Mauern«, sagte dieser. »Ich glaube, daß Sie die Zeit hier problemlos durchstehen werden. Obwohl«, er beugte sich etwas über den Schreibtisch, als wolle er Vertrauliches erzählen, »obwohl es welche in den höheren Etagen geben soll, die Sie am liebsten einbetonieren und im Meer versenken würden, damit nie mehr über Sie berichtet wird.‹«

Funke zuckte nur mit den Schultern.

Der Beamte grinste wieder, lehnte sich zurück, nahm seine Brille ab und rieb mit Daumen und Zeigefinger seine Nasenwurzel. Als er Funke wieder anschaute, blitzte Neugier in seinen Augen. »Kommen Sie, erzählen Sie mal, wie das in Steglitz war. Und die Sache mit der Lore. Weshalb hat man Sie eigentlich geschnappt?«

Funke überlegte einen kurzen Augenblick. Es waren inzwischen fast auf den Tag genau drei Jahre vergangen. Er trank einen Schluck Kaffee und begann zu erzählen.

Den ganzen Dezember 1993 hatte ich versucht, eine Geldübergabe zu organisieren. Aber es wollte und wollte nicht klappen. Dann kam die Jahreswende. Für mich war, seit dem Ende der Pubertät, Silvester das wichtigste Fest des Jahres. Nur waren die früher eher wilden Partys mit der Zeit immer ruhiger geworden. Auch 93/94 ging es auf der Silvesterparty recht besinnlich zu. Einzig die Kinder tobten ausgelassen umher und brachten etwas Leben in die müde Gesellschaft. Ein Teil der Partygäste stand in der Küche und plünderte das Buffet. Die meisten waren Bekannte von Lothar, mit denen zusammen ich in der Vergangenheit schon einige Feste überstanden hatte. Allerdings waren im Laufe der Jahre die Gesichter etwas faltiger und die Bäuche etwas dicker geworden. Der Glühweinbottich wurde von zwei mir unbekannten Herren verteidigt. Nachdem ich mir einen Becher voll Wein erkämpft hatte, kamen wir ins Gespräch. Bei der unvermeidlichen Frage nach ihrer Profession drucksten sie etwas herum.

»Wir sind Beamte!« kam es zögerlich.

»Was genau?« fragte Lothar interessiert.

»Ähh, naja, also ... öffentliche Aufgaben«, sagte der eine.

Seltsame Antwort. Ich schaute mir die beiden genauer an. Sie waren Anfang 40 und machten einen sportlichen Eindruck. »Kripo?«

»Ja!« kam es fast verlegen aus ihren Mündern.

Ich mußte mich zusammennehmen, um ihnen nicht zu sagen, daß sie sich dafür nicht zu schämen brauchten. Wir unterhielten uns noch lange und angeregt. Und als wir um Mitternacht auf das neue Jahr anstießen, wünschte ich ihnen viel Erfolg bei der Verbrechensbekämpfung, auf daß sie alle Gauner zu fassen bekämen. Ich glaube, ich meinte es sogar ernst.

»Dann müssen wir dich ja gleich mitnehmen!« scherzte der eine. Wir lachten.

Wie immer, wenn ein neues Jahr begann, wurde ich für einen kurzen Moment melancholisch. Es war dann eine kleine Inventur fällig. Ich schaute auf das vergangene Jahr zurück und fragte mich, was wohl die kommende Zeit an Überraschungen in petto haben würde.

Die Lust auf die Silvesterknallerei war mir durch mein Bombenlegen ziemlich vermiest worden. Ich konnte dem Feuerwerk nicht mehr so unbefangen zusehen wie früher. Die Medien hatten mich zum Verbrecher des Jahres 93 gewählt. Meine Popularität gab mir wenigstens die Gewißheit, daß im Falle meiner Verhaftung Frau und Kind fürs erste abgesichert wären. Diese Gewißheit war tröstlich.

Mein größtes Problem war, daß ich keine Zeit hatte. Es heißt immer, Zeit ist Geld, aber bei mir war es umgekehrt. Ich hatte kein Geld, also auch keine Zeit. Ich begann zu improvisieren, um Zeit zu sparen. So entschloß ich mit dazu, den Trick mit dem Kanaldeckel in abgewandelter Form noch einmal zu versuchen.

15.1. Durch die tagtägliche Beschäftigung mit der Erpressung hatte die ganze Sache für mich eine gewisse Normalität bekommen. Ich verabschiedete mich frühmorgens von meiner Familie wie jeder andere Familienvater. Ich gab meiner Frau und meinem Sohn ein Küßchen und fuhr mit meinem Auto zur »Arbeit«. Das Beobachten der Umgebung war zur Gewohnheit geworden. Daß das eigene Handeln von mir immer unter dem Aspekt der polizeilichen Verwertbarkeit gesehen wurde, war normal. Der Blick in den Rückspiegel galt weniger dem Verkehr als einem möglichen Verfolger.

An dem Tag führte mich mein Weg zuerst nach Neukölln,

einem Arbeiterbezirk mit vierstöckigen Altbauhäusern und Hinterhöfen, die für mich bis ins Erwachsenenalter nichts von ihrer beklemmenden Wirkung verloren hatten. Zu sehr erinnerten sie mich an den grauen Teil meiner Kindheit.

In einem Treppenhaus in der Emser Straße hatte ich schon vor Wochen einen Briefkasten an der Wand befestigt. Unauffällig hing er neben den schon vorhandenen Kästen. Ich hinterlegte einen Brief für den Geldboten und fuhr gleich weiter nach Steglitz. Auch ein Bezirk mit vielen Altbauten, aber einem besseren Sozialprestige. Nach 20 Minuten Fahrt stellte ich meinen Wagen unter einer Autobahnauffahrt zwischen S-Bahnhof und Rathaus ab.

Der Tag der Geldübergabe war für mich jedesmal Streß pur. Während sich sonst die Vorbereitungen nach meinem Befinden richteten, mußte ich am Tag der Übergabe die Zähne zusammenbeißen und durchzuhalten versuchen. Oft war ich am Ende der Vorbereitungen so kaputt und depressiv, daß ich die ganze Sache abblasen mußte. Aber diesmal gab es nicht viel zu tun. Ich nahm meine Arbeitskleidung und mein Werkzeug aus dem Kofferraum und ging zu einer kleinen versteckten Grünanlage zwischen Bahnhof und Auffahrt. Verborgen hinter Bäumen und Buschwerk befand sich dort ein Zugang zu einem Regenwasserkanal. Es war derselbe, den ich mir schon einmal für eine Übergabe ausgesucht hatte, als ein Regenschauer das Unternehmen scheitern ließ.

Ich stieg in den Kanal, um ein paar Sieldeckel festzubinden, damit sie von den Beamten nicht so ohne weiteres geöffnet werden konnten. Es war immer wieder ein merkwürdiges Gefühl, durch die dunklen Röhren zu laufen, denn unwillkürlich drängten sich Bilder aus Horrorfilmen auf, obwohl ich nicht wirklich damit rechnete, dort unten auf ein riesiges Krokodil zu treffen oder von einer Horde wildgewordener Ratten angefallen zu werden.

Nach einer Stunde war ich mit meiner Arbeit fertig. Ich stieg aus dem Kanal, versteckte noch schnell ein Mikrofon im Gebüsch und warf die Leitung in den Schacht. Dann wurde der Kanal mit einem vorbereiteten Holzdeckel verschlossen, in den ich eine Öffnung gesägt hatte, die gerade groß genug für das Geldpaket war. An diese Öffnung war ein 70 Zentimeter langer Holzschacht als Sichtschutz angefügt. Mit Laub und Erde verwischte ich meine Spuren. Zuletzt wurden über das Loch für den Geldeinwurf drei Gehwegplatten gestapelt, die ich am Abend zuvor von einer Baustelle mitgenommen hatte. Unter die oberste legte ich noch eine weitere Botschaft an den Geldboten mit der Aufforderung, die restlichen Platten sofort zu entfernen und das Geld innerhalb der nächsten 30 Sekunden in den Schacht zu werfen.

Bis zum Beginn der Aktion blieben mir noch ein paar Stunden Zeit. An einem türkischen Imbiß stärkte ich mich mit einem Döner. Ich beobachtete die Menschen, die im Rhythmus der ankommenden Züge aus dem Bahnhof strömten. Mißtrauisch beäugte ich auch die vielen Mannschaftswagen der Polizei, die auf den Straßen unterwegs waren. Immer wenn eine Geldübergabe angekündigt war, gab es überall in der Stadt »Mausefallen« und Polizeifahrzeuge, die »sinnlos« in der Gegend herumstanden.

20.00 Uhr. Es wurde nun Zeit für mich, die Kripo anzurufen. Ich schwang mich auf mein Fahrrad, das ich schon tags zuvor am Bahnhof abgestellt hatte, und radelte zu einer versteckten Telefonzelle. Es fing an zu regnen. Das paßt ja wieder, stellte ich resigniert fest. Ich überlegte kurz, ob ich die

Übergabe platzen lassen sollte. Aber in den vergangenen Wochen hatte ich schon so oft abgesagt, daß mich plötzlich ein wütender, verbissener Trotz beherrschte. Ich wollte die Sache durchziehen, und wenn ich dabei absaufen würde wie eine Kanalratte. Am liebsten hätte ich geschrien, um meinem Ärger Luft zu machen.

So rief ich an und teilte ihnen mit, wo der Briefkasten mit den weiteren Informationen zu finden war. Der Tanz konnte wieder beginnen.

Ich strampelte über die regennassen Straßen. Der Asphalt funkelte wie gewienert, und die Leuchtreklamen und Straßenlaternen spiegelten sich auf der Fahrbahn. Die feinen Regentropfen prickelten im Gesicht. Ich bog in einen stockfinsteren Park ab, und die Fahrradreifen knirschten auf dem Aschenbelag des Weges. Nach 500 Metern hielt ich am Absperrzaun einer großen Baustelle und stellte meinen Drahtesel ab. Versteckt im Gebüsch befand sich der Zugang zum Kanal. Ich stieg hinab und stellte beruhigt fest, daß das Wasser noch nicht gestiegen war. Nur ein kleines Rinnsal floß zwischen meinen beinlangen Gummistiefeln. Bevor ich mich aber zum Geldübergabeort begab, verspürte ich noch das dringende Bedürfnis nach meinem »Flachmann«, den ich mit Kräuterlikör gefüllt hatte. Ich trank ihn mit einem Zug aus. In letzter Zeit waren meine Nerven immer flattriger geworden, trotz aller Routine, die sich im Laufe der Zeit eingestellt hatte. Vielleicht war diese Nervosität ja ein Zeichen, daß meine Gefühlswelt wieder lebhafter und mein Kopf ein klein wenig klarer geworden waren. Vielleicht war mir dadurch auch bewußter geworden, welch merkwürdiger Tätigkeit ich eigentlich nachging. Mit den Gefühlen, die zum Teil zurückgekehrt waren, war auch die Angst gekommen.

Meine nassen Schritte hallten durch den Tunnel. Leicht umnebelt vom Schnaps und der modrigfeuchten Luft marschierte ich zu dem von mir ausgetauschten Deckel. Nach 800 Metern mündeten zwei große Röhren in den Tunnel. Ich ging in die linke. Es wurde nun etwas enger. Nach 50 Metern bog ich ab in die nächste Röhre, und nach weiteren fünfzig Metern hatte ich mein Ziel erreicht. Als erstes band ich auch diesen selbstgefertigten Kanaldeckel mit Seilen fest. Anschließend schloß ich Kopfhörer an das herunterhängende Kabel an und lauschte auf den Regen, der auf das Mikrofon tropfte. Mit Sorge beobachtete ich, wie das Wasser in der Röhre langsam stieg. Seit meinem Anruf bei der Kripo waren 30 Minuten vergangen, und ich rechnete damit, daß ich weitere 30 Minuten warten mußte, bis der Geldbote eintraf. In meinem Brief, der im Briefkasten deponiert war, hatte ich eine Schnitzeljagd angekündigt. Ein Auto mit vier Personen hatte ich dem Geldboten erlaubt und gefordert, daß er das Geld immer am Körper mitführen sollte, weil am Ende der Schnitzeljagd keine Zeit mehr bleiben würde, das Geld aus dem Auto zu holen.

Die Zeit verging, und das Wasser stieg weiter. Die Strömung wurde immer stärker. Um nicht fortgespült zu werden, mußte ich mich gut festhalten. Ich fluchte. Das Wasser reichte mir inzwischen bis über die Knie. Angestrengt lauschte ich in meine Kopfhörer und versuchte, durch das Trommeln des Regens und das Tosen des Wassers in der Röhre auf verdächtige Geräusche zu achten.

Nachdem ich schon eine Stunde gewartet hatte, hörte es endlich auf zu regnen, und ganz allmählich sank auch der Wasserstand. Nach anderthalb Stunden des Wartens hörte ich auf einmal das rauhe, kratzende Geräusch von zwei aufeinander schabenden Gehwegplatten. Dann ein kurzer Funkspruch, der schon nach zwei Worten abgebrochen wurde. Offensichtlich hatte der Beamte vergessen, sein Funkgerät leise zu stellen. Die Jungs waren vorsichtig geworden, seit ich sie damals mit der Kiste reingelegt hatte. Anscheinend rechneten sie damit, daß sie wieder belauscht wurden. Ich stand nun unter ihnen und wartete voller Ungeduld auf meine Beute, aber nichts geschah. Ich starrte auf den kleinen Holzschacht, der von dem Deckel herabhing und dessen Ende ich mit Aluminiumfolie umwickelt hatte, damit niemand in den Kanal blicken konnte. Die Minuten vergingen endlos langsam. Nur mit Mühe konnte ich meinen Fluchttrieb unterdrücken. Nach weiteren 15 Minuten dämmerte es mir, daß die Polizei wieder ihre üblichen Tricks versuchte: Zeit schinden, sich nicht an die Anweisungen halten, ihr eigenes Spiel spielen, auch auf die Gefahr hin, daß die Übergabe dadurch scheitern könnte. Langsam wurde es mir dann doch zu brenzlig, und ich watete durch das rauschende Wasser zurück. Meine Gummistiefel hatten mich nur bis zum Hintern geschützt. Nach kurzer Zeit war mein Gesäß naß, und ich war froh darüber, daß es in dieser Januarnacht keinen Frost gab.

Auf dem Weg zu meinem Auto stellten sich die üblichen Zweifel ein: Hätte ich länger warten sollen? Wie dicht waren sie mir auf den Fersen? Hatte es überhaupt einen Sinn, weiterzumachen? Ich dachte daran, daß sie womöglich das Geld doch noch hineingeworfen hatten und der Zaster auf Nimmerwiedersehen durch die Kanalisation schwamm.

Ich kam an der Grünanlage vorbei, wo einige Polizisten gerade die Köpfe zusammensteckten und wahrscheinlich berieten, wie sie mir am besten den Garaus machen könnten.

Ein Taxi stand vor der Grünanlage auf dem Bürgersteig. Anscheinend waren die Beamten damit gekommen, um möglichst unauffällig zu sein.

Als ich nach Hause kam, war meine Frau beim Bügeln, und sie fragte mich, ob ich in der Videothek einen Krimi ausleihen könne. Ich versuchte ihr klarzumachen, daß mir etwas Lustiges lieber wäre. Sie konnte ja nicht wissen, daß mein Leben ein einziger Krimi war.

Bericht des LKA
Am 15.1.94 war ich als Führer der UA Aufklärung und Observation im Erpressungseinsatz z. N. Fa. Karstadt in Berlin eingesetzt.

Zunächst wurde von mir der spätere Ablageort durch Aufklärungskräfte an drei möglichen Punkten besetzt. Eine optische Aufklärungsmöglichkeit ergab sich nur an den Zugangsmöglichkeiten zur Grünfläche, um die vorgegebene Legende durchzuhalten.

Zunächst wurden Zugriffskräfte verdeckt an den Ort herangeführt, dann folgten die Geldüberbringer. Wir gingen zu den Gehwegplatten und der Polizeioberkommissar legte die erste Platte, nachdem er sie hochgehoben hatte, zur Seite. Auf der zweiten Platte lag nun ein Briefkuvert, welches feucht war. Aufgrund der schlechten Lichtverhältnisse begaben wir uns ca. zwei Meter in Richtung Autobahnauffahrt, da dort wegen der Beleuchtung der Brief besser zu lesen war. Der Text des dort vorgefundenen Briefes wurde direkt durch die Polizeiobermeisterin vorgelesen. Ich konnte die entscheidende Information aufnehmen – geforderte Ablage des Geldes innerhalb von 30 Sekunden *in* den vorgefundenen Schacht unter Androhung einer Bombe –, die ich sofort per Telefon dem Einsatzabschnittsleiter mitteilte. In diesem Telefonat nahm ich die Anordnung »Ablegen des präparierten Paketes *neben* den Schacht« entgegen und leitete diese unmittelbar über Funk an die Polizeiobermeisterin weiter.

Während der Polizeioberkommissar die letzte Gehwegplatte hochhob, vernahm er scharrende Geräusche, die aus dem Schacht kamen. Mit einer Leselampe leuchtete er in den Schacht hinein, der nach meinem Eindruck aus hellem Zement bestand. Aufgrund der Zeitvorgabe des Täters mußte auf weiterreichende Untersuchungen des Geldübergabeortes verzichtet werden. Zeitdauer des Vorganges nach meinem Ermessen ca. ein bis zwei Minuten.

Anschließend ordnete ich verdeckte Maßnahmen im Bereich des U-Bahnhofes Rathaus Steglitz an, da die Flucht des Täters in diese Richtung zu vermuten war.

Am nächsten Morgen galt mein erstes Interesse den Fernsehnachrichten.

Der Einsatzleiter der »Soko Dagobert« gab den Reportern Auskunft über den gescheiterten Geldübergabeversuch. Zerknirscht berichtete er über Mißverständnisse und daß die Beamten keine Taschenlampen gehabt hätten, um den Brief richtig lesen zu können.

Ich schüttelte fassungslos den Kopf. Für wie blöd hielten die mich eigentlich? Verärgert zappte ich zu einem anderen Fernsehsender. Deutlich war der Erklärungsnotstand der Polizei zu spüren. Auch den Journalisten kamen die Erklärungsversuche des Kriminaldirektors etwas fragwürdig vor. Man konnte von der Polizei halten, was man wollte, aber so dämlich waren sie nun auch wieder nicht, daß sie nicht drei Schritte bis zur Straßenbeleuchtung gehen konnten.

Ich hatte immer noch das kleine Schienenfahrzeug von dem abgebrochenen Versuch letzten Sommer. Es bettelte förmlich darum, endlich zum Einsatz zu kommen. Außerdem wollte ich der Polizei keine Zeit zum Nachdenken lassen und beschloß, sofort mit den Vorbereitungen für die nächste Übergabe zu beginnen.

22.1.94. Der Winter glich eher einem kühlen, verregneten Sommer. Schnaufend schleppte ich die diversen Materialien, die ich für den x-ten Geldübergabeversuch benötigte, durch dieselbe Schrebergartenanlage wie vor einem halben Jahr. Nur waren diesmal die Gärten menschenleer, die Bäume reckten ihre kahlen Äste flehend in den dunstiggrauen Himmel. Eine Schar Krähen flog heiser krächzend über Spree und Gärten hinweg. Danach wieder Stille, als trauerte die Natur noch immer um den vergangenen Sommer. Ein verrotteter Zaun sicherte den Bahndamm. Durch ein Loch kletterte ich auf das Gelände und stieg die Böschung zu den stillgelegten Gleisen der S-Bahn hoch. Verwelkte Blätter bedeckten teilweise die Schienen und waren mit ihren Gelb- und Rottönen die einzigen Farbtupfer. In der Nacht hatte es geregnet. Das Laub auf den morschen Holzschwellen der Gleise war feucht und glitschig und flutschte unter meinen Schritten weg. Meine Nase bohrte sich in die feuchten Blätter. Der Geruch erinnerte mich an die aus Laub und Zweigen gebauten Höhlen meiner Kindheit. Ich hätte gern weiter von vergangenen Kinderspielen geträumt, aber mein Räuber- und Gendarmspiel der Gegenwart ließ mir keine Zeit dafür.

Die kleine Holzkiste, die ich schon vor Monaten zum Abdecken und zum Schutz der Lore gebaut hatte, lag noch immer unversehrt und von Blättern bedeckt unter einem Busch. Ich griff mir Kiste, Lore und Werkzeug und marschierte auf den Gleisen in die Nähe des Bahnhofs Jungfernheide. Dort setzte ich die Lore auf eine Schiene, prüfte die Haftung des Gerätes und stülpte anschließend die Kiste darüber. Mit Hilfe des Akkuschraubers drehte ich Schrauben in die Schwellen. Nachdem die Scharniere befestigt waren, wurde die kleine »Garage« durch ein Vorhängeschloß gesichert. Niemand störte mich diesmal bei meiner Werkelei. Schnell spannte ich noch eine dünne Angelschnur quer über die Schienen und verband sie mit einem Sender. Beim Berühren der Schnur sollte mich der Sender durch einen Signalton über das Herantreten von Personen an die Kiste informieren. Da ich damit rechnen mußte, daß die Polizei diesmal besonders vorsichtig und leise an das Objekt heranschleichen würde, wäre ein Mikrofon sinnlos gewesen.

Nachdem der erste Teil meiner Vorbereitungen abgeschlossen war, ging ich langsam zu dem Endpunkt, zu dem mir die Lore nach rasanter Fahrt das Geld bringen sollte. Auf dem Weg dorthin befreite ich die Schiene von Laub und Zweigen. Da ich schon Monate zuvor die Gleise gründlich gereinigt hatte, war ich jetzt nach kurzer Zeit fertig. Auf halbem Wege spannte ich noch eine Nylonschnur quer über die Gleise, die ich mit einem Bündel Silvesterböller verband. Das war für den Fall, daß meine »Freunde« entgegen meinen Anweisungen versuchen sollten, vor dem Geldtransporter den Weg abzuschreiten. Bei der Vorstellung, daß die Beamten bei der Knallerei wie aufgeschreckte Hasen in die Luft sprangen, mußte ich lachen. Zur Sicherheit deponierte ich 100 Meter weiter noch mal ein paar Böller. Damit war ich fürs erste fertig.

Als ich vom Bahndamm wieder auf den Weg gehen wollte, der durch die Kleingartenanlage führte, sah ich eine kleine Gruppe schwarz gekleideter Kids mit Rucksäcken. Sie sahen mir sehr verdächtig nach Sprayern aus. Sehnsüchtig schauten sie zu den Gleisen hoch. Ich stand oben in meiner Gleisarbeiterkluft und versuchte, sie mit meinen Blicken zu hypnotisieren: Wagt es auf keinen Fall, den Bahndamm zu betreten! Ich hatte Erfolg. Sichtlich zerknirscht zogen sie ab.

Ich fuhr mit meinem Fahrrad in eine nahe gelegene Gasthausbrauerei, um dort etwas zu »meditieren«, bevor der Tanz begann. Wie ein Weintrinker schmeckte ich dem süffigen Aroma des naturtrüben Bieres nach. Als das dritte Glas geleert war, machte ich mich widerwillig auf den Weg zur Telefonzelle.

Ich klebte einen Brief für den Geldboten unter den Fernsprecher und wählte die Geheimnummer, die ich inzwischen schon auswendig kannte. Mit hoher Kastratenstimme teilte ich der Kripo den Standort der Zelle mit und fuhr anschließend mit meinem Fahrrad zu einer 200 Meter entfernten kombinierten Fußgänger- und Eisenbahnbrücke. Ich schaute auf meinen Zeitmesser. Es war 19.00 Uhr. Ein feiner Nieselregen fiel vom nachtschwarzen Himmel. Mit geschultertem Drahtesel sprintete ich die Treppen hoch. Im Schutz der Dunkelheit überwachte ich von der Brücke aus mit einem Fernglas die Telefonzelle und sah dem Erscheinen der Polizei entgegen. Ich mußte nicht lange warten. Schon wenige Minuten später stürmten zwei Herren in die Zelle und fingerten erwartungsvoll unter dem Fernsprecher den Brief hervor. Nach so kurzer Zeit konnte das nicht der Geldbote sein, sondern Beamte, die in der Nähe auf meinen Anruf gewartet hatten. Wie immer bei meinen Geldübergabeaktionen hatten sie, über das ganze Stadtgebiet verteilt, Stellung bezogen. Schon kurz darauf hetzten zwei offensichtlich gut durchtrainierte Burschen die Stufen zur Brücke hinauf und zeigten lebhaftes Interesse für das Bahngelände. Für mich war es das Signal, meinen Posten einzunehmen. Ich blickte noch einmal auf meine Uhr, um den Zeitablauf zu kontrollieren. Zwölf Minuten waren seit meinem Anruf erst vergangen, der Geldbote würde voraussichtlich in einer Viertelstunde hier eintreffen. Ich radelte eilig durch die dunklen Schrebergärten. Nach wenigen Minuten erreichte ich das Ende der Schiene, auf der die Lore mir das Geld bringen sollte. Ich lehnte mein Fahrrad an einen Gartenzaun und stieg die Böschung hoch. Die Dunkelheit gab mir das Gefühl, für andere unsichtbar zu sein. Da ich bei den Testläufen mit der Lore vor Monaten festgestellt hatte, daß kurz vor dem Ziel eine Schwachstelle der Schiene womöglich einen Sturz der Lore provozieren konnte, ging ich ihr 200 Meter entgegen. Ich wollte auch ganz sicher sein, das Signal meines Senders empfangen zu können, der mir das Annähern von Personen an meinen Geldtransporter melden sollte.

Unter der größten Autobahnbrücke Berlins blieb ich stehen. Hoch über mir überspannte sie in einem weiten Bogen das riesige Kleingartengelände. Die Straßenlaternen der Autobahn warfen einen matten Schimmer auf die vor mir stehenden kahlen Bäume und Sträucher. Schon kurz dahinter verschwanden die Gleise in der Nacht. Ich saß im Gebüsch und starrte in die Düsternis. Über mir hörte ich das Rauschen und Dröhnen der Fahrzeuge. Aber mich interessierte nur, was für Töne aus meinem Empfänger kamen. Immer wieder schaute ich auf meine Armbanduhr, um zu sehen, wie lange ich schon wartete. Plötzlich nahm ich das Piepen meines Senders wahr.

19.45 Uhr. Offensichtlich waren sie jetzt an die Kiste herangetreten. In einem Brief, den ich auf die Lore gelegt hatte, forderte ich, das Geld sofort in das Gerät hineinzulegen und durch Drücken eines roten Knopfes auf die Reise zu schikken. Wenn sie sich an meine Anweisungen hielten, müßte die Lore in fünf Minuten eintreffen. Aber nichts geschah. Nach 20 Minuten begann ich unruhig zu werden. Anscheinend verfolgten sie wieder ihre eigenen Pläne. Langsam schlich ich durch das Gestrüpp zurück zum Fahrrad. Am Rande der Laubenkolonie blieb ich stehen und starrte auf den Bahndamm. Wie lange konnte ich noch warten? Ich war hin- und hergerissen zwischen dem Drang, endlich Fersengeld zu geben, und meinem Begehren. ... Hörte ich da nicht ein Rauschen? ... War es das Gerät, oder war es nur das Rauschen der Blätter? Einen Blick wollte ich noch riskieren, bevor ich das Weite suchte. Also rannte ich noch einmal den Bahndamm hoch und flitzte in gebückter Haltung unter den Zweigen der Bäume und Büsche hindurch, bis ich wieder unter der Brücke ankam. Es war nichts zu sehen oder zu hören. Langsam wurde mir die Sache doch zu heikel, und ich lief, so schnell ich konnte, zu meinem Rad zurück. Keinen Augenblick zu früh. Kaum hatte ich mich vom Bahndamm entfernt, sah ich auch schon den Schein einer Taschenlampe auf den Gleisen. Der Beamte war von der anderen Seite des Dammes heraufgestiegen und ging nun seinerseits in Richtung Brücke. Als ich mich auf mein Rad schwang und dabei über die Gärten hinwegschaute, kamen von allen Seiten die Lichtkegel von Taschenlampen auf das Bahngelände zu.

Nun ließ ich meinem Fluchttrieb freien Lauf. Kaum jemand kann ermessen, was für ein befreiendes Gefühl das ist. Den Fluchtweg hatte ich schon vorher genau festgelegt, und so raste ich auf meinem Fahrrad fast blind durch die Nacht. Es gab keine Straßenbeleuchtung, und meine größte Angst war, einen der den Weg säumenden Bäume aus voller Fahrt zu umarmen. Der Weg führte mich immer an der Spree entlang, und der Anblick eines in der Dunkelheit dümpelnden Polizeibootes verlieh mir Flügel.

Nach gut zehn Minuten Fahrt erreichte ich wieder eine normale Straße. Ich schaute auf meine Uhr, es war kurz vor halb neun. Die Straße, auf der ich meine Fahrt fortsetzen wollte, führte durch ein ruhiges Industriegelände, und ich wähnte mich schon in Sicherheit. Da hörte ich plötzlich das Fahrgeräusch eines Autos und sah im gleichen Augenblick das grün-weiße Blech eines Streifenwagens. Ich hatte jetzt nur einen Wunsch: mich in Luft aufzulösen. Aber dieser Wunsch wurde mir nicht erfüllt. Immerhin fuhr die Polizei vorbei. Nach 50 Metern stoppte sie abrupt. Auch ich blieb stehen. Meine innere Stimme sagte mir, daß die Beamten gerade darüber diskutierten, ob sie mich überprüfen sollten. Ich wollte das Ergebnis dieser Diskussion aber nicht abwarten, sprang schnell vom Rad und kletterte flink wie ein Eichhörnchen über den Zaun, an den ich mein Rad gelehnt hatte.

Nun begann eine längere Wanderung durch das Gelände verschiedener Firmen, die am Ufer der Spree lagen. Ich lief vorbei an den haushoch aufgetürmten Altpapierballen einer Recyclingfirma. Alles wirkte irreal auf mich. Losgelöst von dem Gefühl der Wirklichkeit, überquerte ich auf einer kleinen Eisenbahnbrücke die Spree, ging vorbei am hellerleuchteten Kraftwerk Reuter und erreichte völlig abgeschlafft einen U-Bahnhof. Ich wollte nur noch nach Hause.

Der erneute Übergabeversuch wurde von der Presse dankbar kolportiert. Oftmals war ich darüber erstaunt, welch latente Anarchie und klammheimliche Freude über meine Taten unter Teilen der Bevölkerung herrschten. Kein Wunder, daß sich die Polizei so verbissen weigerte, mir das Geld zu geben; denn wenn sie es täte, stünde sie noch belemmerter da.

Bericht des LKA
Der vom Täter für die Geldübergabe angekündigte Telefonanruf erfolgte um 18.56 Uhr auf dem bekannten Anschluß. Der Täter erklärte, daß eine weitere Nachricht für die Geldübergabe in einer Telefonzelle Tegeler Weg/Brahestr. unter dem Telefonkasten zu finden sei. Ein mit Doppelklebeband befestigter Brief wurde von den zuerst eintreffenden Kräften entfernt. Die Umsetzung der Täternachricht erfolgte durch die operativen Kräfte an die Geldboten gegen 19.35 Uhr in der Nähe des Schlosses Charlottenburg. Nach der vom Täter gefertigten Handskizze erreichten die Geldboten um 20.28 Uhr die vom Täter bezeichnete Stelle auf den Gleisen. Durch die Geldboten wurde das Schloß geöffnet und der Kasten nach links über die Schiene geklappt. Unter dem Kasten stand nunmehr auf der Schiene ein selbstgebautes »Schienenfahrzeug«, welches in der Mitte einen offenen Kasten hatte, in dem eine weitere Nachricht des Täters lag. Nach dieser mit Schreibmaschine auf einem DIN A4-Bogen geschriebenen Täteranweisung sollte das Geld sofort in den Kasten gelegt und auf den roten Knopf des Fahrzeugs gedrückt werden. Um 20.36 Uhr wird

das Geldpaket auf dem Fahrzeug deponiert und der rote Knopf wird betätigt. Mit einer leichten Zeitverzögerung setzte sich das akkubetriebene Fahrzeug in Bewegung und entfernte sich relativ schnell mit zunehmender Geschwindigkeit in der Dunkelheit. Während der gesamten Zeit können die Geldboten das von einem Funkgerät ausgehende »Alarmgeräusch« hören. Nachdem sich das »Schienenfahrzeug« in schneller Fahrt entfernt hat, folgen die Geldboten dem Schienenverlauf. Hierbei muß gesagt werden, daß die Holzschwellen veraltet, feucht und rutschig waren und daß das Gelände neben den Gleisen zum Teil stark bewachsen ist. Nach 267 Metern, vom Start aus gesehen, hatte der Täter eine Angelsehne über die Gleise gespannt. Links neben der Strecke hatte er diese mit einem Kabel verbunden. Die weitere Verbindung lief zu einem Plastikbeutel, in dem sich Knallkörper befanden. Wie schon bei dem Funkgerät in der Nähe des Kastens, wurde auch hier durch Berührung der Angelsehne ein elektrischer Kontakt ausgelöst und die im Beutel befindlichen Knallkörper gezündet. Nach einer Fahrstrecke von 872 Metern war das Schienenfahrzeug dann rechts innen abgekippt und mit dem Geldkasten gegen eine Schienenverschraubung geknallt. Hierdurch wurde das Geldpaket abgeworfen und lag 4,5 Meter weiter vorne rechts neben der rechten Schiene. Nachdem die das Schienenfahrzeug verfolgenden Geldboten am Endpunkt angekommen sind, stellen sie fest, daß der Täter geflüchtet ist und vermutlich alle Gegenstände zurückgelassen hat.

Ich verfolgte die Berichte in den Medien und fragte mich, was ich falsch gemacht hatte, denn andere verdienten mit meinem Namen Geld. Man verkaufte T-Shirts mit dem Aufdruck: Ich bin Dagobert. Musikgruppen sangen Lieder über mich, andere schrieben Bücher oder zeichneten Comics.

Immer öfter kam mir der Gedanke aufzugeben. Ich wußte nicht mehr, wie ich meine Familie ernähren sollte. Es wurde mir allmählich egal, ob ich gefaßt wurde. Wenn ich das Geld bekam, war es gut. Wenn ich verhaftet werden würde, war es auch gut. Ich fing an, es mit den Vorsichtsmaßnahmen nicht mehr so genau zu nehmen. Hatte ich früher meine Fahrzeuge immer mit falschen Papieren gemietet, so legte ich jetzt meinen richtigen Ausweis vor. Meine Telefongespräche mit der Kripo wurden länger und länger. Ich überlegte, wem ich mich stellen sollte. Der Polizei? Oder sollte ich mich an einen Medienkonzern wenden und versuchen, möglichst viel Geld für meine Familie herauszuholen? Ich könnte auch zu meinem zukünftigen Schwager gehen, der bei der Polizei arbeitete. Sicherlich würde er dann einen Stern mehr bekommen. Oder sollte ich mich einem Freund offenbaren, der dann später die Belohnung abkassieren konnte? Auf jeden Fall war dies keine Entscheidung, die man mit leichtem Herzen fällte.

Ich versuchte mir vorzustellen, wie meine Verhaftung ablaufen würde, und dachte an Malu und Wolfgang. Meinen Sohn nicht mehr sehen zu dürfen, war das einzige, was wirklich schmerzte.

»Ding dong!« Die Türglocke riß mich unsanft aus meinen Grübeleien. Normalerweise erwartete ich frühmorgens keinen Besuch. Mein heimlicher Blick durch die Gardine ließ mich wie vom Gummiknüppel getroffen zusammenzucken.

Zwei Herren standen am Gartentor. Ich erkannte sie sofort am Erscheinungsbild: Kripo.

Wie ein aufgeschrecktes Huhn rannte ich durch die Wohnung und konnte gerade noch meinen Sohn daran hindern, den Herren freundlich durch das Fenster zuzuwinken. Dann gab ich mir schließlich einen Ruck und ging die Treppe runter, dem unvermeidlichen Schicksal entgegen. Ich fühlte mich wie auf dem Weg zum Schafott. Ich öffnete die Haustür. Die Herren standen in sechs Meter Entfernung am Gartentor und sahen mich erwartungsvoll an. Ich ging hin. Nur mühsam konnte ich meine Erregung beherrschen.

»Herr Funke?«

»Ja, bitte!?«

»Wir sind von der Kriminalpolizei und kommen wegen der Aufenthaltsgenehmigung Ihrer Schwägerin!«

»Ach was?!« Wäre der Stein, der mir vom Herzen fiel, auf meinem Fuß gelandet, hätte dieser amputiert werden müssen.

Berlin, Anhalter Bahnhof. Nur ein kleiner Rest Fassade des im Krieg zerstörten Bahnhofes kündete als Denkmal von vergangener Größe. Üppig wucherte das Gestrüpp auf den Trümmern von Bahnsteigen und Gleisen. Noch immer, fast 49 Jahre nach dem Zweiten Weltkrieg, glaubte ich, die Bombentrichter erkennen zu können. Das eingezäunte Gelände lud als Abenteuerspielplatz ein, und zum Hundeauslauf. Entlang des Halleschen Ufers schützte ein Holzzaun vor unbefugtem Betreten. In der Nähe eines alten Luftschutzbunkers bildete der aus Holzplatten bestehende Zaun eine Nische, die auf eine Stahltür zuführte. Es war ein Notausgang der hier im Untergrund fahrenden S-Bahn. Für einen unbefangenen Beobachter war dies aber nicht zu erkennen.

Nichts deutete darauf hin, daß der Betonklotz, in den die Tür eingelassen war, zum Tunnelsystem der S-Bahn gehörte. Eher hätte man einen Zusammenhang mit dem angrenzenden Bunker vermutet.

Schon im Frühjahr 1993 war ich bei einer meiner Exkursionen auf diesen Notausgang gestoßen.

Meine Überlegung war nun, vor der Stahltür eine Holzwand aufzustellen, verziert mit Graffiti und alten Plakaten, um das Ganze der Umgebung anzupassen. Ein kleines Loch in der Wand sollte als Geldeinwurf dienen. Ich wollte dahinter stehen und die Moneten in Empfang nehmen. Anschließend wollte ich durch das Tunnelsystem entwischen. Die Polizei hätte kaum eine Chance für einen schnellen Zugriff gehabt.

Schon im Jahr zuvor hatte ich einen Magnetkontakt an der Tür bemerkt, der zu einer Alarmanlage gehörte und das Öffnen der Tür anzeigte. Damals hatte ich den Kontakt für die Zeit meiner Erkundungen außer Betrieb gesetzt. Anfang Februar wollte ich das gleiche tun und öffnete kurz die Tür, um mich den Kabeln der Alarmanlage zu widmen. Diesmal wurde jedoch der Alarm bemerkt, und ich suchte schnell das Weite. Im Anschluß überlegte ich mir, daß ich die Tür erst bei meiner Flucht nach der erfolgten Geldübergabe öffnen würde.

Bericht des LKA
Am 27.1.94 meldete sich in Berlin fernmündlich ein Triebwagenfahrer der Berliner Verkehrsgesellschaft und wies darauf hin, daß in der Vergangnheit verschiedene Geldübergabeversuche in der Nähe von BASA-Stationen (Bahninterne Telefonzentralen) statt-

gefunden haben. Dieser Hinweisgeber wurde am 17.2.94 von den Beamten im Hause aufgesucht. In diesem Gespräch teilte er jetzt unter anderem mit, daß Anfang Februar 94 an einem Notausgang in der Nähe der S-Bahn-Haltestelle »ANHALTER BAHNHOF«, welcher elektronisch gesichert ist, ein Alarm aufgelaufen ist und der Eingang offensichtlich geöffnet wurde. Die daraufhin eingeleitete Überprüfung ergab, daß ein Kabel in der Verteilerdose innen am Eingang in der Klemme lose war. Ob es sich um eine Manipulation gehandelt hat, konnte nicht festgestellt werden. Der Vorfall ereignete sich am 7.2.94 gegen 19.17 Uhr. Nach Kenntnis dieser Möglichkeit eines eventuellen Fluchtweges oder Übergabeortes wurde, in Absprache mit dem Soko-Leiter, die weitere Abklärung an das MEK-Berlin übertragen. Die am 18.2.94 von der Soko durchgeführte Überprüfung ergab zunächst keine weiteren Anhaltspunkte für eine Tätigkeit unseres Täters. Weder am Notausstieg noch im Tunnel waren irgendwelche Veränderungen erkennbar.

Über Nacht war unerwartet der Winter gekommen. Eisblumen an den Fenstern erzählten mir etwas von eisiger Kälte. Der Kühler meines Autos war ein massiver Eisblock. Ratlos betrachtete ich die durch den Eisdruck geplatzte Wasserpumpe. Seit Monaten hatte ich mich mit einem undichten Zylinderkopf herumgeärgert. Alle drei Tage war ich gezwungen, Wasser nachzufüllen. Leider hatte ich nicht an den Frostschutz gedacht. Nun hatte mich der Kälteeinbruch, der über Nacht gekommen war, auf dem linken Fuß erwischt. Ich mußte dringend meine Vorbereitungen für die nächste

Übergabe fortsetzen, denn ich hatte diese für den 18.2.94 angekündigt, und das war in zwei Tagen. Ich brauchte also einen Mietwagen, und zwar so billig wie möglich. Nach längerem Herumtelefonieren mietete ich einen japanischen Kleinstwagen, in den zu meinem Erstaunen mein Fahrrad paßte.

18.2.94. Ich belud den Mietwagen mit den vorbereiteten Holzplatten, die ich in der Farbe des am Notausgang vorhandenen Holzzaunes gestrichen und mit Plakaten beklebt hatte. Kurz nach 12.00 Uhr traf ich am Notausgang ein. Hinter dem Holzzaun verborgen baute ich die Platten so zusammen, daß ich die Wand innerhalb von fünf Minuten vor der Stahltür aufstellen konnte. Aber ich hatte wieder einmal mein Arbeitstempo überschätzt und wurde nicht rechtzeitig fertig. Ich fühlte mich schlapp, ausgelaugt und depressiv und war kaum fähig, einen Finger zu rühren. Also rief ich bei der Kripo an und verschob die Übergabe um einen Tag.

19.2.94. Es war früh am Morgen. Das Geschrei meines Sohnes ließ jedes schrille Weckergeklingel wie sanftes Vogelgezwitscher erscheinen. Ich kroch aus dem Bett und wankte ins Kinderzimmer, aus dem sein klägliches Jammern kam. Der Griff zum Schalter brachte Licht ins Geschehen. Ich erblickte meinen Süßen mit dem Gesicht zur Wand in der Ecke seines Zimmers. Er bewegte sich wie ein Spielzeugroboter, der immer wieder gegen das gleiche Hindernis läuft. Schlaftrunken war er aus seinem Bett gestiegen und hatte sich in der Dunkelheit verirrt. Jetzt stand er da und kam nicht weiter. Eigentlich war er in der gleichen Situation wie ich, nur daß bei mir niemand kam, der das Licht anknipste, um mich aus der Dunkelheit zu führen. Ich schnappte mir den Burschen, und gemeinsam warteten wir im Bett auf den heranbrechenden Tag.

Langsam bequemte ich mich aufzustehen. Müde schweifte mein Blick zum Küchenfenster. Was ich dort sah, verdarb meine Stimmung vollends. Vom Himmel herunter tanzten kleine weiße Schneeflocken. Den ganzen Winter hatte es nicht geschneit, warum jetzt? Ich hätte mich ohrfeigen können, daß ich am Tag zuvor die Sache nicht zu Ende gebracht hatte. Ich sah die weiße Pracht und resignierte. Egal, ob man meine Spuren im Schnee finden konnte, es sollte nur endlich Schluß sein.

Mittags fuhr ich dann zum geplanten Übergabeort und schritt nochmals meinen Fluchtweg ab, um ihn später auch in der Dunkelheit blind zu finden.

Zur geplanten Zeit stellte ich schnell die Wand auf. Wenn ich geahnt hätte, daß am Tag zuvor der Notausgang von der Kripo inspiziert worden war und daß wir uns eigentlich nur um wenige Stunden verfehlt hatten ... Über den Geldeinwurf hatte ich ein Plakat von Frank Sinatra geklebt. Sein Mund überdeckte die Öffnung. Der Geldbote sollte es ihm dann laut meiner Anweisung in den Rachen werfen. Anschließend versteckte ich noch ein paar Briefe. Diesmal sollte es wirklich eine kleine Schnitzeljagd durch Berlin geben.

Um 21.45 Uhr suchte ich mir eine Telefonzelle.

Anrufer: »Guten Abend, hier ist Onkel Dagobert. Eine Nachricht zur Geldübergabe ist vor dem Bahnhof Lichtenberg.«
Sprecher: »Bahnhof Lichtenberg, ja.«
Anrufer: »Dort stehen fünf Telefonzellen hintereinander, in der linken ist sie befestigt, unter dem Telefon.«
Sprecher: »Ja, ja. Ich hatte an und für sich gehofft, daß Sie heute absagen. Wir haben heute ein Problem. Ge-

stern sprachen wir noch von der hundertprozentigen Sicherheit für heute, und nun ist es passiert. Ich weiß nicht, ob Sie die Straßenverhältnisse rund um Berlin und Mecklenburg-Vorpommern kennen?«

Anrufer: »Ja. Es schneit.«

Sprecher: »Unsere Geldboten sind auf dem Weg gewesen und sind nur bis Hagenow gekommen, und da war Schluß. Da ging nichts mehr. Die haben da gestanden im Verkehrschaos, und dann haben wir entschieden, hier vom Vorstand, daß es heute aufgrund der Witterungslage nicht weitergeht. So, das ist das Problem, das wir jetzt haben. Heute sind wir diejenigen, die absagen. Das akzeptieren Sie?«

Anrufer: »Ich rufe Sie am Montag an!«

Ich hätte mich wieder einmal prügeln können, daß ich nicht als erstes gefragt hatte, ob sie zu der Übergabe überhaupt bereit waren. Nun würden sie meiner ausgelegten Spur folgen und auf die Wand treffen. Meine ganzen Vorbereitungen wären abermals vergebens gewesen. Ich mußte die Schnitzeljagd unterbechen, damit die Polizei nicht zum geplanten Geldübergabeort geführt wurde.

In rasendem Tempo fuhr ich mit meinem kleinen Flitzer durch die Straßen, um zu der vorletzten Nachricht zu gelangen, die ich an einem Rettungsring auf einer Brücke versteckt hatte.

Ich konnte es einfach nicht glauben, was der Kripobeamte mir erzählt hatte. Das hieße ja, daß der Geldbote nach der verschobenen Übergabe vom Vortag nach Mitternacht nach Hamburg gefahren war, um wenige Stunden später mit dem Geld wieder nach Berlin zurückzukommen.

Noch vor der Polizei erreichte ich die Mehringbrücke, die den Landwehrkanal überspannt, und entnahm dem Rettungsringbehälter den Brief, den ich gerade zwei Stunden vorher dort deponiert hatte. Ich rechnete mir dadurch eine kleine Chance aus, daß ich die von mir aufgestellte Wand vielleicht doch noch benutzen könnte.

Bericht des LKA
Am Sonnabend, den 19.2.94, setzte in den Morgenstunden im norddeutschen Raum starkes Schneetreiben ein. Dieses führte stellenweise zu einem totalen Verkehrschaos und zahlreichen Unfällen im Stadtbereich und auf den Autobahnen. Es war aus diesem Grunde auch mit einer erneuten Absage beziehungsweise Verschiebung des Übergabetermins durch den Täter zu rechnen. Durch den Polizeiführer wurde daher eine Übergabe ausgeschlossen und hierfür vorgesehene Maßnahmen abgebrochen. Es erfolgte dann jedoch um 21.45 Uhr der Anruf des Täters.
Ihm wurde jedoch mitgeteilt, daß eine Übergabe nicht erfolgen kann, was zur Ankündigung eines erneuten Anrufs am Montag führte. Die im Anschluß an den Anruf erfolgten Ermittlungen führten zunächst zu der in der Telefonzelle hinterlegten Nachricht. Eine annoncierte Nachricht an der Mehringbrücke wurde nicht gefunden. Dieser letztgenannte Ort ist nur unweit vom Notausstieg entfernt, der am 18.2. von der Soko Dagobert überprüft wurde. Ob am Abend des 19.2. die Holzwand bereits vorhanden war, konnte nicht festgestellt werden. Erst durch die Begehung durch das MEK-Berlin am 25.2. wurde die Wand festgestellt.

Ein paar Tage später überprüfte ich die von mir aufgestellte Wand. Als ich dort Veränderungen bemerkte, verabschiedete ich mich endgültig von dieser Idee.

Wieder streunte ich an den Bahnstrecken entlang, die durch Berlin führten. Ich hoffte auf eine Eingebung. Inzwischen gaben sich bei mir die Gläubiger die Klinke in die Hand. Es mußte schnell etwas geschehen, ohne Aufwand, einfach und unkompliziert. Sollten sie das Geld doch wieder aus dem Zug werfen ... Vielleicht war ich durch den Druck, der auf mir lastete, zu fahrig und unkonzentriert geworden. Wie dem auch sei, ich fiel zwei Stunden vor einer geplanten Geldübergabe vom Bahndamm, zog mir einen Bänderriß am Knöchel zu und war für die nächsten Wochen aus dem Verkehr gezogen.

Ich versuchte, die Zeit zu nutzen, um etwas Abstand von der Monetenjagd zu gewinnen. Ich spielte mit meinem Sohn, und mich quälte immer stärker das Gefühl, daß das die letzten gemeinsamen Stunden waren. Ich hatte wieder Zeit zum Kochen und verwöhnte meine Frau mit asiatischen Gerichten.

Eigentlich hatte ich eine neue Idee für eine fast perfekte Übergabe, aber die hätte Zeit und Geld gekostet. An beidem mangelte es. Und so kam es, daß ich, kaum daß ich gehen konnte, wieder an den Gleisen entlanghumpelte.

19.4.94, 20.15 Uhr. Ich hatte eine Geldübergabe angekündigt und wollte die Kripo anrufen, um sie über den weiteren Hergang zu informieren. Also stand ich in Berlin, nahe dem Bülowbogen, vor einer besetzten Telefonzelle und wartete darauf, daß der Typ endlich sein Gespräch beendete. Mit bohrenden Blicken versuchte ich ihm klarzumachen, daß ich es eilig hatte. So etwas hätte ich früher nie gemacht. Immer war ich darauf bedacht gewesen, daß mich niemand beim Telefonieren sah, denn meistens tauchte kurz danach die Kripo auf, um nach Zeugen zu suchen. Endlich gab er meinem Drängen nach und ließ mich in die Zelle. Er blieb jedoch davor stehen, damit er gleich nach mir sein Telefonat fortsetzen konnte.

Gleich nachdem ich bei der Kripo Hamburg meinen Spruch aufgesagt hatte, fuhr ich mit der S-Bahn an den Stadtrand nach Wannsee. Auf diese Weise wollte ich eventuelle Straßensperren umgehen und war außerdem schneller, als wenn ich mit dem Auto gefahren wäre.

Bahnhof Wannsee. Ich sprang in meinen gemieteten Kleinstwagen und begab mich mit diesem motorisierten Einkaufskorb zu einer zwei Kilometer entfernten Telefonzelle in der Nähe des geplanten Übergabeortes. Dem Geldboten hatte ich mitgeteilt, er solle eine bestimmte Telefonzelle in der Spanischen Allee aufsuchen und dort auf meinen Anruf warten. So hatte die Kripo keine Zeit, irgendwelche Technik zu installieren, mit der sie den Anruf zurückverfolgen konnte.

Tags zuvor hatte ich verschiedene in Frage kommende Telefonzellen geprüft, ob sie auch funktionierten. Nur bei dieser hatte ich darauf verzichtet.

Ich wählte die Nummer der Telefonzelle und wartete darauf, daß der Geldbote den Hörer abnahm. Nichts. Jedesmal ertönte aus dem Hörer nur das Besetztzeichen. Eine halbe Stunde lang versuchte ich mein Glück. Es konnte natürlich sein, daß der Anschluß gestört war. Schließlich brach ich das ganze Unternehmen ab.

Bericht des LKA

Die Telefonzelle Spanische Allee 107 wurde von uns gegen 21.28 Uhr erreicht. Um 21.34 Uhr entnahmen wir eine unter dem Telefon befestigte schriftliche Nachricht. Zeitgleich erreichte ein PKW den Ort und parkte gegenüber der Zelle. Der Fahrer wollte telefonieren und fragte, ob die Zelle frei sei. Im Rahmen der Legende wurde dies bejaht. Das Telefonat dieser Person dauerte ca. 15 Minuten. In dieser Zeit wurde die gefundene Täternachricht gelesen und an den Polizeiführer übermittelt. Tenor der Nachricht: Warten Sie in der Zelle zwischen 21.30 Uhr und 22.15 Uhr auf meinen Anruf (Zelle ist anrufbar).

Nachdem die männliche Person das Telefonat beendet hatte, war die Zelle wieder ca. 2 Minuten frei. Anschließend wurde die Telefonzelle durch eine junge Dame bis ca. 22.03 Uhr benutzt.

Am nächsten Tag fuhr ich nach Potsdam, um die Kripo anzurufen und zu fragen, was denn diesmal schiefgelaufen war. Ich nahm mir vor, einen allerletzten Geldübergabeversuch zu wagen. Wenn dieser auch nicht klappen sollte, wollte ich mich der Polizei stellen. Ich war einfach am Ende.

Es war ein warmer Frühlingstag, der 20.4.94. Die Sonne schien in die Telefonzelle und heizte sie auf wie ein Treibhaus. Die Umgebung war idyllisch. Wie auf dem Lande.

Sprecher: »Karstadt AG, guten Morgen.«
Anrufer: »Tja, Morgen. Hier ist Onkel Dagobert ...«
Sprecher: »Tja, was?«
Anrufer: »Das hat diesmal nicht so geklappt.«

Sprecher: »Warum nicht?«

Anrufer: »Tja, weiß ich auch nicht. Ich weiß nur aus der Presse, daß die Beamten offensichtlich doch mehr Zeit gebraucht haben.«

Sprecher: »Tja ... nun sag ich mal, was ich weiß. Ich habe gestern mit der Polizei gesprochen. Danach sieht das nicht so aus, das ist offensichtlich eine Falschmeldung. Um 21.43 Uhr ... gar nicht wahr, um 21.34 Uhr waren die Geldboten an der Zelle in Zehlendorf. Das ist also nach Ihrem Plan wohl nur eine Verzögerung von vier Minuten.«

Anrufer: »Ich hatte angerufen, es war immer besetzt gewesen.«

Sprecher: »Immer besetzt? Kann nicht angehen. Es hat eine Zeitspanne von fünf Minuten gegeben, in der ein älterer Herr die Telefonzelle betreten und telefoniert hat.«

Anrufer: »Vielleicht war der Telefonhörer nicht richtig aufgelegt gewesen, oder vielleicht irgendein Defekt in der Leitung. Ich weiß nicht.«

Sprecher: »Ja, gut, ist möglich, ist möglich. So, was machen wir nun?«

Anrufer: »Ja, probieren wir es am Freitag noch mal, in zwei Tagen.«

Sprecher: »Am Freitag noch mal ... ja ... am Freitag ... Also nun hab' ich 'ne persönliche Bitte. Das mag vielleicht in Ihren Augen nicht so ganz richtig rüberkommen. Wenn Sie dann am Freitag mit Ihrem Tatplan nicht so richtig hinkommen, tun Sie mir also bitte einen Gefallen und verschieben Sie das nicht aufs Wochenende. Denn am Samstag heiratet meine Tochter kirchlich, und da möchte ich gern dabeisein. Das wird der Konzern natürlich nicht so gern hören, aber das ist so mein persönliches Anliegen. Wenn wir das hinkriegen könnten, dann wäre ich Ihnen dankbar.«

Anrufer: »Ich dachte schon, Sie wollen mich einladen!«

Sprecher: »Das würde ich natürlich machen (lacht), aber ich nehme an, daß Sie nicht kommen würden.«

Anrufer: »Nee.« (lacht)

Sprecher (lacht): »O. k., wir hören uns am Freitag, und wenn Sie mein persönliches Anliegen ein wenig berücksichtigen könnten ...«

Anrufer: »Ja, ja, o. k.«

Sprecher: »Ich bedanke mich, bis dann, tschüß.«

Schönes Ding! dachte ich. Ich hatte eine Geldübergabe für Freitag angekündigt und wußte nicht einmal, wo sie stattfinden sollte. Ich holte eine Landkarte aus dem Handschuhfach und schaute mir die Umgebung von Berlin an. Ich entschied mich dazu, die Geldübergabe an einer Stelle durchzuführen, an der ich bisher noch nicht in Erscheinung getreten war. So kam ich auf Erkner am südöstlichen Rande Berlins. Auf der Karte sah ich, daß dort eine Bahnstrecke durch ein größeres Waldgebiet führt.

Als erstes mußte ich zum Wannsee, um mein Fahrrad zu holen, das ich dort am Tag zuvor abgestellt hatte. Dann wollte ich nach Erkner und mir die Gegend genauer ansehen. Brauchte ich nur noch ein Kursbuch der Bundesbahn, um nachzuschauen, welche Züge dort fuhren. Das sollte reichen.

Bericht des LKA

Am 20.4.94 gegen 11 Uhr war ich zusammen mit dem Kriminalkommissar D. in das Raumkonzept auf Berliner Stadtgebiet eingebunden. Nachdem Potsdam als Ort des tatverdächtigen Anrufers mitgeteilt worden war, nahmen wir an der Potsdamer Chaussee/Ecke Mittelstraße Aufstellung. Um ca. 11.10 Uhr hielt in unmittelbarer Nähe ein weißer Daihatsu Cuore. Im PKW saß lediglich eine Person, auf den die Beschreibung des Täters, soweit sie erkannt werden konnte, im groben zutraf. Als dieses Fahrzeug seine Fahrt in Richtung Berlin-Zentrum fortsetzte, bogen wir ebenfalls in diese Richtung ein und fuhren hinterher. Im Fahrzeug befand sich auf der Rückbank ein zusammengeklapptes Fahrrad. Der Fahrer sah sehr nachdenklich aus und achtete nicht auf eventuelle Verfolger. Da wir keine Möglichkeit hatten, andere Zivilfahrzeuge zur Unterstützung heranzurufen, brachen wir die Observation ab und schrieben einen entsprechenden Vermerk. Die Überprüfung des Kennzeichens führte im Anschluß auf die Spur von Arno Funke als Mieter des Fahrzeuges.

Das Wetter war viel zu schön, um an Geldübergaben und Fluchtmöglichkeiten zu denken. Eine Fahrradtour oder ein Spaziergang mit der Familie wäre die bessere Wahl gewesen. Ich streifte durch das Unterholz entlang der Bahnstrecke Berlin–Frankfurt (Oder) und genoß, so gut es ging, die warme, nach Kiefernharz duftende Luft des Waldes. Die ersten Schmetterlinge tanzten über den Gräsern. Ich dachte an meine Frau und an meinen Sohn, an unsere gemeinsamen Fahrradtouren, an ihre stille Freude und an die Ausgelassenheit von Wolfgang. Es war mir schwer ums Herz. Auf einer kleinen Brücke, die über die A10 führte, kam mir ein junger, hochgewachsener Mann auf einem Uralt-Fahrrad entgegen. Seine schulterlangen Haare wehten im Fahrtwind. Mit seinem blauweißgestreiften Hemd und seinem rotgemusterten Halstuch machte er den Eindruck, als käme er aus einer anderen Zeit. Er hatte ein rundes, freundliches Gesicht und lächelte mich im Vorbeifahren an. Ich schaute ihm nach, wie er auf der mit Kopfsteinen gepflasterten Straße im Wald verschwand. Es war für mich alles so unwirklich, und mit dem Déjà-vu-Gefühl kam die Vorahnung, daß etwas zu Ende ging.

22.4.94. Wie oft hatte ich schon frühmorgens im Bett gelegen und gewünscht, ich wäre tot. Aber es half alles nichts, ich mußte raus aus den Federn, das Werk mußte vollbracht werden. Ich wankte ins Badezimmer.

»Holst du mich heute von der Arbeit ab?«

Ich verspürte einen ziehenden Schmerz im Magen ...

Epilog

Dezember 1996. Ein kalter Wind wehte über den Gefängnishof. Nur wenige nutzten die Freistunde, um sich an diesem grauen Wintertag die Füße zu vertreten. Fröstelnd ging Funke ein paar Runden und träumte vom Frühling.

Am Nachmittag stand ihm das entscheidende Gespräch mit der Psychologin der Einweisungsabteilung bevor.

»Ja, also, Herr Funke, die Sache sieht nun folgendermaßen aus«, begann diese, als er ihr gegenübersaß. »Ich hatte Sie für die sozialtherapeutische Anstalt vorgeschlagen, aber als die Anstaltsleiterin Ihren Namen hörte, wehrte sie gleich ab und meinte, das müsse die Senatsverwaltung für Justiz entscheiden. Dann habe ich der Kommission nahegelegt, Sie in den offenen Vollzug zu schicken, aber die wollte das nicht entscheiden. Bleibt noch die JVA Lehrter Straße. Dort findet eine Art Vorbereitung auf den offenen Vollzug statt. Ich denke, daß Sie in vier bis fünf Monaten ›gelockert‹ sind und Ihre ersten Ausgänge genehmigt werden. Sie haben schließlich keine kriminelle Vergangenheit, haben sich bisher tadellos geführt, und Ihr sozialer Hintergrund spricht ebenfalls für Sie. Nach meiner Erfahrung sollte es da keine Probleme geben.«

16 Monate später in der JVA Lehrter Straße.

»Unser Teilzeitmodell«, scherzte der kleine, wohlgenährte Wachmann, der Funke die Tür zu den Werkräumen aufschloß. Zwei Stunden am Tag war er zur Treppenreinigung eingesetzt. Aufgrund seiner eingeschränkten Arbeitsfähigkeit war damit seiner Arbeitspflicht Genüge getan. Eigentlich war es eher eine Bewegungstherapie, damit er nicht den ganzen Tag in der Zelle verbrachte. Die meisten Beamten hier waren freundlich zu ihm, was seine Haftsituation einigermaßen erträglich machte.

Vom Werkstattfenster aus hatte er die Straße im Blick. Das Leben treibt vorüber wie ein Fluß an einer zeitlosen Insel, dachte er. »Knast konserviert« – diesen Spruch hatte er in den vergangenen Jahren oft zu hören bekommen. Es schien etwas Wahres daran zu sein. Mit den wenigen Habseligkeiten gaben die Gefangenen auch ihre Zeit in der Hauskammer ab, und wenn sie dann nach Monaten oder Jahren entlassen wurden, machten sie dort weiter, wo sie aufgehört hatten. Als wären sie nur aus einem langen Schlaf erwacht.

Auf dem Weg zurück zur Zelle begegnete Funke dem Anstaltspsychologen.

»Na, Herr Funke, Neuigkeiten von der Senatsverwaltung?« sprach der ihn an.

»Nein, es ist seit neun Monaten das Gleiche. Niemand möchte für eine Entscheidung verantwortlich sein. Die Beamten dort haben Angst, daß ich zu einem Politikum werden könnte. Ich bin zu bekannt, sagen sie. Die Anstaltsleitung muß immer wieder neue Berichte schicken, weil man mit den alten nicht zufrieden ist.«

»Was ist mit Ihrem Sohn? Haben Sie ihn in letzter Zeit gesprochen?«

»Ja, mein Sohn«, seufzte Funke, »das ist das einzige, was wirklich schmerzt. Er fragt mich jedesmal, wann ich ihn endlich besuchen komme, und ich muß ihn von Monat zu Monat vertrösten. Letztens hat er mich am Telefon gefragt, warum ich mich von Mama habe scheiden lassen. Erst wollte ich es ihm erklären, aber dann habe ich ihm gesagt, er solle Mama fragen. ›Ich frage nicht Mama, ich frage dich‹, hat er weiter gebohrt. Als ich immer noch herumdruckste, fragte er: ›Kann es sein, daß du Mama belogen hast?‹ Ich sagte ihm, daß man es so ausdrücken könne. ›Ich habe dich trotzdem lieb‹, erwiderte er, und ich bekam feuchte Augen.«

»Ihr Sohn ist jetzt sieben Jahre alt. Er will wissen, wer sein Vater ist«, sagte der Psychologe. »Es wird nicht leicht, ihm das zu erklären.«

Am nächsten Tag wurde Funke zu seiner Gruppenleiterin gerufen. Als sie ihm vorausging, um die Tür aufzuschließen, bewunderte er ihr kastanienbraunes Haar. Ein Hauch von Chanel No 5 lag in der Luft. Nach vier Jahren Haft war er besonders empfänglich für die Gegenwart von Frauen, denn im Gefängnisalltag hatte er es hauptsächlich mit Männern zu tun.

Die Gruppenleiterin wies Funke mit einer flüchtigen Handbewegung einen Platz zu.

»Sie machen uns viel Arbeit, Herr Funke«, sagte sie mit einem Lächeln.

»Das ist nicht meine Schuld«, erwiderte Funke.

»Das habe ich auch nicht behauptet.« Sie griff sich ein Aktenbündel und blätterte darin herum. »Es sieht aus, als würde bei der Senatsverwaltung etwas in Bewegung kommen«, teilte sie ihm mit. »Ich muß nur noch einen Bericht über die letzten fünf gemeinsamen Ausführungen schreiben. Eigentlich sollte es damit gut sein. Es wird auch langsam Zeit, denn wenn Ihre Vollzugslockerungen weiter hinausgezögert werden, dann sind Ihre ›Zweidrittel‹ gefährdet.«

Die Gruppenleiterin bot ihm eine Tasse Kaffee an und fragte dann: »Was wünschen Sie sich eigentlich für Ihre Zukunft, außer daß Sie möglichst bald entlassen werden?«

Funke überlegte kurz, und mit einem ironischen Lächeln sagte er: »Ich bin mit dem Aussprechen von Wünschen vorsichtig geworden. Viele der kleinen und großen Katastrophen in meinem Leben begannen mit einem Wunsch ... Vor über zehn Jahren zum Beispiel habe ich mich danach gesehnt, keine Gefühle mehr zu haben, weil ich ständig von ihnen auf das Schmerzhafteste überwältigt wurde. Der Teufel muß meinen unbedacht geäußerten Wunsch gehört haben. Der Zustand ohne Gefühle war die Hölle. Dem Himmel sei Dank, daß sie jetzt allmählich zurückkehren. Sonst wäre ich nicht in der Lage, wieder Bilder zu malen. Es ist ein umwerfendes Gefühl, nach Jahren der Dumpfheit und Apathie eine Empfindung zu spüren. Mit meinen Bildern verbinden sich auch Hoffnungen für die Zukunft. Das Satiremagazin *Eulenspiegel* veröffentlicht Zeichnungen von mir, und nach meiner Entlassung würde ich gern meine Werke ausstellen. Vielleicht werde ich auch ein zweites Buch schreiben, aber das steht noch in den Sternen. Eigentlich ist meine Zukunft für mich viel spannender als alles bisher Gewesene.«

Funke atmete tief durch und schaute gedankenverloren zum Fenster hinüber. Eine leichte Frühlingsbrise wehte herein. Der Geruch des blühenden Flieders, der ihn an seine Kindheit erinnerte, vermischte sich mit dem Parfümduft, der im Raum hing – wie Vergangenheit und Gegenwart.

Arbeitssucht – Tugend oder Krankheit?

Rainer Schwochow
Workaholics
Wenn Arbeit zur Sucht wird
208 Seiten, Klappenbroschur
mit Selbsttest und
Kontaktadressen
ISBN 3-86153-128-3
34,00 DM/sFr; 248,00 öS

Arbeitssucht findet sich bisher in Deutschland auf keinem Krankenschein als Diagnose. Im Spannungsfeld von Koketterie und Verleugnung wird sie kaum wahrgenommen, zählt doch Arbeit in der Leistungsgesellschaft zu einer der höchsten Tugenden.

Entgegen dem gängigen Klischee von der »Managerkrankheit« hat sich inzwischen gezeigt, daß Arbeitssucht kein berufsspezifisches Leiden ist; der Konzernboß ist genauso gefährdet wie ein kleiner Angestellter oder gar eine Hausfrau.

Rainer Schwochow untersucht die wichtigsten gesellschaftlichen, sozialen und medizinischen Aspekte der Arbeitssucht, beschreibt Motive, Erscheinungsbilder und Folgen. Betroffene kommen zu Wort, die über ihre Erfahrungen mit Vielarbeit und Sucht, aber auch über individuelle Bewältigungsstrategien berichten.

Schwochows Buch zeigt Wege auf, wie man Gefährdung oder Sucht erkennen und wie man ihnen begegnen kann.

Ch. Links Verlag
Zehdenicker Straße 1, 10119 Berlin

Der Griff nach der Macht

Frank Nordhausen, Liane von Billerbeck
Psycho-Sekten
Die Praktiken der Seelenfänger
608 Seiten, Klappenbroschur
ISBN 3-86153-135-6
44,00 DM/sFr; 321,00 öS

Immer mehr Menschen geraten in den Bann selbsternannter Propheten. Ausgeklügelte Methoden der Bewußtseinskontrolle bringen sie dazu, ihren freien Willen aufzugeben. Obskure Beratungsfirmen, Strukturvertriebe und Seminaranbieter manipulieren ihre »Kunden« mit sektenähnlichen Mitteln und ziehen ihnen das Geld aus der Tasche. Im Supermarkt der Sinnanbieter werden Milliarden umgesetzt.

Zunehmend gelingt es verschiedensten Psycho-Gruppen, auch Wirtschaft und Politik zu unterwandern.

Die Autoren Nordhausen und v. Billerbeck haben die Praktiken zahlreicher, auch international operierender Sekten und Psycho-Gruppen in den letzten Jahren durchleuchtet. Ihre Reportagen geben sinnfällig Aufschluß darüber, worin Faszination und Gefahren von Psycho-Kulten bestehen.

Ch. Links Verlag
Zehdenicker Straße 1, 10119 Berlin

Ch.Links